房地产开发项目
纳税风险管理实务

宋雨薇 原如斌 ◎ 主编

图书在版编目（CIP）数据

房地产开发项目纳税风险管理实务 / 宋雨薇，原如斌主编. — 上海：立信会计出版社，2021.8
ISBN 978-7-5429-6925-5

Ⅰ.①房… Ⅱ.①宋… ②原… Ⅲ.①房地产开发—税收管理—研究—中国 Ⅳ.① F812.424

中国版本图书馆 CIP 数据核字 (2021) 第 175820 号

责任编辑　秦思慧

房地产开发项目纳税风险管理实务

出版发行	立信会计出版社
地　　址	上海市中山西路 2230 号　　邮政编码　200235
电　　话	（021）64411389　　传　真　（021）64411325
网　　址	www.lixinaph.com　　电子邮箱　lixinaph2019@126.com
网上书店	http://lixin.jd.com　　http://lxkjcbs.tmall.com
经　　销	各地新华书店
印　　刷	北京鑫海金澳胶印有限公司
开　　本	710 毫米 ×1000 毫米　1/16
印　　张	24
字　　数	367 千字
版　　次	2021 年 8 月第 1 版
印　　次	2021 年 8 月第 1 次
书　　号	ISBN978-7-5429-6925-5 /F
定　　价	82.00 元

如有印订差错，请与本社联系调换

编委会成员

主　　编：宋雨薇　原如斌
副 主 编：石瑞颖　文　进　许云雄　刘　娜　曹君君　郭洪荣

编委成员：（按接受邀请时间排序）

李延平　北京各省市驻京机构商务协会会长
陈三国　北京河北企业商会会长
李向阳　北京江苏企业商会秘书长
李方瑞　北京青海企业商会会长
闫　丽　北京河南企业商会秘书长
陈长缨　北京广东企业商会会长
许　彬　北京安徽企业商会党支部书记兼秘书长
王　岩　北京甘肃企业商会秘书长
魏丽峰　北京内蒙古企业商会副秘书长
徐维新　北京黑龙江企业商会党委书记兼创会秘书长
纪朋良　北京吉林企业商会秘书长
王英明　北京辽宁企业商会会长
刘东海　北京四川企业商会会长
陈友翠　北京重庆企业商会会长
卢爱任　北京广西企业商会副会长兼秘书长
刘经纶　北京江西企业商会会长
陈文育　北京福建企业总商会副会长兼秘书长
徐友富　北京湖南企业商会副会长兼秘书长
汪林朋　北京湖北企业商会会长
杨明俊　北京天津企业商会秘书长
李　力　北京新疆企业商会秘书长

赵永刚　北京云南企业商会执行会长兼秘书长

井　华　北京贵州企业商会秘书长

肖　民　北京浙江企业商会秘书长

高健淇　北京山东企业商会秘书长

马囡囡　北京宁夏企业商会执行秘书长

邢秀乔　北京山西企业商会驻会副会长

江　榕　北京陕西企业商会会长

潘　伟　北京上海企业商会会长

王文龙（华文财税咨询[集团]有限公司总经理）

王　英（焦作中税中兴税务师事务所有限公司董事长）

邬　宁（重庆兴立信税务师事务所董事长）

刘　伟（黑龙江明威税务师事务所有限公司董事长）

胜俊峰（北京中税文化发展有限公司董事长）

杨忠俊（泰安市信用协会会长）

张慧萍（内蒙古中税网通信慧税务师事务所有限责任公司董事长）

贾世国（尤尼泰[海南]税务师事务所有限公司董事长）

钟荼秀（中联税务师事务所[江西]有限公司所长）

王　岗（四川中税网通[弘阳]税务师事务所有限公司董事长）

丁树云（中瑞岳华[辽宁]税务师事务所有限公司董事长）

李　雪（河北仁达普华税务师事务所有限公司副总经理）

樊春娟（江西国瑞税务师事务所董事长）

蒋力峥（广西瑞林税务师事务所有限责任公司总经理）

覃世君（广西国瑞税务师事务所有限公司总经理）

郭　洋（北京金旭红教育咨询有限公司总经理）

姜丽裕（长春市信恒远达会计服务有限公司总经理）

何鹏飞（北京中税经联管理咨询中心主任）

陈　实（洪海淮荣[北京]投资咨询有限公司总经理）

出版说明

《房地产开发项目纳税风险管理实务》从房地产开发的交易处理、会计处理、税务处理、法务处理等四个方面展开讨论，帮助读者多角度、多层次分析判断交易事实的程序方法，正确认识交易主体（谁交易）、交易内容（交易什么）、交易方式（什么交易），正确判断市场监管条例、会计法、税法等文件有关条款的适用条件，避免在财务处理、税务处理时出现事实认定不清、证据不足、适用依据错误、程序违法等四种违法情形。

本书定位，一是为征（税务局）、纳（企业）、服（中介机构）三方防控房地产开发项目纳税风险提供技术支持，二是开发项目纳税风险管理。该管理一是关注三条线：合作方式、完工产品类型、开发过程；二是关注每条线上的"四务"事项：交易处理合法性、会计处理合法性、税务处理合法性、法务处理合法性。

本书在结构上由四部分组成，第一部分是全书综述，包含第一章，介绍房地产开发项目纳税风险管理的三条线、"四务"事项；第二部分是关于合作方式确认，包含第二章、第三章、第四章，通过交易方式确认合作各方在开发项目中的主体地位；第三部分是关于开发项目产品类型确认，包含第五章、第六章、第七章；第四部分是关于开发过程纳税风险评估，包含第八章至第十二章。

由于时间仓促，编者精力有限以及房地产开发业务经验不足，本书难免有不足之处，诚挚地欢迎广大读者、纳税人和税务工作者批评指正，与我们共同探讨、改进。恳请致信：guohong@taxpayers.cn。联系电话：13701173295，15001075490。

本书编者
2021年8月

第一章　开发项目纳税风险管理的启动准备　| 001

第一节　启动准备阶段的应知应会事项　| 002
第二节　启动准备阶段的事项调查　| 011
第三节　启动准备阶段的事项确认　| 017
第四节　开发项目合作方式选择的范例　| 023

第二章　房地产项目合作开发纳税风险管理　| 033

第一节　合作开发项目应知应会事项　| 034
第二节　合作开发项目纳税风险管理的内容与方法　| 041
第三节　合作开发项目纳税风险管理的范例　| 046

第三章 房地产项目代建开发纳税风险管理 | 065

第一节　开发项目代建业务应知应会事项 | 066
第二节　代建项目纳税风险管理的内容与方法 | 074
第三节　代建项目纳税风险管理的范例 | 079

第四章 房地产项目一级二级联动开发纳税风险管理 | 087

第一节　一二级联动开发应知应会事项 | 088
第二节　一二级联动开发纳税风险管理的内容与方法 | 098
第三节　一二级联动开发项目纳税风险管理的范例 | 104

第五章 保障性住房项目的纳税风险管理 | 111

第一节　保障性住房应知应会事项 | 112
第二节　经济适用住房、安置房、两限商品房、安居型商品住房 | 134
第三节　保障性住房项目纳税风险管理的内容与方法 | 140
第四节　保障性住房项目纳税风险管理的范例 | 145

第六章 公共基础设施的纳税风险管理 | 157

第一节　公共基础设施应知应会事项 | 158

第二节　公共基础设施项目纳税风险管理的内容与方法　| 183

第三节　公共基础设施项目纳税风险管理的范例　| 190

第七章　收储土地开发的纳税风险管理　| 201

第一节　收储土地应知应会事项　| 202

第二节　收储土地开发项目纳税风险管理的内容与方法　| 218

第三节　收储土地开发项目纳税风险管理的范例　| 225

第八章　自主开发项目纳税风险管理的承办准备　| 241

第一节　承办准备阶段的应知应会事项　| 242

第二节　承办准备阶段纳税风险管理的评估方法　| 244

第三节　东方花园项目自行开发合作方式确认　| 248

第九章　自主开发项目的拿地立项阶段纳税风险管理　| 253

第一节　拿地立项阶段的应知应会事项　| 254

第二节　拿地立项阶段纳税风险管理的评估方法　| 264

第三节　拿地立项阶段纳税风险管理的范例　| 270

第十章　自主开发项目的开发建设阶段纳税风险管理　| 285

第一节　开发建设阶段的应知应会事项 ｜ 286

第二节　开发建设阶段纳税风险管理的评估方法 ｜ 298

第三节　开发建设阶段纳税风险管理的范例 ｜ 306

第十一章　自主开发项目的完工销售阶段纳税风险管理 ｜ 317

第一节　完工销售阶段的应知应会事项 ｜ 318

第二节　完工销售阶段纳税风险管理的评估方法 ｜ 326

第三节　完工销售阶段纳税风险管理的范例 ｜ 335

第十二章　自主开发项目的项目清算阶段纳税风险管理 ｜ 347

第一节　项目清算阶段的应知应会事项 ｜ 348

第二节　项目清算阶段纳税风险管理的评估方法 ｜ 353

第三节　项目清算阶段纳税风险管理的范例 ｜ 359

第一章

开发项目纳税风险管理的启动准备

第一节 启动准备阶段的应知应会事项

一、纳税风险管理内容与作业安排

(一)纳税风险管理的主要内容

房地产开发项目纳税风险管理的主要内容有六个关键点。①管理对象:开发项目;②切入点:合作方式、产品类型、开发过程;③"四务"调查确认:商务处理、财务处理、税务处理、法务处理;④风险类型:合法性风险、合理性风险、实体法风险、程序法风险;⑤合法性评价标准:事实、证据、依据、程序;⑥评估方法:开发项目资源合作多维分析、模板分析比对、调查取证法、是非判断法。

主要内容的六个关键点,前三点的核心是对象怎么展开、讨论风控对象的纵向划分与横向划分。纵向划分出三个层次:对象、切入点、"四务";横向细划出十二个风险事项,即三个切入点×"四务"。后三点的核心是风控技术和高风险点确认、评价标准、评估方法。

关于房地产开发项目纳税风险管理的项目、切入点、"四务"这三个关键点之间的关系,如果用一个人的体检过程做比喻,项目就是体检的某个人，切入点（合作方式、产品类型、开发过程）是待检查的某个身体部位，"四务"是体检项目。

（二）纳税风险管理内容的分类

按照纳税风险管理的作业环境和作业内容，可以将六个关键点分为两大类：一是决策事项（现场事项），如管理对象（项目开发情况）、切入点（合作方式、产品类型、开发过程）、"四务"情况；二是执行事项（案头事项），如风险类型、评价标准、评估方法。

（三）"四务"处理的定位

处理是指行为模式，包括可以行为、应当行为、禁止行为。根据开发项目的处理内容，处理可以分为商务、财务、税务、法务四个事项，称为"四务"事项。

商务处理是依据民法、市场监管制度处理商品或劳务买卖事宜，其专业定位是经营决策有用。财务处理是根据财务会计制度处理投融资、财务会计报告事宜，其专业定位是投资决策有用。税务处理是依据税法处理纳税申报事宜，其专业定位是办税决策有用。法务处理是依据复议法、诉讼法处理民事、行政、刑事争议事宜，其专业定位是维护权益决策有用。

二、开发项目纳税风险管理的对象

房地产开发项目纳税风险管理的对象，是法定开发项目，而不是房地产开发公司。应关注两点：一是项目经营管理，房地产开发项目纳税风险管理是针对房地产开发项目的经营管理，应以具体开发项目为管理对象，而不是针对房地产开发公司的设立、重组、注销等企业管理；二是项目确认，开发项目必须按法定条件划分，而不是企业自定的开发项目。《国家税务总局关于房地产开发企业土地增值税清算管理有关问题的通知》（国税发〔2006〕187号）第一条"土地增值税的清算单位"明确，土地增值税以国家有关部门审批的房地产开发项目为单位进行清算，对于分期开发的项目，以分期项目为单位清算。

房地产开发经营的市场监管对象、会计核算对象、课税对象等，都是房地产开发项目。房地产开发业务类似于制造业的单件产品生产业务，一个项目（或称一个楼盘）就是一个产品。如果具体项目分期建设，应以某一期为一个单件产品，在纳税风险管理时，应作为一个独立的管理对象。如根据政府部门审批文件确认A开发项目分四期建设，应将四期分别确认为四个单件产品，在纳税管理时作为四个独立的管理对象，相应地，在会计上也确认为四个独立的成本对象。

房地产开发项目，一般是对土地和地上建筑物进行的投资开发建设项目。根据《中华人民共和国城市房地产管理法》的规定，房地产开发项目是指在依法取得土地使用权的国有土地上进行基础设施建设、房屋建设的项目。

三、开发项目纳税风险管理的切入点

开发项目纳税风险管理的切入点，主要有合作方式、产品类型、开发过程三个业务事项。应当注意到，开发项目决策层更多的是关注合作方式、产品类型。因为合作方式决定了是否有能力开发，产品类型决定了项目投资是否能够得到回报。从这个角度讲，合作方式、产品类型属于决策事项，开发过程属于执行事项。

实务中应注意，合作各方、项目资源提供方、合作方式确认等事项的合法性风险，要大于拿地立项、开发建设、完工销售、项目清算四个环节的交易时间、交易金额确认的合法性风险。因为合作方式的合法性，决定了纳税义务有无问题，而四个环节合法性仅影响纳税义务发生的早晚、金额的大小。如开发企业为政府代建回迁安置房，开发商作为代建方仅承担取得代建服务收入的纳税义务。如果将代建项目错误地确认为独立开发项目，代建方就会错误地承担销售商品的增值税、土地增值税、企业所得税等纳税义务。

首先，关注合作方式，是为了确认项目资源合作有关各方合同义务的约定（提供什么资源）、各方合同义务的履行、各方合同义务的交易方式、各方合同义务的纳税义务。

其次，关注完工产品类型，是为了确认二级项目有关各方合同义务的约定、各方合同义务的履行、各方合同义务的交易方式、各方合同义务的纳税义务。

最后，关注开发过程，是为了评估开发主体在项目的拿地立项、开发建设、完工销售、项目清算四个阶段（或称环节）的合同义务的约定、合同义务的履行、合同义务的交易方式、合同义务的纳税义务。

四、开发项目纳税风险管理的承办事项确认

（一）纳税风险管理的作业安排

对于房地产开发项目纳税风险管理的作业流程是：确认承办项目→确认切入点→确认承办事项→确认是否承接→确认作业程序→执行作业程序。

纳税风险管理的承办项目，是由委托方或委派方确认的。承办方应根据接受委托或委派承办项目情况进行作业安排。

（1）判断承办项目的切入点，是合作方式还是产品类型，或是开发过程。

（2）确认承办事项，即对委托事项进行"四务"排查，确认委托内容是商务处理事项、财务处理事项、税务处理事项还是法务处理事项。

（3）确认是否承接，即取得证据资料，分析判断是否能够实现委托目标，决定放弃还是承接。

（4）确认作业程序。如委托目标对项目进行合规性"体检"，属于风控业务事项；又如委托目标解决项目疑难问题（带病求医"治病"），则不属于风控业务事项。

（5）执行程序，如现场作业程序、案头作业程序。

实务操作时应当注意，对于委托、委派方的"治病"诉求，应按专项税收筹划作业程序进行处理，不能执行纳税风险评估作业程序。因为纳税风险管理的核心任务是体检而不是"确诊""治病"。

例如，A公司2010年将在建项目转让给B公司后，由于A公司与B公司决策层关于合作问题产生分歧，打算解除或调整原在建项目转让交易，经过税务行政复议诉讼后维持了税务机关的处理意见，经过民事诉讼程序后终审判决驳回了A公司的诉求。

承办人员分析确认该案例的切入点，是项目的合作方式而不是产品类型、开发过程；该案例的委托目的，是纳税争议类事项，是"治病"而不是"体检"，因此不属于纳税风险管理的业务事项，而应作为专项纳税筹划事项进行处理。

承办人员对委托事项进行"四务"分析后确认，争议点不是发生在商务处理、会计处理环节，而是发生在税务处理、法务处理环节。根据案情分析，法务程序已成定局，A公司的诉求在程序上存在巨大障碍。尽管实体法层面对A公司有利，但由于程序法层面没有启动的可能，因此对该案例应考虑拒绝承办。

（二）开发项目风险管理的基础是：商务处理

开发项目风险管理尽管应关注"四务"处理，但"四务"处理的基础或前提条件是商务处理，因为商务处理为其他三务处理提供了事实根据和证据等基础信息及前提条件。

如果商务处理合法性存在问题，必然导致事实认定不清的法律后果，进一步导致其他"三务"处理结果不具备合法性的四个条件。如采用代建方式的开发项目，开发商作为受托代建方在移交项目时，交易方式是选择销售不动产还是选择提供服务，相应的纳税义务明显不同。选择提供服务不发生土地增值税纳税义务，选择销售不动产则发生土地增值税纳税义务；选择提供服务增值税税率6%，选择销售不动产增值税税率9%；选择提供服务销售额差额确认，选择销售不动产销售额全额确认。

商务处理的事实确认，应关注三个要点：①合同义务的约定；②合同义务的履行；③合同义务的交易方式（或称交易性质、是什么交易）确认。合同义务的约定、合同义务的履行，为商务处理提供了证据；交易方式确认，是根据商务处理的证据，对商务处理的有关交易事实进行认定（职业判断）。

例如，黄河市A房地产公司在2010年与政府签订了软件园住宅配套项目用地框架协议，约定按毛地出让土地，出让价2 200万元。由于2011年实施的《国有土地上房屋征收与补偿条例》禁止政府毛地出让土地，应按净地出让，因此双方于2012年在签订土地出让协议时约定按净地出让，出让价6 000万元。政府还做出书面承诺将多收的3 800万元，以政府返还的方式退还给A房地产公司。政府于2012年按净地交付土地，并在2013年返还给A房地产公司3 800万元。

2020年税务稽查时，对2013年A房地产公司收到的3 800万元返还款确认为财政补贴，要求补缴税款并加收滞纳金。征纳双方对合同义务的约定、履行没有争议，争议点是这3 800万元的交易方式（或称交易性质）。

经专家团队研究后确认，政府返还的3 800万元，实际是退还的因未履行合同义务而多收的转让款。因为，2012年土地出让协议约定的政府将毛地变净地的一级开发业务合同义务并没有履行，却收取了3 800万元的一级开发费用，这属于政府合同义务外的额外收费，属于不当得利，应当根据合同返还给A房地产公司。政府返还3 800万元的交易方式（或称交易性质），是返还不当得利，而不是对A房地产公司的政府补贴。

上述案例提示：商务处理的交易事实确认，是纳税风险管理的关键所在。如果交易事实确认错误或发生事实认定不清的情形，后面的财务处理、税务处理、法务处理就都不可能正确。

五、开发项目风险管理的风险级别确认

开发项目纳税风险管理的重点，一是防控合法性风险，二是防控程序法风险。因为，合法性风险级别高于合理性风险，程序法风险级别高于实体法风险。

根据"四务"处理的自由裁量权，可以将纳税风险事项分为两大类，一是合法性风险，二是合理性风险。如税务处理合法性，是指税务局执法行为、企业纳税行为，应同时具备事实清楚、证据确凿、适用依据正确、程序合法等四个条件。税务处理的合理性，是指税务局自由裁量行政行为和纳税

人权利事项行为要符合内容适当的要求。如税务处理行为是否客观、是否符合情理；又如是否符合交易常规、会计常规。由于合理性风险，企业很少有话语权，并且法院基本不受理合理性争议诉讼申请，因此纳税风险管理的重点是防控纳税合法性风险。

"四务"处理的合法性风险，按照适用法律文件规定的内容，可以分为实体法风险和程序法风险。"四务"处理风险管理，应放弃"重实体法、轻程序法"的理念，必须认识到程序法风险是高度风险，高于实体法风险，应重点防控程序法风险。因为程序是具有时效性的，所以有关各方如果在法定期限内不履行法定程序义务，将丧失主张实体权利的资格。如税务行政处罚申请听证期限仅三天，如果在接到行政处罚告知书之日后的三日内不提出申请，将丧失听证机会。

六、开发项目风险管理的合法性评价标准：事实、证据、依据、程序

根据现行的行政复议、行政诉讼制度，税务处理行为合法性的评价条件主要包括事实清楚、证据确凿、适用依据正确和程序合法四个事项。

实际操作中应注意，商务、财务、税务、法务每个处理事项的事实、证据、依据、程序是有区别的。一是事实的内涵不同。如事实方面的主体不同。商务处理是指交易各方，财务处理仅指本企业，税务处理是指某个税种的纳税人，法务处理是指诉讼的当事人。又如事实行为的内容不同，商务是指交易各方权利义务的约定和履行情况，财务是指交易各方权利义务的财务确认记录情况，税务是指交易各方权利义务的纳税申报情况。二是证据资料不同。商务是指交易有关的实物流、资金流、发票流等信息资料，财务是指与交易有关的账、证、表资料，税务是指交易有关的纳税申报资料。三是适用依据不同。商务处理的依据是市场监管法，财务处理的依据是财务会计制度，税务处理的依据是税法，法务处理的依据是诉讼法。如房地产开发企业转让土地使用权是否存在交易禁止，是根据《中华人民共和国城市房地产管理法》第三十八条与第三十九条，而不是《企业会计准则》，也不是税法。

四是程序不同。商务是指开展经营活动的业务流程，财务是指投融资流程和会计核算流程，税务是指办税流程，法务是指复议诉讼流程。如土地使用权转让的交易处理程序，是国家关于土地使用权和不动产的登记程序，而不是会计处理程序，也不是税务处理程序。

七、纳税风险评估的基本方法

房地产开发项目纳税风险评估的基本方法是：多维分析法、信息比对法、调查取证法、是非判断法。

（1）多维分析法，是从多个角度分析确认纳税评估事项。如对交易事实确认，可以从主体、内容、方式、时间、地点、金额等进行分析。用途有两点：一是用于调查内容设计、确认事项设计、待判断事项的设计，二是用于比对事项的设计。适用条件：一是待判断事项的指向不明确，需要根据项目情况进行设计；二是取证范围不明确，需要根据待判断事项设计情况确认取证范围。

（2）信息比对法。如受让取得土地总金额比对分析方法是：将项目土地使用权证/不动产权证、土地出让/转让合同的取得土地总金额（模板处理信息），与土地出让金收据/发票的土地取得金额（实际处理信息）进行比对。该方法适用于有明确文件依据的、调查事项难以锁定的评估事项。

（3）调查取证法，是对调查取得交易有关实际处理证据资料，根据证据资料分析确认，主要用于取得证据、证明交易事项。适用条件：待确认事项的指向明确，且能够取得证据资料。如一二级联动项目根据有关合同及交易资料，分析确认合作主体、合作内容、合作项目、合作方式等交易事项。又如对开发项目转让合同、发票、款项三流信息进行比对，确认开发项目转让真实性。

（4）是非判断法，即提示调查事项，由被调查单位判断是、否两种情形。该方法适用于没有文件规定或规定不明确的、调查事项可以锁定的评估事项。是非判断法，在操作上可以设计为问答式。问题的要素：是否加关注事项，答的要素：是或否。

八、开发项目合作方式调查

开发项目合作方式调查主要使用资源合作多维分析法、交易三要素模板处理信息与实际处理信息比对法。多维调查至少关注开发主体、项目"三流"、项目合作四要素、项目对价方式、项目完工产品等十个维度的交易事项。通过合作要素分析、项目对价分析，确认本项目特殊风险点。

（1）多维分析是纳税评估的重要流程。委托方决定启动开发项目的纳税风险管理程序后，根据项目立项批复、"五证"等形式条件，很容易确认项目是否属于自主开发项目；重点是如何根据项目合作方式确认本项目的特殊风险点。

（2）待判断事项设计。如资源合作方式待判断事项的设计，至少关注四项资源（土地、技术、资金、资质）、"三共"条件（共出资源、共享利润、共担风险）等七个事项。又如交易类型判断，至少应关注主体、内容、方式三个事项。

（3）比对事项设计。如资源合作方式比对事项的设计，至少关注独立开发、合作开发、项目代建、PPP项目、一二级联动、配建六项。又如一二级联动开发比对事项的设计，至少应关注政府、开发商、其他企业三项。

第二节 启动准备阶段的事项调查

一、启动项目准备阶段的调查内容

（一）开发项目纳税风险管理启动调查的具体内容

开发项目纳税风险管理启动调查内容，至少应考虑：
（1）开发项目的纳税义务调查。
（2）开发项目的合作方式调查。
（3）开发项目的参与各方调查。
（4）开发项目的完工产品类型调查。
（5）开发项目的开发进度调查。

（二）纳税争议案例的启示

2020年4月下旬，A开发公司向笔者咨询回迁楼项目土地增值税清算业务。2007年回迁楼项目开始建设用于奥运村规划用地拆迁户的安置用房，2012年业主入住。截至2020年4月20日，该项目还没有取得土地使用权，政府仅承诺以划转的方式提供土地。回迁楼项目完工产品性质，由于从始至终没有取得立项批复，一直处于待定状态。

2017年，政府对该项目进行收购，协议中约定该项目由商品房变更为保障房。税务局根据政府的收购协议，要求企业办理土地增值税清算。由于该项目没有取得土地使用权，税务局认定土地成本为零。A开发公司就土地增值税清算的土地成本问题提出了咨询需求。

经双方交流得出的结论是：A开发公司不是土地增值税纳税义务人，不需要办理土地增值税清算。具体理由如下：①开发项目完工产品性质是保障房，产权归政府，开发商不拥有所有权。开发商不可能成为回迁楼项目的销售主体和土地增值税的纳税主体。开发项目完工产品性质，是由核心资源产权决定的。政府提供了土地、资金两项核心资源，又以购买方式取得了代建方的服务资源。资产形式由开发前的无形资产、货币资金，转化为固定资产。在这个转化过程中，改变的是资产的形式，并没有改变产权的所有者。②开发项目合作方式，是开发商为政府代建，而不是独立的项目开发。开发商仅就取得的代建服务收入缴纳营业税、企业所得税。开发商是保障房销售办税事项的代理人，有义务协助政府有关部门办理纳税义务。③开发项目的参与方，主要是委托方"政府"和受托方"开发商"。

案例分析启示，项目纳税风险管理启动，应关注三个交易事项：一是开发项目的性质（完工产品类型），二是开发项目的合作方式，三是开发项目的开发过程。无论是房地产项目的事前纳税风控，还是事中或事后的纳税风控，都应围绕这三个方面展开。具体以三个事项中的哪个事项为起点，应根据委托方或委派方的要求进行选择。如回迁楼完工后开发商是否应缴纳增值税的纳税争议，可以考虑从完工产品类型入手，然后再进一步调查确认项目的合作方式，最后再考虑项目清算的税务处理。

二、开发项目的合作方式调查

开发项目需要资质、土地、资金、服务四项资源，无论采取哪种方式开发房地产项目，项目的开发主体至少需要提供资质、土地两项资源。独立方式自行开发，是指开发主体独立提供（或称独家提供）资质、土地、资金、服务四项资源。委托方、委派方、项目管理承办组，首先应确认进行纳税风险管理开发项目的合作方式,是独立开发(或称独家开发)、合作开发、代建开发、一二级联动四种方式的哪一种。

调查开发项目合作方式,是为了确认项目参与各方的身份,确认开发项目的交易主体、纳税主体、合同义务。开发项目的每个参与方不可能都是项目的纳税主体,只有开发项目的立项单位是项目的销售主体、纳税主体。合作开发方式的参与方不是项目的纳税主体,开发项目代建方不是项目的纳税主体。办理开发项目立项的开发商是开发主体,开发项目纳税风险管理的委托方,可能是开发主体,也可能是项目合作方或代建方。如合作开发项目,只有提供开发资质并申请立项的合作方才是项目的纳税主体,其他合作参与方不是项目的纳税主体。又如代建项目,委托方是项目的纳税主体,受托代建方不是项目的纳税主体。

开发项目的合作方式需调查以下风险,一是要素资源整合的纳税风险,包括两项内容:谁提供核心资源、核心资源整合方式;二是要素资源运用的纳税风险,同样包括两项内容:有关各方的分工、业务链条的设计。

房地产项目的开发合作方式,是指开发项目的资质、土地、开发能力、项目资金等资源整合方式。

开发项目合作方式的定名要素:资源名称(交易对象)、获取方式(买卖、租赁、入股等)。如通过招拍挂方式取得政府出让土地,可以定名为:项目用地招拍挂合作。又如A投资公司土地作价出资入股B房地产公司,可以定名为土地入股合作。

如果按照获取方式可以将开发项目合作方式划分为两种:①直接合作,如二级市场拿地的方式有协议转让开发用地,又如一级市场拿地的方式有政府协议出让、招拍挂开发用地;②间接合作,如接盘收购在建项目、一级二级联动开发获取项目、代建代管、商品房定购定制等。

如果按照自行开发的项目资源整合方式程度可以将开发项目合作方式分为四种:①开发公司独立开发、项目;如开发商取得土地后,独立完成开发、销售;又如接盘收购在建项目。②合作开发项目,如土地入股方式、货币出资合作、无形资产出资合作、政府与社会资本合作(PPP)。③代建开发项目,如开发商拿地后,委托其他开发商进行代建,委托方仅提供项目管理服务，而不提供土地和资金。④一二级联动方式。

开发项目纳税风险管理，必须关注两个问题：一是项目资源合作方式，二是项目开发阶段。合作方式，是讨论房地产项目的资源整合问题，如代建方式是政府土地资源、开发商专业资源的保障房项目合作方式。项目开发阶段，是讨论房地产项目的资源运用问题，如拿地立项、开发建设、完工产品销售、项目清算。

开发项目的独立开发、合作开发、代建开发合作方式调查，主要考虑四个维度：开发资质、专业服务、项目用地、项目资金。独立开发由开发商独自提供开发资质、专业服务、项目用地、项目资金四项资源。合作开发至少有一方提供资质，即专业服务、项目用地、项目资金三项资源，可以由合作双方的任意一方提供。代建项目只提供开发资质、专项服务两项资源，不提供项目用地、项目资金两项资源。

一二级联动是独立开发、合作开发、代建开发三种合作方式的混合运用。一二级联动与另外三种合作方式的区别是，一二级联动既包括土地一级开发，又包括土地二级开发。另外三种方式主要是土地二级开发。

三、开发项目的参与各方调查

开发项目的参与方，可以根据项目委托协议、合作协议、政府有关文件确认委托方与受托方，并进一步确认双方约定的合同权利、合同义务。

履行合同义务，才能享有合同约定的收益权利。这是合同权利义务对等的基本原则。在纳税义务确认时，必须根据履行合同义务，取得合同权利，判断交易事实。如保障房代建，开发商作为代建方，仅提供了代建服务合同义务，因此，只享有取得代建收入的合同权利，而不享有转让开发项目收入的合同权利。

四、开发项目的产品类型调查

开发项目的开发产品，按照项目用途和销售服务对象可以分为商品房、保障房、公共基础设施、储备用地四大类。商品房在项目清算时，对于开发产品类型调查至少应从四个维度展开：一要考虑产权的占有、使用、收益、处置四个权能；二要考虑开发产品用途；三要考虑开发产品的生命周期，如开发公司投资、建设、转让的回迁安置房在2011年退出市场，保障房中的经济适用住房在2014年退出市场，棚改房在2020年退出市场；四要考虑产品的销售对象或服务对象，如经济适用住房的销售对象是有一定支付能力的低收入住房困难家庭，廉租房的服务对象是城镇常住居民中最低收入家庭，公共租赁住房的服务对象是既租不上廉租住房又买不起经济适用住房之间的"夹心层"，安居房的销售对象是城镇居民中低收入家庭，共有产权房的销售对象是中低收入住房困难家庭。

保障房请参见本书第十章，公共基础设施请参见本书第十一章，收储土地请参见本书第十二章。

五、开发项目的开发进度调查

（一）开发项目纳税风险管理流程设计

调查项目开发进度，是因为一个房地产开发项目在不同的开发阶段，发生的纳税义务是有区别的。房地产开发项目的纳税风险管理，应关注承办项目的开发进度处于哪个阶段。如拿地立项阶段是土地使用税的纳税义务起点，项目完工阶段是确认收入的纳税义务起点。

根据开发项目的监管流程、业务流程、办税流程的实际情况，按照简便实用的原则，可以划分为拿地立项、开发建设、完工销售、项目清算四个阶段。

政府部门监管流程主要有拿地立项（用地审批、项目立项）、规划设计、施工许可、预售、竣工验收五个阶段。

房地产开发流程可分为可行性研究和项目决策、建设前期准备、建设、销售、交付使用五个阶段。

房地产开发项目办税流程有项目登记、纳税义务确认、项目计税依据确认、办理纳税申报四个阶段。

（二）开发项目四阶段的起点与终点

项目开发全过程的起点是取得立项批复之日，终点是开发项目纳税义务清算完成之日（一般是指税务机关告知的土地增值税清算申报终止日）。

拿地立项阶段的起点是取得立项批复之日，终点是完成项目用地多通一平之日。

开发建设阶段的起点是完成项目用地多通一平之日，终点是开发产品具备完工条件之日。

完工销售阶段的起点是开发产品具备完工条件之日，终点是达到税法规定土地增值税清算条件之日。

项目清算阶段的起点是达到税法规定土地增值税清算条件之日，终点是税务机关告知的土地增值税清算申报终止日。

第三节 启动准备阶段的事项确认

一、开发项目的产品类型确认

(一)产品类型的确认方法

开发项目的产品类型确认,主要运用是非判断法,应关注待判断项、判断标准和判断结果。

待判断项:是商品房还是非商品房。

判断标准:是否出现开发产品用途为商品房以外之一的情形,如经济适用住房、廉租房、公共租赁房、安置房、两限商品房、安居商品房、公共基础设施、收储土地使用权。

判断结果:是商品房或保障房。

提示1:如果出现开发产品用途为商品房以外之一的,应终止房地产开发项目纳税风险评估程序。如果已签订房地产开发项目纳税风险评估协议的,应当终止协议,改为其他咨询服务协议。

提示2:判断的证据,主要是立项批复。没有立项批复的,应提交项目开发产品用途的政府文件。

提示3：如果一个开发项目中，既有商品房又有保障房的，应关注为政府建设保障房的方式，是什么类型，如代建移交、定价购买、市场价销售。

（二）开发产品纳税义务风险管理的业务事项

开发产品纳税义务风险管理业务事项主要有四个：事实、证据、依据、程序。

开发产品纳税义务的有关事实，是指产品类型的交易处理、会计处理、税务处理的行为活动。

开发产品纳税义务的有关证据，是指确认产品类型所依据的有关信息资料。

开发产品纳税义务的有关依据，是指确认产品类型的法律、法规、规章及规范性文件。

开发产品纳税义务的有关程序，是指交易处理、会计处理、税务处理的法定程序。

实务操作中应当注意，开发产品的纳税义务确认，可能引发的争议风险，是行政法诉讼风险，而不是民法诉讼风险。因此，本书在评价开发产品纳税义务确认程序时，主要关注法定程序的有关文件，对于内控程序或中介的自律程序的有关文件仅供参考。

二、开发项目的合作方式确认

（一）方法提示

项目合作方式确认，主要运用信息比对法，应关注比对事项、判断标准、判断结果。

比对事项：（1）比对项，包括自行开发、合作开发、代建开发。（2）调查事项，即"四项""三共"。四项资源，即开发资质、专业服务、项目用地、项目资金。三共，即出资人、利润所有人、风险承担人。

判断标准：模板处理信息与实际信息比对一致。

判断结果：是否属于某种合作方式。

（二）政策法规提示

土地转让方式文件依据。《城市房地产管理法》第三十七条规定："房地产转让，是指房地产权利人通过买卖、赠与或者其他合法方式将其房地产转移给他人的行为。"

《城市房地产转让管理规定》（中华人民共和国建设部令第96号）第三条规定："本规定所称房地产转让，是指房地产权利人通过买卖、赠与或者其他合法方式将其房地产转移给他人的行为。前款所称其他合法方式，主要包括下列行为：（一）以房地产作价入股、与他人成立企业法人，房地产权属发生变更的；（二）一方提供土地使用权，另一方或者多方提供资金，合资、合作开发经营房地产，而使房地产权属发生变更的；（三）因企业被收购、兼并或合并，房地产权属随之转移的；（四）以房地产抵债的；（五）法律、法规规定的其他情形。"

土地入股会计计价依据。《企业会计准则第6号——无形资产》第十四条规定："投资者投入的无形资产，应当按照投资合同或协议约定的价值作为成本，但合同或协议约定价值不公允的除外。"

《土地增值税暂行条例实施细则》规定："取得土地使用权所支付的金额，是指纳税人为取得土地使用权所支付的地价款和按国家统一规定交纳的有关费用。"

国税函发〔1995〕110号文件第五条"（一）"规定："取得土地使用权所支付的金额，包括纳税人为取得土地使用权所支付的地价款和按国家统一规定交纳的有关费用。具体为：以出让方式取得土地使用权的，为支付的土地出让金；以行政划拨方式取得土地使用权的，为转让土地使用权时按规定补交的出让金；以转让方式取得土地使用权的，为支付的地价款。"

《最高人民法院关于审理涉及国有土地使用权合同纠纷案件适用法律

问题的解释》(法释〔2005〕5号)第十四条规定:"本解释所称的合作开发房地产合同,是指当事人订立的以提供出让土地使用权、资金等作为共同投资,共享利润、共担风险合作开发房地产为基本内容的协议。"第十五条规定:"合作开发房地产合同的当事人一方具备房地产开发经营资质的,应当认定合同有效。当事人双方均不具备房地产开发经营资质的,应当认定合同无效。但起诉前当事人一方已经取得房地产开发经营资质或者已依法合作成立具有房地产开发经营资质的房地产开发企业的,应当认定合同有效。"

三、一二级联动项目确认

(一)方法提示

一二级联动项目确认,主要运用信息比对法。应关注确认事项、比对事项、判断标准和判断结果。

确认事项:①一级开发事项,拆迁人、赔偿款支付人、开发服务提供人、委托人;②二级开发事项,基础设施代建方、安置房代建方、公共配套设施代建方、商品房开发主体。

比对事项:政府、开发商、其他企业。

判断标准:模板处理信息与实际信息比对一致。

判断结果:是否属于一二级联动项目。

(二)政策法规提示

《土地储备管理办法》(国土资规〔2017〕17号)中"一、总体要求"的"(二)"规定:"土地储备是指县级(含)以上国土资源主管部门为调控土地市场、促进土地资源合理利用,依法取得土地,组织前期开发、储存以备供应的行为。"该项规定有三项业务活动:①依法取得土地,是征地拆迁与安置补偿,将土地收归国有;②组织前期开发,是三通、五通、七通一平等土地一级开发;③储存以备供应,是土储机构收储。

> 提示：搜索地方性文件的方法，省市名称＋土地储备＋一级开发。

四、开发项目的参与各方确认

根据合作方式的确认情况，确认本项目合作的有关各方，确认各方的合同权利义务和纳税义务。

开发项目的参与各方确认的目的，一是确认交易主体，二是确认纳税主体。

五、项目开发进度确认

（一）方法提示

项目开发进度确认，主要运用信息比对法。应关注比对事项、判断标准、判断结果。

比对事项：项目拿地立项情况、项目土地开发及房屋建设情况、项目完工产品销售情况、项目清算情况。

判断标准：模板处理信息与实际信息比对一致。

判断结果：是否属于某个阶段的开发进度。

开发进度调查，是委托方与受托方或委派方与承办方确认管理事项的必经程序。不经过这个程序，委托或委派的业务范围很难确认，不能作出纳税风险管理的正确决策，无法签订委托协议或无法签发委派文件。

根据房地产开发项目的纳税风险管理需要，一个开发项目分为四个阶段：拿地立项阶段，开发建设阶段，完工销售阶段，项目清算阶段。

项目纳税管理调查四个阶段可能发生的业务，如对一个具体项目调查，首先确认项目开发进度进行到哪个阶段，然后根据开发进度达到的阶段，确认纳税管理事项。如A项目仅完成了拿地立项业务，还没有进入后三个阶段，则A项目纳税管理事项仅限于拿地立项业务。

（二）政策法规提示

《土地增值税清算管理规程》（国税发〔2009〕91号）第六条规定："主管税务机关应加强房地产开发项目的日常税收管理，实施项目管理。主管税务机关应从纳税人取得土地使用权开始，按项目分别建立档案、设置台账，对纳税人项目立项、规划设计、施工、预售、竣工验收、工程结算、项目清盘等房地产开发全过程情况实行跟踪监控，做到税务管理与纳税人项目开发同步。"

第四节 开发项目合作方式选择的范例

| 案例一 |

罗庄区棚户区改造项目合作方式确认

一、罗庄区棚户区改造项目调查情况

（一）罗庄区开发项目合作协议约定的重要事项

齐鲁市罗庄区城市建设投资开发有限公司（甲方）与北京A房地产开发有限公司（乙方）签订的《罗庄区城中村棚户区开发项目合作协议》及补充协议中，约定双方共同出资，设立项目公司——齐鲁A房地产开发有限公司。项目公司是特殊目的机构（SPV），项目公司负责承办本项目的投资服务、开发服务、管理服务，并享有约定的投资收益。约定的合作原则是：双方共同合作、共享收益、共担风险。乙方的资金来源可以是依法直接投资，也可以通过招商引资等方式依法进行融资。协议中约定，甲乙双方的合作方式为：PPP合作。

提示：以建设部2002年年底出台的《大力推进市政公用市场化指导意见》为标志，中国的PPP项目进入了市场推广阶段。2014年9月底之前，允许齐鲁市罗庄区城市建设投资开发有限公司这类政府融资平台，代表政府与社会资本签订PPP合作协议。

（二）合作各方

（1）政府方：齐鲁市罗庄区城市建设投资开发有限公司（甲方）。

（2）社会资本方：北京A房地产开发有限公司。

（3）项目公司：齐鲁A房地产开发有限公司（乙方）。

齐鲁市罗庄区城市建设投资开发有限公司（甲方）采取竞争性谈判方式确定的该项目合作单位、投资人——北京A房地产开发有限公司。

提示：根据《国务院关于加强地方政府性债务管理的意见》（国发〔2014〕43号）规定，2014年9月前，齐鲁市罗庄区城市建设投资开发有限公司作为政府融资平台可以代表政府签订PPP项目融资协议，之后不允许新增PPP项目融资债务。

（三）签署文件

（1）连片项目签署文件。甲乙双方在2007年2月至2020年12月期间，签订"罗庄区城中村棚户区开发项目合作协议"及补充协议。约定的合作原则是：双方共同合作、共享收益、共担风险。乙方的资金来源可以是依法直接投资，也可以通过招商引资等方式依法进行融资。

（2）一级开发签署文件。齐鲁市土地储备中心与项目公司签订的"罗庄区城中村棚户区土地一级开发协议"。

（3）二级开发签署文件。齐鲁市罗庄区城市建设投资开发有限公司与项目公司签订的"凤城壹号棚户区安置房开发协议""凤城公路项目

PPP合作协议""竹林小区项目合作开发房地产合同"。

（四）罗庄区棚户区改造项目合作方式

罗庄区棚户区改造项目是根据连片开发项目分为两个级次的项目，一级项目是罗庄区棚户片区项目，甲方与项目公司的合作方式为一二级联动、代建开发与PPP合作。二级项目（或称项目产品）是收储土地一级开发采取代建合作方式、安置房二级开发采取代建合作方式、凤城公路（公共基础设施）二级开发采取PPP合作方式。

（五）改造项目的子项目及开发周期

1.子项目约定

根据协议关于项目内容的约定，罗庄区棚户区改造项目采取一二级联动开发合作方式，其中一级开发项目是片区收储土地开发，二级开发有竹林小区项目、凤城壹号棚户区安置房、凤城公路项目、东方花园商品房项目四个子项目。

本章仅介绍罗庄区棚户区改造项目一二级联动开发。竹林小区商品房合作开发项目参见本书第二章第三节，凤城壹号棚户区安置房代建参见本书第三章第三节，凤城公路项目二级开发PPP项目参见本书第六章第三节，东方花园商品房项目参见本书第八章第三节。

2.收储土地一级开发项目（2007年2月—2008年2月）

罗庄区城中村棚户区改造项目收储土地一级开发业务，包括改造区域内的地上物拆迁及土地"七通一平"。该项目投资额25亿元，2007年2月开工，2008年2月移交土地储备部门。

3.凤城壹号棚户区安置房（2008年2月—2016年12月）

凤城壹号社区是齐鲁A房地产开发有限公司投资兴建的罗庄区城中村棚户区改造凤城壹号社区安置项目。该工程投资额9亿元，于2008年2月20日正式开工，2016年4月20日进行了竣工验收。该小区包括28栋住宅楼（2054户），幼儿园、地下车库以及B、C区商业区共计32个单体。占地面积约为14万平方米，建筑面积约为30万平方米。

4.东方花园商品房项目（2008年3月—2019年12月）

齐鲁A房地产开发有限公司（统一社会信用代码AX3706117582723XX9）通过招拍挂取得东方花园商品房项目用地，并按规定办理立项批复及五证。该项目属于自行开发项目，有关纳税风险管理情况，见本书第八章第三节中的案例一。

5.凤城公路项目（2012年10月25日—2013年7月25日）

凤城公路项目，呈南北走向，道路全长792米，道路红线宽度为60米，包括道路工程、排水工程、照明工程。项目投资额15亿元，于2012年10月25日开工建设，2013年7月25日竣工验收。

6.竹林小区项目（2015年8月—2018年10月）

2015年8月签订的《竹林小区项目合作开发房地产合同》约定，合作分工为，齐鲁A房地产开发公司（甲方）提供资质、负责拿地、提供专业服务，乙方公司提供资金、辅助服务，乙方公司作为业主承担全部竹林小区项目购买义务。

项目于2015年8月开工，2018年10月竣工验收并交付使用。

（六）罗庄区棚户区改造项目社会资本投资情况

罗庄区棚户区改造项目，社会资本方北京A房地产开发有限公司概算总投资约人民币49亿元，其中土地一级开发投资25亿元，安置房开发投资9亿元，凤城公路投资15亿元。

东方花园商品房项目、竹林小区商品房项目投资，由取得该项目的开发商自筹安排。

（七）罗庄区棚户区改造项目社会资本投资回报

《罗庄区城中村棚户区开发项目合作协议》及补充协议约定了三种回报方式：

（1）一级开发固定回报。齐鲁市罗庄区城市建设投资开发有限公司一级土地开发，以总成本25亿元扣除竹林小区项目、东方花园商品房项目两个项目用地一级开发成本5亿元后的余额20亿元作为基数，按

10%给予齐鲁A房地产开发有限公司综合服务费2亿元（利息与开发服务费）。

（2）一级开发风险回报。竹林小区项目、东方花园商品房项目两块项目用地的一级开发，采取风险投资模式。如果齐鲁A房地产开发有限公司招拍挂取得两块项目用地，则一级开发的回报为零；如果齐鲁A房地产开发有限公司未取得两块项目用地，当该地块符合国家土地出让条件时，地方政府将该地块进行挂牌出让，若成交价低于投资方投入的所有资金，则亏损由投资方自行承担；若成交价超过投资方投入的所有资金，则投资方收回全部投资后，还参与出让收益分成。

（3）二级开发固定回报。凤城公路项目二级开发回报，齐鲁市罗庄区城市建设投资开发有限公司按二级开发总成本15亿元的10%给予固定回报，其中支付北京A房地产开发有限公司0.6亿元利息，支付齐鲁A房地产开发有限公司0.9亿元开发服务费。凤城壹号社区安置房项目代建开发回报，齐鲁市罗庄区城市建设投资开发有限公司按二级开发总成本9亿元的10%给予固定回报，支付北京A房地产开发有限公司0.36亿元利息，支付齐鲁A房地产开发有限公司0.54亿元开发服务费。

二、罗庄区棚户区改造项目合作内容确认

（1）投融资项目：罗庄区城中村棚户区开发项目；项目管理人：齐鲁A房地产开发有限公司；融资方式：债权投资；融资方：齐鲁市罗庄区城市建设投资开发有限公司；投资方：北京A房地产开发有限公司。

（2）一级项目：罗庄区棚户区改造项目（连片开发项目）。

（3）二级项目。①收储土地开发，委托方：齐鲁市人民政府土地储备中心，受托方：齐鲁A房地产开发有限公司；②安置房开发，委托方：齐鲁市人民政府拆迁安置单位，受托方：齐鲁A房地产开发有限公司；③凤城公路项目（公共基础设施），采购方（甲方）：齐鲁A房地产开发有限公司（政府授权单位），服务方（乙方）：施工企业及其他服务商；④东方花园商品房项目、竹林小区商品房项目，开发商：齐鲁A房地产开发有限公司。

三、风控工具的选择

收储土地一级代建开发、安置房二级代建开发,选择代建风控工具。

凤城公路(公共基础设施)项目,选择PPP项目风控工具。

东方花园商品房项目,选择自行开发商品房风控工具。

竹林小区商品房项目,选择合作开发商品房风控工具。

四、罗庄区棚户区改造片区项目合作方式分析

(一)一二级联动开发的分析说明

罗庄区棚户区改造片区项目中,片区收储土地一级开发项目和四个二级开发项目,均由齐鲁A房地产开发有限公司负责开发。很明显,从开发商角度看,罗庄区棚户区改造片区项目开发方式,属于一二级联动开发。

(二)合作开发商品房的分析说明

合作开发房地产,是指当事人或各方共同投资、共享利润、共担风险,联合开发房地产的行为。房地产项目资源要素有资质、专业、资金、土地,即资质、人、财、物。

2015年8月签订的"竹林小区项目合作开发房地产合同"约定,合作分工为,甲公司提供资质、负责拿地、提供专业服务,乙公司提供资金、辅助服务,乙公司作为业主承担全部竹林小区项目购买义务。很显然,竹林小区项目是甲乙双方共同投资、共享利润、共担风险的房地产开发,属于合作开发方式。

(三)代建开发的分析说明

房地产开发项目委托代建可以定义为:土地方委托开发公司代办房地产开发事宜。代建方,是只提供服务,不共享利润、共担风险。

凤城壹号棚户区安置房开发为代建方式。事实根据:项目公司,出钱、出力、不出地。判断证据:与政府签订的"罗庄区城中村棚户区开发项目合作协议""凤城壹号棚户区安置房开发协议"。

很显然,凤城壹号棚户区安置房项目的项目公司是只提供服务,不共享利润、共担风险的房地产开发商,属于代建开发方式。

另外，罗庄区棚户区改造片区项目收储土地一级开发，同样属于代建开发方式。

（四）PPP合作的分析说明

PPP是指政府与私人部门组成特殊目的机构（SPV），引入社会资本，共同设计开发，共同承担风险，全过程合作，期满后再移交给政府的公共服务开发运营方式。

根据齐鲁市罗庄区城市建设投资开发有限公司（甲方）与北京A房地产开发有限公司（乙方）签订"罗庄区城中村棚户区开发项目合作协议"及补充协议的约定及履行情况，合作双方共出资源、共同设计开发、共同承担风险，全过程合作，对罗庄区棚户区改造片区项目进行开发建设的合作方式，属于PPP合作方式。

根据"凤城公路项目PPP合作协议"约定，项目公司经政府授权，承办凤城公路项目建设业务，项目公司代表政府融入社会资本。凤城公路项目采取建设—移交（BT）运作方式，属于PPP项目。

（五）自行开发的分析说明

自行开发，是指在依法取得土地使用权的土地上进行基础设施和房屋建设。按照提供开发要素资源的标准，自行开发项目可以分为三类：一是独立方式自行开发，二是代建方式自行开发，三是合作方式自行开发。

东方花园项目的资质提供方、土地提供方，均为齐鲁A房地产开发有限公司。很显然，东方花园项目的开发商是独自提供资质、土地、资金三项资源，属于独立方式自行开发（或称独家开发）。

五、连片开发项目的合作内容、合作方式的确认方法

连片开发项目的母子项目确认、合作方式确认方法。确认连片开发项目的合作方式，可以选择三步确认法。

第一步是确认母项目，如高铁站片区项目、棚改区项目、湿地恢复项目。

第二步是确认子项目，如罗庄区棚户区改造项目片区母项目按完工产品用途可以划分为四个子项目：收储土地一级开发项目、安置房二级

开发项目、凤城公路项目（公共基础设施）、东方花园商品房项目二级开发项目。

第三步是确认母项目的合作方式。确认的基本方法：①列举各子项目的合作方式，如一级开发（收储土地）、二级开发（凤城公路项目公共基础设施）、二级开发（安置房）、代建开发（收储土地）、代建开发（安置房）、PPP开发（凤城公路项目公共基础设施）、自行开发（东方花园商品房项目）、合作开发（竹林小区商品房）；②合并同类项，如一级开发（收储土地）、二级开发（凤城公路项目公共基础设施、安置房）、代建开发（收储土地、安置房）、PPP开发（凤城公路项目公共基础设施）、自行开发（东方花园商品房项目）、合作开发（竹林小区商品房）；③确认母项目的合作方式，并采取合作方式列举法表述，如罗庄区棚户区改造片区项目合作开发方式为一二级联动、代建开发、PPP合作、自行开发以及合作开发。

| 案例二 |

高铁站连片开发项目合作方式确认

一、高铁站连片开发项目介绍

（一）合作各方

（1）政府部门：淮河经济技术开发区管理委员会。

（2）社会资本方：燕山A建设有限公司。

（3）项目公司：淮河经高项目建设公司（淮河经济技术开发区管理委员会与燕山A建设有限公司共同组建）。

（二）甲方与项目公司的合作

甲方淮河经济技术开发区管理委员会与燕山A房地产公司两家股东出

资组建淮河经高项目建设公司（以下简称项目公司），项目公司是特殊目的机构（SPV），项目公司负责承办本项目中安置房（商品房）、广场（公共基础设施）、收储土地一级开发三个开发项目的投资服务、开发服务、管理服务，并享有约定的投资收益。

（三）合作内容、投资规模

甲方——淮河经济技术开发区管理委员会是项目业主、工程最终使用人；乙方——燕山A建设有限公司，是甲方采取竞争性谈判方式确定的该项目合作单位、投资人。

甲乙双方在2013年2月至2014年6月，签订"淮河经济技术开发区高铁站片区开发项目合作协议"及补充协议，约定的合作原则是：双方共同合作、共享收益、共担风险。乙方的资金来源可以是依法直接投资，也可以通过招商引资等方式依法进行融资。甲乙双方的合作方式为：PPP合作。

高铁站连片开发项目总投资额39亿元，其中土地一级开发投资20亿元，安置房开发投资额9亿元，站前广场投资额10亿元。

二、合作项目确认

（1）投融资项目：高铁站片区项目开发项目；项目管理人：淮河经高项目建设公司；融资方式：债权投资；融资方：淮河市人民政府；投资方：燕山A建设有限公司。

（2）一级项目：高铁站片区项目。

（3）二级项目。①收储土地开发，委托方：淮河市人民政府土地储备中心，受托方：淮河经高项目建设公司；②安置房开发，委托方：淮河市人民政府拆迁安置单位，受托方：淮河经高项目建设公司；③站前广场（公共基础设施），采购方（甲方）：淮河经高项目建设公司（政府授权单位），服务方（乙方）：施工企业及其他服务商。

三、风控工具的选择

收储土地一级代建开发、安置房二级代建开发，选择代建风控工具。

站前广场（公共基础设施），选择PPP项目风控工具。

四、连片开发项目的合作内容、合作方式的确认方法

连片开发项目的母子项目确认、合作方式的确认方法。确认连片开发项目的合作方式，可以选择三步确认法。

第一步是确认母项目，如高铁站片区项目、棚改区项目、湿地恢复项目；

第二步是确认子项目，如高铁站片区母项目按完工产品用途可以划分为三个子项目：收储土地一级开发项目、安置房二级开发项目、站前广场（公共基础设施）二级开发项目；

第三步是确认母项目的合作方式，确认的基本方法：①列举各子项目合作方式，如一级开发（收储土地）＋二级开发（站前广场公共基础设施）＋二级开发（安置房）＋代建开发（收储土地）＋代建开发（安置房）＋PPP开发（站前广场公共基础设施）；②合并同类项，如一级开发（收储土地）＋二级开发（站前广场公共基础设施、安置房）＋代建开发（收储土地、安置房）＋PPP开发（站前广场公共基础设施）；③确认母项目的合作方式，并采取合作方式列举法表述，如高铁站片区项目合作开发方式为一二级联动＋代建开发＋PPP合作。

第二章

房地产项目合作开发纳税风险管理

第一节 合作开发项目应知应会事项

一、房地产开发项目合作开发的资源合作模式

合作开发房地产,是指当事人或各方共同投资、共享利润、共担风险,联合开发房地产的行为。房地产项目资源要素有:资质、专业、资金、土地,即资质、人、财、物。

合作开发的目的是整合项目所需要的合作资源,如果房地产开发商有足够的资源,一般会选择独立开发,不会选择合作开发。

之所以选择合作开发是因为开发公司发起人的资源,不能满足开发项目的需要。如一个专业团队没有开发资质拿不到项目用地,却拥有专业能力和资金,就需要与有开发资质的企业进行合作,只有用自身的专业能力和资金两项资源,与伙伴的资质、土地两项资源进行整合,才能获取开发项目。

二、合作开发项目资源合作方式分析

产业供应链的资源合作方式,根据买卖对象(或称交易对象)划分,项目资源合作模式可以分为买卖设计服务模式(ODM)、买卖商标品牌模式

（OBM）、买卖生产模式（OEM）三种。如房地产开发项目的资源合作有三个交易内容：商标或品牌（开发商经营权利）、开发服务（开发商品设计服务）、建筑服务（生产）。

房地产开发项目的合作开发是混合模式，不是单一模式，是合作各方买卖两项资源：设计服务（ODM）、无形资产（OBM）。房地产项目合作开发的资源，不包括建筑施工服务（加工生产服务）这类资源。房地产项目合作开发，是关于项目开发主体成员间的合作组织形式建设问题，是开发商的内部合作问题；建筑施工服务，是关于项目开发主体的外购服务问题，是开发商的外部交易问题。如《房屋建筑和市政基础设施项目工程总承包管理办法》（建市规〔2019〕12号）第十一条规定："工程总承包单位不得是工程总承包项目的代建单位、项目管理单位、监理单位、造价咨询单位、招标代理单位。"

买卖设计服务模式（ODM），是买卖楼盘的开发设计服务，而不是施工设计服务。合作开发房地产项目的双方都是房地产开发企业，选择买卖设计服务模式（ODM），买方提供商标或品牌（权利）两项资源，卖方提供设计（服务）一项资源。

买卖无形资产模式（OBM），是买卖商标品牌无形资产。选择买卖设计服务模式（ODM），购买方或委托方提供设计（服务）一项资源，销售方或受托方提供商标或品牌（权利）一项资源。

三、合作开发方式的分析确认方法

（一）判断方法

是否同时具备三个条件：①合作各方共同投资、共享利润、共担风险；②当事人一方必须有资质；③当事人一方必须有土地。

确认合作开发方式的要点是共同投资、共享利润、共担风险这三个事实是否认定清楚、是否有证据证实。

（1）共同投资确认方法。有货币出资、非货币出资，且有证据能够证实共享收益、共担风险。如主张其出资为投资法律关系的，应提供证据证实其与合同相对方就合作项目投资的风险承担、运营管理等方面的约定，仅凭借其出资转款凭证不能证明投资法律关系中共享收益、共担风险的法律性质，应按照借款关系处理。

（2）共享利润确认方法。有以下情形之一的可以确认为共享利润：①取得收入；②合作相对方代付成本费用；③合作相对方代还合作项目相关债务；④合作相对方代付出资款。如开发商支付拆迁补偿费、对公共配套设施投资视为政府在案涉项目中有收益。又如合作开发房地产合同中的清理条款不属于"名为合作实为借贷"合同条款。

（3）共担风险确认方法。合作开发合同中约定了共担风险事项，如共同（或按出资比例）承担违约金及赔偿延迟搬迁损失的情形。又如当事人对收益分配约定了限制和浮动条件。

（二）判断依据

《最高人民法院关于审理涉及国有土地使用权合同纠纷案件适用法律问题的解释》（法释〔2005〕5号）第十四条规定："本解释所称的合作开发房地产合同，是指当事人订立的以提供出让土地使用权、资金等作为共同投资，共享利润、共担风险合作开发房地产为基本内容的协议。"

最高人民法院民一庭关于如何区分合作开发房地产合同中的清理条款与"名为合作实为借贷"合同的意见："合同约定，一方出地，另一方出资，设立房地产项目公司，按照出资比例享有项目公司股东权益，合作开发房地产。从约定的权利义务内容看，协议性质为共同出资、共担风险、共享利润的合作开发房地产合同。合同还约定，终止履行后接受出资一方返还出资方投资款本金及按同期银行贷款利率四倍支付利息，依据《合同法》第九十七条、第九十八条规定，此约定性质为合同终止履行后的清理条款，不属于《最高人民法院关于审理涉及国有土地使用权合同纠纷案件适用法律问题的解释》第二十六条规定的名为合作合同实为借款合同情形。"[①]

---

① 摘自《民事审判指导与参考》（62辑）第154—157页。

四、项目合作开发与其他开发方式的分析比较

（一）合作开发房地产与开发项目代建的区别：合同中是否包含共同出资、共享利润、共担风险内容

合作开发房地产与开发项目代建的区别是合同中是否包含共同出资、共享利润、共担风险内容。

合作开发，是既提供服务，又共同出资、共享利润、共担风险。

代建，是只提供服务，不共享利润、共担风险。

判断依据：《最高人民法院关于审理涉及国有土地使用权合同纠纷案件适用法律问题的解释》（法释〔2005〕5号）第十四条规定，"本解释所称的合作开发房地产合同，是指当事人订立的以提供出让土地使用权、资金等作为共同投资，共享利润、共担风险合作开发房地产为基本内容的协议。"

《江苏省高级人民法院关于审理房地产合同纠纷案件若干问题的解答》第七十三条规定："对于委托代建的性质认定应当回归双方签订的委托代建协议的内容，如果合同中包含共享利润、共担风险内容的，应认定为合作开发房地产合同。如果合同中不包含共享利润、共担风险内容的，则仅具有委托关系，应按《合同法》有关委托合同的规定处理。"

（二）合作开发房地产与房屋买卖的区别：合作建房不仅共同投资还要共享利润、共担风险

合作，是合作各方共同投资、共享利润、共担风险。

买卖，是业主只提供资金，不承担经营风险，分配固定数量房屋。如果业主A公司集资建宿舍楼，由于没有项目用地，而委托开发商B公司建宿舍楼。建成后由B公司产权整体过户给A公司，合作方式不是合作开发房地产，而是房屋买卖，或者称为房屋团购。

判断依据：《最高人民法院关于审理涉及国有土地使用权合同纠纷案件适用法律问题的解释》（法释〔2005〕5号）第二十五条规定，"合作开发房地产合同约定提供资金的当事人不承担经营风险，只分配固定数量房屋的，

应当认定为房屋买卖合同。"

（三）合作开发房地产与融资建房的区别：合作不仅要有出资还应提供证据证实合同中有风险承担、运营管理等方面的约定

合作，是合作各方共同投资、共享利润、共担风险。如主张其出资为投资法律关系的，应提供证据证实其与合同相对方就合作项目投资的风险承担、运营管理等方面的约定，仅凭借其出资转款凭证不能证明投资法律关系中共享收益、共担风险的法律性质，应按照借款关系处理。

融资建房，是业主出钱不出其他资源，又没有证据证明共享利润、共担风险，应认定为借款。如业主A公司出钱，开发商B公司出地，共同建设小区。由于A公司不共担风险，只收取固定金额货币，属融资建房。

判断依据：《最高人民法院关于审理涉及国有土地使用权合同纠纷案件适用法律问题的解释》（法释〔2005〕5号）第二十六条规定，"合作开发房地产合同约定提供资金的当事人不承担经营风险，只收取固定数额货币的，应当认定为借款合同。"

（四）合作开发房地产与自用不动产代建的区别：立项批复内容、能否取得销售许可

开发房地产合作各方，是项目合作开发，还是自用不动产代建，主要从两方面判断：一是立项批复，批准的是房地产项目，还是自建项目；二是能否取得销售许可，以销售为目的立项的可以取得销售许可，以自用为目的立项的不能取得销售许可。

判断依据：《城市房地产开发经营管理条例》（国务院令第710号）第二条规定，"本条例所称房地产开发经营，是指房地产开发企业在城市规划区内国有土地上进行基础设施建设、房屋建设，并转让房地产开发项目或者销售、出租商品房的行为。"

《最高人民法院关于审理涉及国有土地使用权合同纠纷案件适用法律问题的解释》（法释〔2005〕5号）第十四条规定："本解释所称的合作开发

房地产合同,是指当事人订立的以提供出让土地使用权、资金等作为共同投资、共享利润、共担风险合作开发房地产为基本内容的协议。"

五、房地产合作开发的合同生效

合同生效的三个条件:一是双方共同投资、共享利润、共担风险;二是当事人一方必须有房地产开发经营资质;三是当事人一方必须拥有土地使用权。《最高人民法院关于审理涉及国有土地使用权合同纠纷案件适用法律问题的解释》(法释〔2005〕5号)第十四条规定:"本解释所称的合作开发房地产合同,是指当事人订立的以提供出让土地使用权、资金等作为共同投资、共享利润、共担风险合作开发房地产为基本内容的协议。"第十五条规定:"合作开发房地产合同的当事人一方具备房地产开发经营资质的,应当认定合同有效。当事人双方均不具备房地产开发经营资质的,应当认定合同无效。但起诉前当事人一方已经取得房地产开发经营资质或者已依法合作成立具有房地产开发经营资质的房地产开发企业的,应当认定合同有效。"

对先签订合作建房合同然后土地使用权变性的,土地使用权实现变性前发生纠纷,不能因此否定前期签订的合作建房合同的效力。《最高院民一庭关于房地产纠纷案件意见35条》第34条对以划拨土地使用权与他方签订的合作建房合同应如何认定其效力问题作出规定,按照约定履行步骤依法改变划拨用地性质实现合作开发远期目标,土地实现变性前发生纠纷,不能因此否定前期签订的合作建房合同的效力。合同当事人依约占有不动产的履约行为为合法占有,受物权法保护;足以对抗对方提出的腾迁请求。

六、合作开发业务的收益模式

合作开发业务的收益来源主要有以下几类:
(1)取得项目销售收入。
(2)合作相对方代付成本费用,如开发商支付土地使用权取得相关的拆迁补偿费、公共配套设施投资视为政府在案涉项目中有收益。

（3）合作相对方代还合作项目相关债务。

（4）合作相对方代付出资款。如开发商代合作方偿还用于出资的借款。

（5）项目服务收益，如开发商支付项目合作相对方项目服务费。

七、房地产合作开发的定义及分类

根据《最高人民法院关于审理涉及国有土地使用权合同纠纷案件适用法律问题的解释》（法释〔2005〕5号）第十四条规定，合作开发房地产的定义可以表述为：合作开发房地产，是指当事人以提供出让土地使用权、资金等作为共同投资、共享利润、共担风险合作开发房地产为基本内容的合作开发行为。

房地产合作开发，按合作主体标准进行划分，包括开发商与政府合作（PPP）、开发商与开发商合作、开发商与出资机构合作、开发商与自然人合作；按出资方式进行划分，包括土地入股方式、货币出资合作、无形资产出资合作。

第二节 合作开发项目纳税风险管理的内容与方法

一、合作开发项目纳税风险管理的内容

合作开发项目纳税风险管理的内容,主要有四个方面:
(1)开发项目合作资源分析确认。
(2)本项目合作开发方式的法务风险确认,如合同是否无效。
(3)本项目合作开发方式的收益模式确认。
(4)本项目合作出资纳税义务确认。

二、合作开发项目纳税风险管理的方法

合作开发项目纳税风险管理的方法主要有以下几种:①多维分析法;②信息比对法;③调查取证法;④是非判断法。

(1)多维分析法。该方法主要考虑四个方面:一是任务(工具名称),是否属于合作开发方式。二是比对维度,主要考虑委托方与受托方两个维度

的对比。三是交易内容维度，主要考虑：①合作资源要素（人、财、物、资质）；②项目产权四项权能（占有、使用、收益、处置）；③合作开发"三共"条件（共同出资、共享利润、共担风险）。四是标准，即共同投资、共享利润、共担风险的三个事实是否认定清楚、有证据证实。

（2）信息比对法。①建立项目合作开发处理模板。选择项：委托方、受托方；内容项：人、财、地、资质。②调查项。选择项：委托方、受托方；内容项：人、财、地、资质。③判断标准。共同投资、共享利润、共担风险的三个事实是否认定清楚、有证据证实。

（3）调查取证法。调查取证法，是对调查取得交易有关实际处理证据资料，根据证据资料分析确认合作方式重要事项，应关注待判断项、判断标准、证据、判断结果。该方法主要用于取得证据、证明交易事项。

适用条件：待确认事项的指向明确，且能够取得证据资料。

（4）是非判断法。该方法需要考虑以下三个方面。一是待判断项，二是判断标准，三是判断结果项。待判断项：如合作方是否为出资方、出资人是否出资。判断标准：是否符合三共条件。判断结果：合作开发是否成立。

三、开发项目合作资源、合作方式确认

（一）方法提示

开发项目合作资源、合作方式确认，属于交易事实的调查确认。具体处理时，第一步运用多维分析法设计判断事项、判断标准，第二步用调查取证法分析确认判断事项，第三步按照判断标准确认是否属于项目合作开发方式。

判断事项：合作主体（出资各方）、提供资源、项目内容、分配机制、合作模式、运作模式等。

判断标准：同时具备共同投资、共享利润、共担风险三个条件。

判断结果：是否属于合作开发方式。

（二）政策法规提示

《最高人民法院关于审理涉及国有土地使用权合同纠纷案件适用法律问题的解释》（法释〔2005〕5号）第十四条规定："本解释所称的合作开发房地产合同，是指当事人订立的以提供出让土地使用权、资金等作为共同投资，共享利润、共担风险合作开发房地产为基本内容的协议。"

四、本项目合作开发方式的法务风险确认

（一）方法提示

合作开发方式的法务风险确认，主要采取调查取证法确认风险事项，具体应关注待判断事项、判断标准、判断结果。

待判断事项：合作主体（出资各方）、共同投资、共享利润、共担风险。

判断标准：事实清楚、证据是否充分、适用依据正确、程序合法。

判断结果：合作开发是否合法。

（二）政策法规提示

《中华人民共和国行政诉讼法》第三十三条规定，证据经法庭审查属实，才能作为认定案件事实的根据。

五、本项目合作开发方式的收益模式确认

（一）方法提示

合作开发方式的收益模式确认，主要运用是非判断法，应关注待判断事项、判断标准、判断结果。

待判断事项：销售收入、视同取得收益、合作方代还款、税后分配等。

判断标准：取得收益是否与出资相关、是否共担风险。

判断结果：选择哪种收益模式，或收益模式是待判断事项的哪一项。

（二）政策法规提示

《最高人民法院关于审理涉及国有土地使用权合同纠纷案件适用法律问题的解释》（法释〔2005〕5号）第十四条规定："本解释所称的合作开发房地产合同，是指当事人订立的以提供出让土地使用权、资金等作为共同投资，共享利润、共担风险合作开发房地产为基本内容的协议。"

判例：最高人民法院发布的（2016）最高法民终108号，房地产开发公司承担支付拆迁安置补偿费，对所有拟建房屋、政府规划道路及设施、小区内道路及设施、广场及森林公园进行投资，视为政府在案涉项目中有收益。

六、本项目合作出资纳税义务确认

（一）方法提示

纳税义务确认的合法性评价，主要运用是非判断法，应关注待判断事项、判断标准、判断结果。

待判断事项：销售收入、视同取得收益、合作方代还款、税后分配等。

判断标准：是否符合谁出资、谁受益、谁纳税的原则。出资人、受益人、纳税人是否一致。合作各方的收益事项归集是否正确、是否按取得收益事项确认纳税义务。

判断结果：是否合法。

（二）政策法规提示

《销售服务、无形资产、不动产注释》（财税〔2016〕36号附件1）"三、销售不动产"规定：

销售不动产，是指转让不动产所有权的业务活动。不动产，是指不能移动或者移动后会引起性质、形状改变的财产，包括建筑物、构筑物等。

建筑物，包括住宅、商业营业用房、办公楼等可供居住、工作或者进行其他活动的建造物。

构筑物，包括道路、桥梁、隧道、水坝等建造物。

转让建筑物有限产权或者永久使用权的，转让在建的建筑物或者构筑物所有权的，以及在转让建筑物或者构筑物时一并转让其所占土地的使用权的，按照销售不动产缴纳增值税。

第三节 合作开发项目纳税风险管理的范例

| 案例一 |

竹林小区项目合作开发的纳税义务确认

一、竹林小区项目调查情况

（一）合作各方及合作协议

（1）开发方：齐鲁市甲房地产开发公司（甲方）。

（2）合作方：齐鲁市乙能源公司（乙方）。

2015年8月，双方签订了"竹林小区项目合作开发房地产合同"。合同约定，甲方为合作主导方，乙方为合作相对方，以甲方名义立项开发竹林小区项目。

（二）竹林小区项目的合作内容及分工

2015年8月签订的"竹林小区项目合作开发房地产合同"约定，合作分工为，甲方提供资质、负责拿地、专业服务，乙方提供资金、辅助服务，乙方作为业主承担全部竹林小区项目购买义务。

（三）合作各方共出资源、共享收益、共担风险情况

（1）甲方提供资源。根据"竹林小区项目合作开发房地产合同"约定及合同履行情况确认，项目开发过程中，甲方提供开发资质、支付部分土地出让金200万元、协助办理项目审批备案事宜，以甲方名义取得立项批复、土地规划证、工程规划证、土地使用证、开工许可证、预售许可证。在法律形式上，甲方是竹林小区项目的开发主体。

（2）乙方提供资源。根据"竹林小区项目合作开发房地产合同"约定及合同履行情况确认，乙方在项目开发过程中，负责支付了受让土地款、工程款、应缴税款，项目开发业务均由乙方人员组建的项目部承办。

（3）共享收益表现在两方面，甲方取得乙方垫付土地成本支出应视同取得项目收益回报，乙方以优惠价取得完工产品。

（4）共担风险表现在约定方面，双方在项目有关文件资料中，有约定共担风险的内容。

（四）项目开发内容、开发周期、收入情况

2018年10月18日，项目竣工验收，2018年10月20日竹林小区项目整体一次性交付使用。

竹林小区项目收入11亿元，支付乙方1亿元项目收益。

二、税务处理争议描述

2019年进行审核时，有两种处理意见。第一种意见主张项目开发方式为挂靠自建不动产，乙方是项目开发主体，交易按销售不动产处理，确认乙方是竹林小区项目增值税、土地增值税纳税义务人。具体意见：一是交易上确认为乙方自建不动产。竹林小区项目仅是在法律形式上以甲方名义开发经营，实质上是乙方自建不动产。在项目产权由甲方变更为乙方时，主张按销售不动产处理。二是在税务处理上，在变更产权环节，确认增值税、土地增值税纳税义务，并强调计算土地增值税时不允许加计扣除。不允许加计扣除是因为项目性质属于自建工程。

第二种意见主张项目开发方式为合作开发商品房，甲方是项目开发主体，乙方是项目合作方。甲方是项目增值税、土地增值税的纳税义务人，乙方是项目合作收入事项的增值税纳税义务人。乙方不发生土地增值税纳税义务。

三、纳税争议分析

本案争议点1：交易处理。是否应当承认甲公司是开发主体，实质上是否应当认定合作开发房地产合同有效。

本案争议点2：税务处理。如果合作开发房地产合同有效，则甲公司是开发主体，竹林小区项目的土地增值税扣除项目允许加计扣除；如果合同无效，则不允许加计扣除。实质上，税务处理争议是关于土地增值税文件适用条件的确认问题，核心争议点：是否应当认定合同有效。

第一种意见，对竹林小区开发项目，不允许适用土地增值税扣除项目加计扣除有关规定的主张是错误的，一是事实认定不清，没有认清合同应当有效，错误地确认了开发主体；二是违法，错误地确认了土地增值税文件的适用条件，错误地适用了有关条款规定。

四、竹林小区项目有关各方、合作项目、合作方式确认

（一）有关各方及合作项目

（1）开发方：齐鲁市甲房地产开发公司（甲方）。

（2）合作方：齐鲁市乙能源公司（乙方）。

（3）合作项目为：竹林小区商品房项目。项目于2015年8月开工，2018年10月竣工验收并交付使用。

（二）竹林小区项目的合作方式确认

（1）确认情况。竹林小区项目开发方式为合作经营方式。事实根据："竹林小区项目合作开发房地产合同"约定及合同履行情况，可以确认甲乙双方在竹林小区项目开发过程中，符合共同投资、共享利润、共担风险的合作开发条件。判断证据：双方签订"竹林小区项目合作开发房地产合同"及履行情况有关资料。

（2）确认为合作开发方式的事实理由说明。房地产开发项目合作，是业主与开发商的结合，通过资源整合获取开发项目。现实当中，没有开发资质的专业团队拥有专业能力和资金，但是获取项目缺乏资质条件，需要与有开发资质的企业进行合作，通过资源整合获取开发项目。

要素合作方式：资质、土地、专业、资金。

根据开发项目资源合作方式情况调查分析，发现开发资质、项目用地、专业服务、项目资金等四个项目合作资源要素，甲方仅提供了开发资质、项目用地、专业服务三项资源；项目资金主要由乙方提供。

因此，可以确认竹林小区项目，形式上以甲方名义开发经营，实质上是甲乙双方合作开发不动产。

（3）确认方法提示。合作开发合同有效认定的事实和理由：《最高人民法院关于审理涉及国有土地使用权合同纠纷案件适用法律问题的解释》（法释〔2005〕5号）第十四条规定："本解释所称的合作开发房地产合同，是指当事人订立的以提供出让土地使用权、资金等作为共同投资，共享利润、共担风险合作开发房地产为基本内容的协议。"第十五条规定："合作开发房地产合同的当事人一方具备房地产开发经营资质的，应当认定合同有效。当事人双方均不具备房地产开发经营资质的，应当认定合同无效。但起诉前当事人一方已经取得房地产开发经营资质或者已依法合作成立具有房地产开发经营资质的房地产开发企业的，应当认定合同有效。"

共同出资表现在两方面，甲方提供品牌、资质、专业服务、项目用地、200万元资金，乙方提供资金、专业服务、购买需求、垫付甲方应支付的取得土地款。

共享利润表现在两方面，甲方取得乙方垫付土地成本支出应视同取得项目收益回报，乙方以优惠价取得完工产品。

共担风险表现在约定方面，双方在项目有关文件资料中，有约定共担风险的内容。

（三）风控工具的选择

对于竹林小区项目开发，甲方根据纳税风险管理选择自行开发风控工具和合作开发风控工具，乙方根据纳税风险管理选择合作开发风控工具。

五、竹林小区项目的合同义务、交易方式、合同收入确认

（一）合同义务事项

甲方合同义务事项：竹林小区项目的自行开发服务、支付乙方收益分配的合同义务。

乙方合同义务事项：竹林小区项目开发的合作开发服务。

判断证据：竹林小区项目合作开发房地产合同。

（二）交易方式确认

结论：根据竹林小区项目合作开发协议确认，甲方提供了自行开发服务，乙方提供了合作开发服务。

甲方拥有竹林小区项目的占有权、使用权、收益权、处置权，是项目的销售主体，向业主交付商品房时，属于不动产转让行为。

乙方提供的合作开发服务，是销售服务行为。乙方仅拥有收益权，不拥有占有权、使用权、处置权，不是项目的销售主体，甲方向业主交付商品房时，乙方不实施不动产转让行为。

（三）合同收入事项

甲方取得竹林小区商品房项目销售收入11亿元。

乙方取得甲方支付的竹林小区商品房项目合作开发服务收入1亿元。甲方将支付给乙方合作开发服务的1亿元款项，记入成本项目的开发间接费。

判断证据：①竹林小区商品房销售资料。②甲方支付乙方合作开发服务款项的资料。③甲方会计核算资料。

政策依据：《企业产品成本核算制度（试行）》（财会〔2013〕17号）第二十六条规定："房地产企业一般设置土地征用及拆迁补偿费、前期工程费、建筑安装工程费、基础设施建设费、公共配套设施费、开发间接费、借款费用等成本项目……开发间接费，指企业为直接组织和

管理开发项目所发生的,且不能将其直接归属于成本核算对象的工程监理费、造价审核费、结算审核费、工程保险费等。为业主代扣代缴的公共维修基金等不得计入产品成本。"

六、竹林小区项目的纳税义务确认

甲方销售商品房11亿元产生的增值税、土地增值税、土地使用税、印花税、企业所得税的纳税义务。

乙方销售服务1亿元产生的增值税、企业所得税纳税义务,不发生土地增值税纳税义务。

| 案例二 |

平原县黄河商品房项目合作开发

一、项目情况介绍

因黄河水电平原县新能源有限公司(以下简称"平原公司")无开发资质,故委托淮河安福房地产开发公司(以下简称"淮河公司")代为立项开发,项目土地、规划等文件指向均为淮河公司,建设资金由水电黄河公司及平原公司自筹。截至2020年3月,建设项目尚未办理竣工验收手续,项目所有权登记证件仍然是淮河公司大产权证。项目主要信息如下。

水电黄河公司综合楼及公寓项目(以下简称"黄河项目")包括两宗地块,其中,居住用地5 875平方米,出让期为70年;公共设施用地(商服业)8 061平方米,出让期为40年(平土征字〔2007〕135号)。综合楼项目于2005年立项,工程总面积为24 923平方米(其中:地上面积21 309平方米,地下面积3 614平方米),工程于2009年竣工并投入使用,总投入约1.28亿元。居住用地立项为公寓项目,由平原公司投资建设。

二、中介机构提出的解决方案

为了解决过户问题，中介机构接受平原公司委托提出了代建开发方式的处理意见，并提出了交易链设计分三步走：

第一步，为了解决淮河公司没有开发成本的问题，由平原公司向淮河公司开具建安发票；

第二步，为了解决过户问题，淮河公司向平原公司销售完工商品房；

第三步，为了解决2009年至过户前共计11年的折旧摊销进成本纳税调整问题，由淮河公司向平原公司开具租赁发票，发票金额根据折旧摊销额确定。交易链设计是：建筑服务、不动产销售、不动产租赁。

三、项目合作资源整合分析

房地产项目要素合作方式为资质、服务、资金、土地（资质、人、财、物）。现实当中，没有开发资质的专业团队拥有专业能力和资金，但是获取项目缺乏资质条件，需要与有开发资质的企业进行合作，通过资源整合获取开发项目。

根据黄河项目的开发项目资源合作方式情况调查分析，发现黄河项目在组织形式上，以无形资产或货币投资开发项目的松散合作或项目合作，而不是以无形资产或货币入股开发公司的紧密型合作或公司制合作。

开发项目资源合作特点是共同出资、共享利润、共担风险，属于合作开发房地产项目。

共同出资表现在两方面，平原公司提供项目大部分资金、管理服务，淮河公司提供品牌、资质、管理服务、项目用地、200万元资金。

共享利润表现在两方面，平原公司以优惠价取得完工产品，淮河公司取得平原公司垫付项目成本的视同取得项目收益回报。

共担风险表现在约定方面，双方在项目有关文件资料中，有约定共担风险的内容。

四、合作方式分析及选择建议

（一）选择建议

黄河项目至少有代建商品房、资产划转、商品房销售、合作开发等四种方式可供选择。黄河项目在产权过户环节，选择的交易方式既影响操作难度又影响过户成本。

根据以下分析可以得出结论：

1.代建商品房：交易链不真实、存在败诉风险、税收负担最重

（1）商务处理分析。根据最高人民法院的要求，委托代建合同成立的两个要点，业主提供国有土地使用权，开发商提供开发资质。本案中平原公司作为委托方不能提供土地，不符合代建合同成立的条件。

最高人民法院《民事案件案由适用要点与请求权规范指引》（法〔2011〕42号）中，"81.房地产开发经营合同纠纷"的"（1）委托代建合同纠纷"的规定："委托代建合同纠纷是指建房人获得国有土地使用权后委托房地产建设企业代建房屋，并向受托房地产建设企业支付酬金的协议产生的纠纷。委托人应当享有土地使用权并承担立项等建设成本，代建人应当具有相应资质。代建人的主要义务是利用自己的资质代建房人依法进行相关建设活动，建房人的主要义务是支付酬金。"根据该规定，对委托代建合同可以定义为：委托代建合同是指建房人获得国有土地使用权后委托房地产建设企业代建房屋，并向受托房地产建设企业支付酬金的协议。委托人应当享有土地使用权并承担立项等建设成本，代建人应当具有相应资质。代建人的主要义务是利用自己的资质代建房人依法进行相关建设活动，建房人的主要义务是支付酬金。

交易链设计是平原公司建安服务—淮河公司销售不动产—淮河公司出租不动产。交易链设计中，平原公司建安服务、淮河公司出租不动产两项业务是虚构的。

这样的交易链设计，交易事实确认明显违法，为以后的会计处理、税务处理、法务处理留下了隐患。

（2）税务处理分析。本项目正常业务只发生销售不动产环节的增值税、土地增值税、企业所得税等主要税种的纳税义务，在虚构建安服务、出租不动产两项业务后增加了这两个环节的纳税义务。

客观地说，在四个备选方案中，代建方案纳税义务是最重的。

2.资产划转：税收负担最轻，但不符合资产划转条件

（1）商务处理分析。资产划转交易方式对交易主体的控制关系有特殊要求，一是发生在100%直接控制的居民企业之间，二是发生在受同一或相同多家居民企业100%直接控制的居民企业之间。

根据淮河公司、平原公司的控股情况调查，不符合上述100%直接控股和间接控股的要求。

（2）税务处理分析。如果可以选择资产划转交易方式，由于该方式不发生增值税、土地增值税的纳税义务，且还有可能争取到特殊企业所得税优惠，该方式税收负担最轻。

3.商品房销售：不符合项目合作实际情况、交易价偏高、税收负担会高于合作开发方式

（1）商务处理分析。商品房销售方式的项目要素合作特点是：房地产开发公司提供资质、专业、资金、土地等四项资源要素，与黄河项目的项目要素合作情况显然不符。

选择商品房销售方式，项目交易价应按市场价确认，会明显高于合作开发方式的交易价。

（2）税务处理分析。如果可以选择商品房销售方式，该方式发生增值税、土地增值税、企业所得税等主要税种的纳税义务，由于受交易价不利因素的影响，税收负担会高于合作开发方式。

4.合作开发：符合项目合作实际情况、交易价低于销售方式、税收负担低于代建方式、销售方式

（1）商务处理分析。合作开发符合《最高人民法院关于审理涉及国有土地使用权合同纠纷案件适用法律问题的解释》（法释〔2005〕5号）第十四条规定，淮河公司与平原公司选择该方式，可以避免交易事实认定争议风险。

《最高人民法院关于审理涉及国有土地使用权合同纠纷案件适用法律问题的解释》（法释〔2005〕5号）第十四条规定："本解释所称的

合作开发房地产合同，是指当事人订立的以提供出让土地使用权、资金等作为共同投资，共享利润、共担风险合作开发房地产为基本内容的协议。"第十五条规定："合作开发房地产合同的当事人一方具备房地产开发经营资质的，应当认定合同有效。当事人双方均不具备房地产开发经营资质的，应当认定合同无效。但起诉前当事人一方已经取得房地产开发经营资质或者已依法合作成立具有房地产开发经营资质的房地产开发企业的，应当认定合同有效。"这两条规定明确了合同生效的三个条件：一是双方共同投资、共享利润、共担风险，二是当事人一方必须有资质，三是当事人一方必须有土地。

选择合作开发方式后，项目交易价可以按项目交易情况确认，会明显低于代建方式、销售方式的交易价。

（2）税务处理分析。如果可以选择合作开发方式，该方式发生增值税、土地增值税、企业所得税等主要税种的纳税义务，由于受交易价较低因素的影响，税收负担会低于代建方式、销售方式。

（二）交易方式确认与选择的法务风险

开发房地产合作方式法务风险的确认与选择，应以房地产项目开发资源要素的合作方式为事实根据，以最高人民法院或省高院的有关文件为评判标准。应关注的主要风险事项有：

（1）合作开发方案是否具备法定的前提条件。如房地产代建的前提条件是，业主作为委托方必须有项目用地，开发商作为受托方必须有资质。

（2）合作开发房地产合同是否符合最高人民法院关于合同生效的规定。如一是双方共同投资、共享利润、共担风险，二是当事人一方必须有资质，三是当事人一方必须有土地。

（3）开发项目资源合作方式确认，是否符合最高人民法院有关规定。如合同约定提供资金的当事人不承担经营风险，只分配固定数量房屋的，应当认定为房屋买卖合同；又如合同约定提供资金的当事人不承担经营风险，只收取固定数额货币的，应当认定为借款合同；再如合同约定提供资金的当事人不承担经营风险，只以租赁或者其他形式使用房屋的，应当认定为房屋租赁合同。

《最高人民法院关于审理涉及国有土地使用权合同纠纷案件适用法律问题的解释》（法释〔2005〕5）号第二十五条规定："合作开发房地产合同约定提供资金的当事人不承担经营风险，只分配固定数量房屋的，应当认定为房屋买卖合同。"第二十六条规定："合作开发房地产合同约定提供资金的当事人不承担经营风险，只收取固定数额货币的，应当认定为借款合同。"第二十七条规定："合作开发房地产合同约定提供资金的当事人不承担经营风险，只以租赁或者其他形式使用房屋的，应当认定为房屋租赁合同。"

五、纳税风险管理作业启示

本案纳税风险决策的商务处理、税务处理、法务处理分析，在作业流程、作业技术两方面至少有以下提示。

（1）坚持底线思维，用好诉讼标准。决策的底线，是决策结果要对未来可能发生的复议、诉讼提供有力支持。坚持诉讼评判标准，是要求用法官、律师的眼光看问题，强调用证据说话、用法规评判。

（2）学会四务分析，掌握合法性评价要点。对于决策意见的评价，一要关注四个方面：商务处理、会计处理、税务处理、法务处理，不能忽略任何一个方面。二对每个方面都要关注合法性评价四个要点：事实、证据、依据、程序。三既要遵守市场监管法、民法的有关规定，还要遵守最高人民法院或省高院有关司法文件规定。

（3）项目四项资源多维择优分析流程。从项目的资质、人、财、物等项目资源的四个维度，调查项目合作情况，确认可供选择的合作方式，从四个层次、四个方面，评价每个合作方式的合法性，择优提出选择合作方式的决策咨询意见。

（4）法院文件、判案的资料搜集方法。实务中，企业人员、会计师、税务师、管理咨询人员等承办人，不如律师、法官熟悉法院的有关文件，造成诉讼标准缺乏信息支持。适用什么方法，才能简便快捷地

第二章　房地产项目合作开发纳税风险管理

找到法院文件、判案的资料呢？笔者建议采用关键字组合法。组合模型是：房地产＋纠纷＋适用法律。

| 案例三 |

土地提供方承担违约金及赔偿延迟搬迁损失属于共担风险

苑林公司受让洪鑫公司与某县住建局签订的房地产开发经营合同后，住建局以未共担风险为由，主张该合同不成立。

（一）争议情况

争议要点是内容涉及开发房地产中的房屋拆迁安置、国有土地使用权出让，以及税费的缴纳、城市规划、房屋与市政基础设施建设等事宜的"房地产投资开发协议"及"房地产投资开发补充协议"性质认定。

（二）判决要点

某县旧改指挥部承担违约金及赔偿延迟搬迁损失的情形，证明旧改指挥部在旧城改造开发过程中也要承担一定风险，不属于提供土地使用权的当事人不承担经营风险、只收取固定利益的情形，双方签订的房地产开发经营合同关系并不违反法律规定。

（三）案件来源

最高人民法院发布的（2016）最高法民终108号。

（四）判决意见

一审法院认为，"房地产投资开发协议"第十二条约定了旧改指挥部承担违约金及赔偿延迟搬迁损失的情形，证明旧改指挥部在旧城改造开发过程中也要承担一定风险，不适用最高人民法院《关于审理涉及国有土地使用权合同纠纷案件适用法律问题的解释》第二十四条"合作开发房地产合同约定提供土地使用权的当事人不承担经营风险，只收取固定利益的，应当认定为土地使用权转让合同"的规定。苑林公司具有房地产开发（三级）资质，某县住建局虽系国家机关，但其与苑林公司建立房地产开发经营合同关系并不违反法律规定。

最高院认为，"房地产投资开发协议"签订时案涉土地尚未完成拆迁安置、未履行国有土地使用权出让手续，但是签约之后，洪鑫公司参加某县国土资源局的公开拍卖，取得案涉宗地国有土地使用权，具备了开发房地产的条件。两份协议系在平等协商的基础上签订，政府在协议中并非行使行政管理权，而是作为一个民事主体享有权利并承担义务。开发房地产是两份协议的目标与核心内容，拆迁安置及国有土地使用权出让等内容均是为实现开发房地产目的的前期工作。一审判决将本案定性为合作开发房地产纠纷并无不当。

（五）税务处理

法院的判决，确认了旧城指挥部提供土地并承担风险的事实，还确认了"房地产投资开发协议"属于合作开发房地产合同。根据该判决，旧城指挥部作为一个民事主体享有权利并承担义务，应对以土地出资取得的共享收益承担有关纳税义务。

在确认旧城指挥部纳税义务时，应根据取得收入方式判断所涉及具体税种的纳税义务。如以分得完工产品的方式取得收益，就会涉及增值税、土地增值税、企业所得税等纳税义务。又如以税后分红的方式取得的货币收益，仅涉及企业所得税的纳税义务。

第二章 房地产项目合作开发纳税风险管理

| 案例四 |

开发商垫付政府投资视为政府共享利润

苑林公司受让洪鑫公司与某县住建局签订的房地产开发经营合同后,住建局以未共享利润为由,主张该合同不成立。

（一）争议情况

争议要点是房地产开发公司承担支付拆迁安置补偿费,对所有拟建房屋、政府规划道路及设施、小区内道路及设施、广场及森林公园进行投资的情形,是否视为政府在案涉项目中有收益。

（二）判决要点

房地产开发公司承担支付拆迁安置补偿费,对所有拟建房屋、政府规划道路及设施、小区内道路及设施、广场及森林公园进行投资。视为政府在案涉项目中有收益,应承担责任。

（三）案件来源

最高人民法院发布的（2016）最高法民终108号。

（四）判决意见

"房地产投资开发协议"中洪鑫公司应承担支付拆迁安置补偿费;对所有拟建房屋、政府规划道路及设施、小区内道路及设施、广场及森林公园进行投资;支付土地出让金及税费等义务,洪鑫公司应缴土地出让金及税费与工程建设包干费用可相互抵扣。旧改指挥部负有拆迁义务,应在拆迁公告实施之日起3个月拆迁完毕。某县住建局与洪鑫公司签订的"房地产投资开发补充协议"变更了"房地产投资开发协议"的约定。苑林公司自洪鑫公司处受让案涉项目,某县住建局与苑林公司的权利义务应依据"房地产投资开发补充协议"确定。"房地产投资开发补充协议"对"房地产投资开发协议"变更的主要内容为:房屋拆迁安置由苑林公司负责,某县住建局予以支持和协

助,市政基础建设根据开发进度由筠连县住建局建设。两份协议中虽有政府给予优惠政策及调整容积率等内容,但不改变协议性质。政府为达到旧城改造的目的委托苑林公司在案涉土地上进行拆迁、安置、建设,尽管协议中并未约定政府对开发房屋享有利润分成,但是政府投入的拆迁安置补偿费和市政基础设施建设费等,是通过苑林公司的投资行为完成的。故筠连县住建局上诉主张,政府在案涉项目中无任何收益不应承担责任的理由,不能成立。

(五)税务处理

法院的判决,确认了旧城指挥部提供土地并承担风险的事实,还确认了"房地产投资开发协议"属于合作开发房地产合同。根据该判决,旧城指挥部作为一个民事主体享有权利并承担义务,应对以土地出资取得的共享收益承担有关纳税义务。

在确认旧城指挥部纳税义务时,应根据取得收入方式判断所涉及具体税种的纳税义务。如以分得完工产品的方式取得收益,就会涉及增值税、土地增值税、企业所得税等纳税义务。又如以税后分红的方式取得的货币收益,仅涉及企业所得税的纳税义务。

| 案例五 |

不能证明有共担风险的出资属于借款

武某起诉A房地产公司,主张出资行为属于开发项目投资法律关系。

(一)争议情况

争议要点:合同就合作项目投资的风险承担、运营管理等方面的未作出约定,仅凭借其出资转款凭证能否证明投资法律关系中共享收益、共担风险的法律性质。

（二）判决要点

主张其出资为投资法律关系的，应提供证据证实其与合同相对方就合作项目投资的风险承担、运营管理等方面的约定，仅凭借其出资转款凭证不能证明投资法律关系中共享收益、共担风险的法律性质，应按照借款关系处理。

（三）案件来源

最高人民法院发布的（2019）最高法民终1337号。

（四）判决意见

关于武凤英与中建公司之间是何种法律关系的问题。本案中，武凤英诉称其与中建公司原法定代表人王建忠口头约定合作开发涉案房地产项目，约定的内容为：由武凤英投资与中建公司注册资金相同比例资金即8 000万元，用于支付该项目用地土地出让金等费用，该项目完成后，武凤英可获得该项目中商业项目的5万平方米独立商业面积。因中建公司原法定代表人王建忠在2016年去世，上述事实现已无法查证。武凤英提交了其支付款项中12笔备注有"投资""购地款""购房款""往来"等内容的银行转账记录，其中有1 900万元汇入了重汽齿轮公司。根据一审中重汽集团的陈述，中建公司经拍卖程序购得重汽齿轮公司被政府征收的土地，开发涉案项目，武凤英认为1 900万元投资款直接汇入了涉案项目土地的出让方即重汽齿轮公司，可更进一步证明涉案的款项为投资款。但是武凤英未提交证据证实其与中建公司就涉案房地产开发项目投资开发的风险承担、运营管理等方面的约定，仅有上述转款凭证不符合投资法律关系中共享收益、共担风险的法律性质。鉴于武凤英实际向中建公司给付了9 000万元款项，在本案起诉时仍有8 000万元未归还，武凤英一审起诉时也是要求中建公司返还其8 000万元资金，本案按照借款关系处理，更符合证据规则和法律规定。故一审认定武凤英与中建公司之间为投资法律关系属法律适用不当，应予以纠正。

（五）税务处理

判决认定，武凤英是借出款项行为，不是合作建房行为，应按贷款服务缴纳流转税及个人所得税。

| 案例六 |

合同约定收益分配约定了限制和浮动条件的出资不属于借款

马鞍山中加投资有限公司与上海浦城房地产有限公司就合作开发房地产合同的性质，是投资合作开发还是借款产生纠纷。

（一）争议情况

争议要点：合作开发房地产当事人对收益分配约定了限制和浮动条件，是否属于"一方当事人只收取固定数额货币"，是否应认定为借款合同。

（二）判决要点

合作开发房地产当事人对收益分配约定了限制和浮动条件，不符合"一方当事人只收取固定数额货币"要求，不能认定为借款合同。

（三）案件来源

最高人民法院发布的（2016）最高法民终8号。

（四）判决意见

马鞍山中加投资有限公司、上海浦城房地产有限公司合资、合作开发房地产合同纠纷二审判决书——最高人民法院（2016）最高法民终8号认为，"共同投资、共享利润、共担风险为合作开发房地产合同的基本内容，而当事人在协议中所约定提供资金的一方当事人不承担经营风险，只收取固定数额货币的内容，与以'共同投资、共享利润、共担风险'为基本内容的合作开发房地产合同相悖离,即提供资金一方的当事人无论双方当事人合作开发的结果如何,均可获得固定数额的货币。此种协议名为合作开发房地产合同,实为借款合同。根据上述司法解释的规定,当事人签订的合作开发房地产合同应在符合下列条件的情况下,才能认定为借款合同:一是合同约定提供资金的一方当事人不承担经营风险;二是提供资金的一方当事人只收取固定数额的货币。本案中,中加投资公司与浦城房地产公司于2004年6月14日签订一份合作协议。案涉合作协议第三条'利益分配'中约定:'1.浦城房地产公司履行本协议第二条第2款义务后,浦城房地产公司所得该部分项目可售商品房总建筑面积10万平方米。双方所得房屋以小区街坊分配为原则……3.该部分项目商品房可预售时,中加投资公司保证销售价格的底价为2 500元/平方米以上,如因各种因素该项目销售均价小于2 500元/平方米时,则中加投资公司负责向浦城房地产公司补足小于2 500元/平方米的差额,或确保最低净利不小于500元/平方米收益(所有税收均有中加投资公司负责)。4.浦城房地产公司完成了第二条第2款和处理了土建安装工程款以及按销售额结算了营业税后的余款由浦城房地产公司自由支配。'从上述约定看,对浦城房地产公司的收益分配问题,当事人约定的条件为:当项目商品房可预售时,中加投资公司保证该其销售的最低价格不低于2 500元/平方米。该约定内容不能认定为浦城房地产公司收取固定数额货币,即并不符合《最高人民法院关于审理涉及国有土地使用权合同纠纷案件适用法律问题的解释》所规定的'只收取固定数额货币'的条件,案涉合作协议的性质不能认定为借款合同。一审判决认定中加投资公司与浦城房地产公司之间为合资、合作开发房地产合同法律关系正确。"

(五)税务处理

判决认定,对合作协议认定为合作开发房地产合同,应根据取得收入方式判断所涉及哪些税种的纳税义务。如以分得完工产品的方式取得收益,就会涉及增值税、土地增值税、企业所得税等纳税义务。又如以税后分红的方式取得的货币收益,仅涉及企业所得税的纳税义务。

第三章

房地产项目代建开发纳税风险管理

第一节　开发项目代建业务应知应会事项

一、房地产代建模式的定义及分类

最高人民法院《民事案件案由适用要点与请求权规范指引》（法〔2011〕42号）的规定，房地产开发项目委托代建可以定义为：土地方委托开发公司代办房地产开发事宜。基于委托方的不同性质，房地产代建模式可分为商业代建和政府代建两类，其中商业代建又分为项目代建和资本代建两类。本章主要讨论项目代建。

（一）商业代建

所谓商业代建，是指由非政府类委托方委托，代建方进行开发建设的代建模式。项目代建和资本代建两种商业代建模式的主要不同在于标的地块是否已确权。

1.项目代建

项目代建是指代建方与已经取得项目用地土地证或不动产证的委托方合

作，由委托方承担全部或部分资金，代建方承担工程营造和销售任务，通过管理和品牌输出，为委托方提供项目开发全过程管理与服务，并依据项目销售或利润总额收取佣金的代建模式。

在项目代建运作过程中，委托方负责筹措项目开发所需全部资金，拥有项目开发中的投资决策权、监督权、建议权和知情权，享有项目的投资收益，承担项目投资风险。代建方主要负责项目管理团队组建、规划设计管理、工程营造管理、成本管理、营销管理、竣工交付管理等开发环节的全过程管理。

2.资本代建

资本代建的特点，委托方是出资方，而不是提供土地、资质两项资源的开发公司。资本代建项目的资质、人、财、物等四项资源分别由三方提供，开发商提供资质、土地，委托方提供资金，代建方提供专业服务。

（二）政府代建

政府代建，顾名思义，就是代建方与政府相关部门合作，承接安置房、限价房等保障性住房和大型公共服务配套的建设管理与服务，依据项目的投资、销售或利润总额收取佣金的代建模式。

二、房地产开发项目代建的合作资源要素

房地产开发项目代建，是指开发项目用地权利人委托房地产开发公司代办房地产开发事宜。

房地产委托代建的项目资源有三项：地、钱、人，即人、财、物。委托代建模式下，代建方一不提供地，二不提供钱，只提供人和提供开发专业服务。由于委托方已经拿地，不需要受托方的资质，而是需要受托方的开发专业服务（楼盘设计服务）。代建的前提：委托方必须拥有土地。如果委托方只出资金没有土地，则是开发项目定购、定制、预售，而不是开发项目代建。

三、房地产开发项目代建的合作模式

合作模式是讨论合作各方应提供哪些资源，是为了确认合作内容的权利

事项和义务事项。如果委托方是房地产公司，向受托方购买的开发服务（项目设计、项目服务）模式（ODM），双方合作的核心资源：委托方持有土地、受托方开发服务、商标品牌。由于资金合作双方谁都可以提供，是具有可替代性的项目资源，而不是合作双方的核心资源。交易成果为取得商品房。商标品牌资源，可以由委托方提供，也可以由受托方提供。

产业供应链的资源合作方式，根据买卖对象或称交易对象划分，项目资源合作模式可以分为三种：买卖设计服务模式（ODM）、买卖商标品牌模式（OBM）、买卖生产模式（OEM）。买卖设计服务模式（ODM），是买卖楼盘的开发设计服务，而不是施工设计服务。

房地产开发项目代建模式，委托方有业主（政府、企业）、房地产公司两类主体。如果委托方是政府、企业等业主而不是房地产公司，则向受托方购买的是买卖开发服务（项目设计、项目服务）模式（ODM）。双方合作的资源：委托方的项目用地、受托方的开发服务。交易成果为取得自用不动产。2004年8月31日后，由于房地产开发以外的企业不能取得开发用地，非房地产开发企业委托代建开发项目合作模式比较少见，常见的是政府委托代建开发项目合作模式，如回迁安置房项目政府委托代建。

房地产开发项目的代建，是开发商与业主买卖项目开发服务模式（ODM），是买卖项目开发服务（楼盘设计）。房地产开发项目代建，是开发商与业主的合作，而不是指开发商与建筑商的合作，也不是业主与建筑商的合作。如《房屋建筑和市政基础设施项目工程总承包管理办法》（建市规〔2019〕12号）第十一条规定："工程总承包单位不得是工程总承包项目的代建单位、项目管理单位、监理单位、造价咨询单位、招标代理单位。"

四、开发项目代建与其他开发方式的分析比较

（一）开发项目代建与合作开发房地产的区别：代建只提供服务，不共享利润，不共担风险

房地产开发项目代建与合作开发的区别是：合同中是否包含共享利润、

共担风险内容。

代建：只提供服务，不共享利润、共担风险。

合作开发：既提供服务，又共享利润、共担风险。

判断依据：《最高人民法院关于审理涉及国有土地使用权合同纠纷案件适用法律问题的解释》（法释〔2005〕5号）第十四条规定，"本解释所称的合作开发房地产合同，是指当事人订立的以提供出让土地使用权、资金等作为共同投资，共享利润、共担风险合作开发房地产为基本内容的协议。"

《江苏省高级人民法院关于审理房地产合同纠纷案件若干问题的解答》第七十三条规定："对于委托代建的性质认定应当回归双方签订的委托代建协议的内容，如果合同中包含共享利润、共担风险内容的，应认定为合作开发房地产合同。如果合同中不包含共享利润、共担风险内容的，则仅具有委托关系，应按《合同法》有关委托合同的规定处理。"

（二）委托代建与房屋买卖的区别：业主只提供钱不提供地

业主是否提供地，是判断代建与买卖房地产的前提条件。代建，是业主提供地又提供钱。业主作为代建项目的委托方，必须是项目用地的土地权利人，必须能够或已经获得土地使用权。

买卖，是业主只提供钱不提供地，提供钱不提供地不是代建。如果业主A公司集资建宿舍楼，由于没有项目用地，而委托开发商B公司建宿舍楼。建成后由B公司产权整体过户给A公司，合作方式不是代建，而是房屋买卖，或者称为房屋团购。

判断依据：《最高人民法院关于审理涉及国有土地使用权合同纠纷案件适用法律问题的解释》（法释〔2005〕5号）第二十五条规定，"合作开发房地产合同约定提供资金的当事人不承担经营风险，只分配固定数量房屋的，应当认定为房屋买卖合同。"

（三）委托代建与融资建房的区别：业主只出地不出钱

业主是否提供钱，是判断代建与合作建房的前提条件。代建，是业主提供地又提供钱。提供地不提供钱，是融资建房，俗称借钱建房，不是代建。

融资建房,是业主提供地不提供钱。如业主A公司提供地,开发商B公司提供钱,共同建设小区。对于A公司不共担风险,只收取固定金额货币的情形,属融资建房;只收回固定数量房屋的,属买卖合同。

判断依据:《最高人民法院关于审理涉及国有土地使用权合同纠纷案件适用法律问题的解释》(法释〔2005〕5号)第二十六条规定,"合作开发房地产合同约定提供资金的当事人不承担经营风险,只收取固定数额货币的,应当认定为借款合同。"

(四)开发项目代建与自用不动产代建的区别:开发项目代建委托目的为销售

开发公司作为代建商,属于开发项目代建,还是自用不动产代建,主要从两方面判断:一是委托方不同,二是代建项目用途不同。

判断依据:《城市房地产开发经营管理条例》(国务院令第710号)第二条规定,"本条例所称房地产开发经营,是指房地产开发企业在城市规划区内国有土地上进行基础设施建设、房屋建设,并转让房地产开发项目或者销售、出租商品房的行为。"

最高人民法院《民事案件案由适用要点与请求权规范指引》(法〔2011〕42号)中对委托代建合同的定义是,委托代建合同是指建房人获得国有土地使用权后委托房地产建设企业代建房屋,并向受托房地产建设企业支付酬金的协议。在权利方面,要求委托人应当享有土地使用权并承担立项等建设成本,代建人应当具有相应资质。在义务方面,要求代建人利用自己的资质依法进行相关建设活动,建房人按约定支付酬金。

五、房地产代建合同生效

根据最高人民法院的要求,委托代建合同成立的两个要点,一是业主提供国有土地使用权,二是开发商提供开发资质。如果委托方不能提供土地,则不符合代建合同成立的条件。最高人民法院《民事案件案由适用要点与请求权规范指引》中对委托代建合同的定义是,委托代建合同是指建房人获得国有土地使用权后委托房地产建设企业代建房屋，并向受托房地产建设企业支付酬金的协议。在权利方面，要求委托人应当享有土地使用权并承担立项等建设成本，代建人应当具有相应资质。在义务方面，要求代建人利用自己的资质依法进行相关建设活动，建房人按约定支付酬金。

委托方以契约的形式，委托开发商（受托方）进行开发销售环节的全过程管理，包括项目前期管理、规划设计管理、工程营造管理、成本管理、营销管理、竣工交付管理及最后的物业管理，同时根据合同，开发商可以在项目销售阶段使用自己的商标，从而推广自己的品牌。

六、代建业务的收益模式

开发项目代建的收益来源于派驻团队基本管理费、委托开发管理费、项目业绩奖励三部分。派驻团队基本管理费包括管理团队基本工资、社会保险、福利等；委托开发管理费是主要的代建收益来源；项目绩效奖则是根据考核指标给予项目业绩奖励。

代建业务的收费模式一般分为两大类：一类是基于实际销售金额，另一类则是基于土地价值收费。计费的主要方法是基数提成。

如果是基于销售金额收费，且不含实际项目上发生的销售管理费用，1.5%～3%的比例属于正常范围；如果包含正常费用的话，一般要（收取）10%以上。基于土地价值收费，则一般没有具体的标准，而是根据不同的项目双方进行协定。

传统的房地产开发模式的作业过程是：融资、拿地、开发、销售。轻资产模式的作业特点是：协助融资、提供服务。

七、代建兴起的演变历程

1994—2004年，中国商品房市场逐步进入市场化全面推进的阶段，房地产代建已经由单一的建筑环节向全产业链进行拓展，参与代建的主体由建筑公司向房地产开发公司转变，或者由各开发环节的专业化公司接受委托方统一管理与合作，专业化与综合化两个方向同时并存。

我国实施的代建制始于厦门市。1993年厦门市在深化工程建设管理体制改革的过程中，通过采用招标或直接委托等方式，将一些基础设施和社会公益性的政府投资项目委托给专业项目管理单位，代替项目使用单位对项目实施建设。这种建设管理模式在经济发展中通过不断完善和改进，逐步为各地政府的公益性投资项目所借鉴和接受。

1998年房改之前，我国基本上实施"统一管理，统一分配，以租养房"的公有住房实物分配制度，房地产代建主要由国有或集体建筑公司承建安居保障社区工程、商业综合体、集体住房等，代建环节比较单一，也是代建概念最初的起源。1998年房改开启房地产市场化发展之路，这一阶段的房地产代建最初仍是以房地产企业参与政府保障性住房开始，并随着市场的持续变化，陆续出现民间资本以及市场化的代建委托等，商业代建和资本代建逐渐成形。

2002年，国家开始组织有关部门对"政府投资项目管理方式改革"进行课题研究，为全国试点做调研准备。随后两年时间里，北京、贵州、重庆开始就一些项目进行代建制建设试点。之后代建制开始由点到面、由上到下，在全国范围内全面铺开。

自2004年《国务院关于投资体制改革的决定》（国发〔2004〕20号）明确提出："对非经营性政府投资项目加快推行'代建制'，即通过招标等方式，选择专业化的项目管理单位负责建设实施，严格控制项目投资、质量和工期，竣工验收后移交使用单位"后，代建制在各地推行。

我国城市公共项目建设的传统模式一直是由政府行政指令性管理，从项目立项、建设到运营都是由国家或地方政府部门统筹管理。

改革开放以来，1999年深圳沙头角B电厂顺利实现移交，采用了基础设施BOT项目融资；我国在2000年颁布了"建设项目业主制"；2005年试行了政府项目"代建制"等系列体制的改革；2008年国家体育场馆建设与运营成功采用PPP模式等，这些举措不断地深化了公共项目投融资管理体制方面的改革。

近年来随着PPP模式的崛起，代建制似乎已经退出了人们的视线，但是

2019年随着各地都出台了相关代建制管理办法，许多政府投资非经营性项目和公益项目，例如党政机关、人大、政协、事业单位、人民团体等总投资规模在500万元以上的办公业务用房及培训、教育中心；教科文卫体、民政及社会福利等总投资规模在500万元以上的社会事业项目；监狱、劳教所、戒毒所、看守所、治安拘留所和收容教育所等总投资规模在500万元以上的政法设施等，都被纳入了代建的范围。

第二节 代建项目纳税风险管理的内容与方法

一、代建项目纳税风险管理的内容

代建项目纳税风险管理的内容主要有四个方面：
（1）开发项目合作资源分析确认。
（2）本项目代建方式的合同无效风险确认，如合同是否成立。
（3）本项目代建方式的收益模式确认。
（4）本项目代建方纳税义务确认的合法性评价。

二、代建项目纳税风险管理的方法

代建项目纳税风险管理的方法主要有三种：①多维分析法；②信息比对法；③是非判断法。

多维分析法，主要考虑四个方面：一是任务（工具名称）维度分析，是否属于代建合作方式。二是主体比对维度，主要考虑委托方与受托方两个维度的对比。三是交易内容维度分析，主要考虑：①合作资源要素（人、财、物、资质），②项目产权四项权能（占有、使用、收益、处置）。四是标准分析，代建方作为受托方提供人员（或服务），不提供资金，不提供土地使用权，且对项目只有有限的占有权，没有使用、收益、处置的权利。

信息比对法，一是建立项目代建处理模板，选择项：受托方，内容项：人、财、地、资质。二是调查项，选择项：委托方、受托方，内容项：人、财、地、资质。三是判断标准：受托方出人、不出钱、不出地。

是非判断法，一是待判断事项，二是判断标准，三是判断结果项。待判断事项，如代建方是否为受托方、如受托方是否只出人、如委托方移交代建项目是否视同销售不动产。判断标准：借鉴前文两种方法。判断结果：被评估单位判断选择的结论。

确认项目代建方式的要点是委托方（业主）提供地又提供钱，代建方（开发商）一不提供地，二不提供钱，只提供人。应关注只提供服务、不共享利润、共担风险这三个事实是否认定清楚、是否有证据证实。

三、开发项目合作资源分析确认

（一）方法提示

开发项目合作资源分析确认，主要运用多维分析法和信息比对法。应关注比对事项、判断标准、判断结果。

比对事项：代建主体（委托方、受托方）、代建三要素（人、财、物）。

判断标准：代建只提供服务，不共享利润、不共担风险（或称只提供服务、不出资金、不提供项目用地）。

判断结果：是否属于代建方式。

（二）政策法规提示

《国务院关于投资体制改革的决定》（国发〔2004〕20号）明确提出：

"对非经营性政府投资项目加快推行'代建制',即通过招标等方式,选择专业化的项目管理单位负责建设实施,严格控制项目投资、质量和工期,竣工验收后移交使用单位。"

最高人民法院《民事案件案由适用要点与请求权规范指引》解释,对委托代建合同的定义是,委托代建合同是指建房人获得国有土地使用权后委托房地产建设企业代建房屋,并向受托房地产建设企业支付酬金的协议。在权利方面,要求委托人应当享有土地使用权并承担立项等建设成本,代建人应当具有相应资质。在义务方面,要求代建人利用自己的资质依法进行相关建设活动,建房人按约定支付酬金。

四、本项目代建方式的合同无效风险确认

(一)方法提示

代建方式的合同无效风险确认,主要运用是非判断法,应关注待判断事项、判断标准、判断结果。

待判断事项:代建主体(委托方、受托方)、代建三要素(人、财、物)。

判断标准:①事实清楚,即对委托方、受托方、代建三要素是否确认清楚。②证据确实充分,即对判断结果要有证据证明。③适用依据正确,即适用文件选择是否正确,适用条款选择是否正确。④程序合法,如是否依法办理立项、规划、用地、施工等审批备案程序。

判断结果:代建方式是否合法。

(二)政策法规提示

《中华人民共和国行政诉讼法》第三十三条规定,证据经法庭审查属实,才能作为认定案件事实的根据。

五、本项目代建方式的收益模式确认

（一）方法提示

代建方式的收益模式确认，主要运用是非判断法，应关注待判断事项、判断标准、判断结果。

待判断事项：基本管理费、委托开发管理费、项目业绩奖励、土地转让收入、资金利息收入、利润分配收入等。

判断标准：代建业务只能有前三项收费，而没有后三项及其他与项目服务无关的收益事项。

判断结果：确定收益模式（或确定收益模式是待判断事项的哪一项）。

（二）政策法规提示

根据增值税税目注释，代建收益适用现代服务税目。

六、本项目代建方纳税义务确认的合法性评价

（一）方法提示

纳税义务确认的合法性评价，主要运用是非判断法，应关注待判断事项、判断标准、判断结果。

待判断事项：服务收入纳税义务、项目移交视同销售、土地转让收入纳税义务、资金利息收入纳税义务、利润分配收入纳税义务等。

判断标准：代建业务只能有服务收入纳税义务，而没有后四项及其他等服务收入以外的纳税义务。

判断结果：是否合法。

（二）政策法规提示

《销售服务、无形资产、不动产注释》（财税〔2016〕36号附件1）"三、销售不动产"规定：

销售不动产，是指转让不动产所有权的业务活动。不动产，是指不能移动或者移动后会引起性质、形状改变的财产，包括建筑物、构筑物等。

建筑物，包括住宅、商业营业用房、办公楼等可供居住、工作或者进行其他活动的建造物。

构筑物，包括道路、桥梁、隧道、水坝等建造物。

转让建筑物有限产权或者永久使用权的，转让在建的建筑物或者构筑物所有权的，以及在转让建筑物或者构筑物时一并转让其所占土地的使用权的，按照销售不动产缴纳增值税。

第三节 代建项目纳税风险管理的范例

| 案例一 |

罗庄区代建安置房项目的纳税义务确认

一、罗庄区代建安置房项目调查情况

（一）凤城壹号社区安置房项目规模及周期

凤城壹号社区是齐鲁A房地产开发有限公司投资兴建的罗庄区城中村棚户区改造凤城壹号社区安置项目。该工程投资额9亿元，于2008年2月20日正式开工，2016年4月20日进行了竣工验收。

该小区包括28栋住宅楼（2 054户），幼儿园、地下车库以及B、C区商业区共计32个单体。占地面积约为14万平方米，建筑面积约为30万平方米。

（二）合作各方

（1）政府方（委托方）：齐鲁市罗庄区城市建设投资开发有限公司。

（2）社会资本方：北京A房地产开发有限公司。

（3）项目公司（代建方）：齐鲁A房地产开发有限公司。

齐鲁市罗庄区城市建设投资开发有限公司（甲方）采取竞争性谈判方式确定的该项目合作单位、投资人——北京A房地产开发有限公司。

（三）签署文件、合作方式、税款承担

齐鲁市罗庄区城市建设投资开发有限公司与项目公司签订的"凤城壹号棚户区安置房开发协议"，约定该安置房项目开发采取代建合作方式。

该协议还约定项目代建方取得的代建收入纳税义务，由代建方承担；代建方向政府部门移交安置房时，发生的增值税、土地增值税、印花税等各项税费由政府部门承担，政府部门可以委托代建方代办纳税申报手续。

（四）土地供应方式

项目用地以划拨方式供应，土地由代建方代持，土地证持有人为代建方。

（五）回报方式

凤城壹号社区安置房项目代建开发回报：齐鲁市罗庄区城市建设投资开发有限公司按二级开发总成本9亿元的10%给予固定回报，支付北京A房地产开发有限公司0.36亿元利息，支付齐鲁A房地产开发有限公司0.54亿元开发服务费。

二、纳税义务确认诉求

（1）是否发生项目转让。

（2）是否发生销售不动产营业税纳税义务。

（3）是否发生销售不动产土地增值税纳税义务。

三、纳税处理争议情况

（1）主张发生项目转让行为，认为应征收营业税和土地增值税。理由：①凤临新区壹号社区不动产项目移交给政府时，属于政府回购，应视同转让地上附着物，需缴纳土地增值税。②凤临新区壹号社区不动产项目移交给政府时，属于政府回购应视同转让不动产，该项目为2016年5月31日营改增之前的项目，应缴纳营业税。

（2）主张发生项目未发生转让行为，由于项目公司拥有项目的占有权，不拥有项目的使用权、收益权和处置权。因此，项目公司向政府移交凤临新区壹号社区不动产项目，仅是占有权的转移，而不是不动产全部所有权的转让。交易方式上不应视同转让不动产处理，税务处理上未发生营业税、土地增值税纳税义务。

（3）分析结论：根据下列情况分析，本书支持第二种观点。

四、罗庄区代建安置房项目有关各方、合作项目、合作方式确认

（一）有关各方

（1）政府部门（委托方）：齐鲁市罗庄区城市建设投资开发有限公司。

（2）社会资本方：北京A房地产开发有限公司。

（3）项目公司（代建方）：齐鲁A房地产开发有限公司。

（二）合作项目及合作方式确认

二级项目：凤城壹号棚户区安置房二级开发。

凤城壹号棚户区安置房开发为代建方式。事实根据：代建方，出钱、出力、不出地。判断证据：与政府签订的《凤城壹号棚户区安置房开发协议》。

（三）建设方式确认

安置房有两种方式：商品房项目配建、保障性住房定向开发，本案安置房属于保障性住房定向开发方式。

（四）风控工具的选择

安置房代建开发，选择代建风控工具。如果是配建方式，应选择商品房独立开发风控工具。

（五）证据资料

凤城壹号棚户区安置房开发协议。

五、代建项目的交易方式、合同义务、合同收入确认

（一）合同义务事项

代建方的合同义务事项是安置房开发代建服务。

投资方北京A房地产开发有限公司合同义务事项是投资9亿元。

判断证据："凤城壹号棚户区安置房开发协议"关于项目公司组建及项目公司责任的有关条款。

（二）交易方式确认

结论：根据安置房开发代建协议确认在2008年2月20日—2016年4月20日，代建方提供了安置房开发代建服务。由于代建方仅拥有安置房的占有权，不拥有安置房的使用权、收益权、处置权，因此，代建方向政府移交安置房时，仅是占有权的转移，而不发生使用权、收益权、处置权的转移，不属于不动产转让行为。

北京A房地产开发有限公司交易方式是债权投资9亿元。

（三）合同收入事项

代建方取得安置房开发项目合同收入0.54亿元。北京A房地产开发有限公司取得利息收入0.36亿元。

判断证据："凤城壹号棚户区安置房开发协议"中关于安置房开发的有关条款。项目公司根据安置房开发代建协议确认2008年2月20日—2016年4月20日的收入情况。

六、代建项目的纳税义务确认

代建方于2008年2月20日—2016年4月20日安置房开发代建收入0.54亿元，缴纳营业税。

由于代建方仅拥有安置房的占有权，不拥有使用权、收益权、处置权，代建方向政府移交安置房时，仅是占有权的转移，而不发生使用权、收益权、处置权的转移，不属于不动产转让行为，不产生不动产转让收入。因此，在移交安置房环节不产生营业税、印花税、土地增值税、企业所得税的纳税义务。

北京A房地产开发有限公司合同收入是利息收入0.36亿元，按贷款业务缴纳营业税、印花税。

案例二

未执行招标程序的代建合同有效

（一）争议情况

安徽省滁州市某县人民政府在诉讼中，以代建合同未执行招标程序为由主张无效。某县人民政府认为，根据《中华人民共和国招标投标法》及《最高人民法院关于审理建设工程施工合同纠纷案件适用法律问题的解释》的有关规定，涉案工程属于必须进行招标的工程。因"某县合蚌路改造安置楼及附属工程代建协议"的签订未进行招投标，故应为无效合同。

（二）判决要点

代建合同并非建设工程施工合同，以代建合同未执行招标程序为由主张无效，法院认定理由不成立。

"某县合蚌路改造安置楼及附属工程代建协议"是委托代建合同关系，且某县人民政府不是发包人，安居房产公司也不是承建方，涉案工程实际由滁州市建筑安装工程有限公司和滁州市营造实业有限公司承建，故涉案代建协议并非建设工程施工合同。

某县人民政府依据《中华人民共和国招标投标法》及《最高人民法院关于审理建设工程施工合同纠纷案件适用法律问题的解释》规定，认为涉案"某县合蚌路改造安置楼及附属工程代建协议"违反了法律强制性规定，应为无效合同的理由不能成立，本院对某县人民政府该抗辩理由，不予采纳。

（三）案件来源

《安徽省滁州市中级人民法院民事判决书》（2013）滁民一初字第00087号。

（四）判决意见

安徽省高级人民法院关于某县人民政府与安居房产公司签订的"某

县合蚌路改造安置楼及附属工程代建协议"是否有效问题的判决意见：某县人民政府将某县合蚌路改造安置楼及附属工程委托安居房产公司代建，双方签订"某县合蚌路改造安置楼及附属工程代建协议"，该协议不违反法律强制性规定，合法有效。某县人民政府抗辩认为，根据《中华人民共和国招标投标法》及《最高人民法院关于审理建设工程施工合同纠纷案件适用法律问题的解释》的有关规定，涉案工程属于必须进行招标的工程。因"某县合蚌路改造安置楼及附属工程代建协议"的签订未进行招投标，故应为无效合同。本案中，某县人民政府与安居房产公司签订的"某县合蚌路改造安置楼及附属工程代建协议"是委托代建合同关系，且某县人民政府不是发包人，安居房产公司也不是承建方，涉案工程实际由滁州市建筑安装工程有限公司和滁州市营造实业有限公司承建，故涉案代建协议并非建设工程施工合同。某县人民政府依据上述法律规定，认为涉案"某县合蚌路改造安置楼及附属工程代建协议"违反了法律强制性规定，应为无效合同的理由不能成立，本院对某县人民政府该抗辩理由，不予采纳。

（五）税务处理

法院判决认定"某县合蚌路改造安置楼及附属工程代建协议"是委托代建合同关系，安居房产公司应根据提供代建服务收入缴纳流转税及企业所得税，不涉及建筑服务的纳税义务。

| 案例三 |

银行与其信贷客户投资交易代理合同无效

（一）法院认定事实

王廷君等97人作为兰山农合行的中层以上职工，利用从兰山农合行贷款所得资金及少部分自有资金，委托兰山农合行与其信贷客户开展房地产投资，以牟取个人商业利润，该委托行为违背了银行员工的职业准则，属于严重的利益冲突行为。

（二）判决要点

银行金融机构以银行名义与其信贷客户双月园房地产公司从事案涉房地产交易，违反法律禁止规定，委托代理合同法律关系无效。

（三）案件来源

最高人民法院（2015）民提字第232号。

（四）判决意见

最高人民法院认为，王廷君等97人作为兰山农合行的中层以上职工，利用从兰山农合行贷款所得资金及少部分自有资金，委托兰山农合行与其信贷客户开展房地产投资，以牟取个人商业利润，该委托行为违背了银行员工的职业准则，属于严重的利益冲突行为，也损害了其他社会职业主体的合法利益；兰山农合行作为银行金融机构，以银行名义与其信贷客户双月园公司从事案涉房地产交易，不仅违反了《中华人民共和国商业银行法》第四十三条关于商业银行不得向非自用不动产投资的法律禁止性规定，也严重违背了审慎经营原则，使得银行与信贷客户之间存在严重的利益冲突。案涉委托受托行为，不仅损害了商业银行的声誉，也致使商业银行、银行职工、银行信贷客户三者之间利益界限模糊，不利于防范和控制金融风险，属违反《中华人民共和国商业银行法》第八条所规定的商业银行开展业务不得损害社会公共利益的行为。据此，根据《中华人民共和国合同法》第五十二条第四项规定，最高人民法院依法确认案涉王廷君等97人与兰山农合行之间的委托代理合同法律关系无效。

案涉无效委托代理行为发生时，兰山农合行实际上完全受王廷君等97人控制。因此，委托人王廷君等97人应对其受托人兰山农合行之间的委托代理合同无效承担全部过错责任。

（五）税务处理

根据合同无效经济效果的实际情况，确认是否征税。对取得收入的征税，对不能取得收入的不征税。根据《最高人民法院关于审理建设工程施工合同纠纷案件适用法律问题的解释》（法释〔2004〕14号）第一条规定，建设工程施工合同具有法定情形之一的，应当根据《中华人民共和国合同法》第五十二条第（五）项的规定，认定无效；对于建设工程施工合同无效，工程价款如何结算的问题，法释〔2004〕14号文区分了以下三种情形："（一）建设工程施工合同无效，但建设工程经竣工验收合格，承包人请求参照合同约定支付工程价款的，应予支持。（二）建设工程施工合同无效，且建设工程经竣工验收不合格，修复后的建设工程经竣工验收仍不合格，承包人请求支付工程价款的，不予支持。（三）承包人非法转包、违法分包建设工程或者没有资质的实际施工人借用有资质的建筑施工企业名义与他人签订建设工程施工合同的行为无效。人民法院可以根据民法通则第一百三十四条规定，收缴当事人已经取得的非法所得。"

合同判定无效后，因一方当事人无法返还原物而向对方支付的折价补偿，即使所得方没有取得额外的收益，但由于其交付的实物因折价返还而转变成货币形式，就这个层面而言，其通过交付行为所取得的经济利益已经实现，因此依然存在课税的可能性。

对于合同无效、经济上有效的情形，税务机关仍应对所得方取得的经济利益予以课税。例如，对于无资质从事建筑施工劳务的行为，虽然属于无效的民事行为，但其经济上的效果依然存在，且其从事劳务而取得的工程款为法律所保护，则合同无效不影响已成立的税收债务的效力。而对于合同、经济均无效的情形（如法院收缴收益），则应不属于课税的范围。

对于违法以及违反道德或善良风俗的行为所产生的收益，我国采取没收违法所得的做法，而在征税上不作要求。

第四章

房地产项目一级二级联动开发纳税风险管理

第一节 一二级联动开发应知应会事项

一、一二级联动开发项目的概念

连片开发项目或单独立项基建类开发项目，只要在操作上，采取先拆旧、后建新操作模式的，都可以称为一二级联动。拆旧，是将连片开发项目范围内旧的建筑物及附着物拆除，实现多通一平，由毛地变成净地。拆旧行为，是对征用收储土地的开发，称为一级开发。建新，是在国家划转或出让的土地上进行新项目建设，称为二级开发。

一般情况下，土地一二级联动开发是同一开发商、对同一连片开发项目，既进行一级开发又进行二级开发的两级市场联动开发。

土地一级开发，是指对储备项目用地的拆迁、"三通一平""五通一平""七通一平"等城市基础设施建设。2011年1月26日《征收与补偿条例》开始实施，在这之前，房地产开发商拥有拆迁的资格，房地产开发项目基本都属于一二级联动；2011年1月26日之后，取消了房地产开发商拆迁人的资格，开发商取得的项目用地是净地，不是毛地，开发项目的一级开发与二级开发分离。如果土地储备部门没有委托房地产企业对项目用地所在片区进行一级开发，则开发项目只是单纯的二级开发，不会发生一二级联动。

在2016年2月2日实行土地储备制度改革后，土地一级开发是指土地储备的前期开发。土地二级开发，一是指开发建设房地产项目，二是指基础设施、安置房、公共配套设施等社会公共项目。根据《关于规范土地储备和资金管理等相关问题的通知》（财综〔2016〕4号）第二条规定，2016年2月2日以后，土地储备机构不得承担城市基础设施建设、城镇保障性安居工程建设等与土地储备职能无关的事务。一二级联动中的二级项目，不再包括基础设施、安置房、公共配套设施等社会公共项目。

一二级联动开发成果是不动产，可以分为三类：一是完成储备用地前期开发，形成土地使用权类型的无形资产，用于政府收储。二是完成二级开发，形成基础设施类型的固定资产，如河道、景观等基础设施，用于社会公共服务。三是完成房地产项目开发，形成开发完工产品类型的商品房，用于销售。

土地一级开发可以有多种分类，如按空间类型分类：成片开发（或连片开发）、分片开发；又如按时间类型分类：先做土地一级开发、再做土地二级开发，即一二级开发分离的形式和一级开发包含在二级开发之中的形式；再如按开发对象分类：存量一级开发、增量一级开发。

存量一级开发包括旧城改造、旧村改造、城中村改造及退二进三（工业厂区改商业、住宅等第三产业）项目。增量一级开发包括征用和农转用土地，有些是已纳入城市总体规划的连片征地开发，有些是总体规划区以外单独立项基建类开发项目。

二、项目市场级次确认事项

房地产开发三级市场的划分，有土地供应一级市场、房地产开发二级市场、存量房使用三级市场三个层次。三级市场的划分，有项目用地交付、完工产品交付两个交易节点。土地使用权进入二级市场的土地供应节点，是国家或者集体等土地所有者向用地方交付土地使用权；不动产进入三级市场的项目交付节点，是开发商向业主交付完工产品。

土地开发有两类行为，一是土地储备项目的土地一级开发（土地储备项目的前期准备开发），二是不动产建设项目的土地二级开发。在实务中怎样划分这两类项目呢？界限的交易节点是土地交付前还是土地交付后？国有土地或者集体土地，在交付不动产建设项目用地方之前，是土地一级开发，之后是土地二级开发。

交付节点，还可以用于二级市场项目与三级市场项目的划分。

如果将土地储备项目的前期准备开发事项错误地确认为不动产建设项目的土地二级开发事项，在交易处理层面属于交易定性错误，会造成会计处理的账实不符，或造成税务处理的错误申报，还会造成法务处理的事实认定不清。

《中华人民共和国合同法》第一百三十三条规定，标的物的所有权自标的物交付时起转移，但法律另有规定或者当事人另有约定的除外。《城镇国有土地使用权出让和转让暂行条例》第十六条规定，土地使用者在支付全部土地使用权出让金后，应当依照规定办理登记，领取土地使用证，取得土地使用权。《中华人民共和国物权法》（中华人民共和国主席令第62号）第六条规定，不动产物权的设立、变更、转让和消灭，应当依照法律规定登记。动产物权的设立和转让，应当依照法律规定交付。

三、项目开发级次确认事项

法律文件实施之日或作废之日，是适用文件的时间节点。对于房地产开发市场，我国实行严格的市场监管制度，适用文件的时间节点，对于项目的确认是重要的法律依据适用事项。一二级联动项目应注意三个适用文件时点：2004年8月31日，土地招拍挂"831大限"时点；2011年1月21日，开发商退出拆迁市场时点；2016年2月2日以后，土地储备机构不得承担与土地储备职能无关的事务。

如2004年8月31日全国推行土地招拍挂制度，国家对经营性建设用地实行土地储备制度，开发商用地只能通过出让方式取得。《国有土地上房屋征收与补偿条例》（国务院令第590号）于2011年1月21日开始实施，同日废止了《城市房屋拆迁管理条例》（国务院令第305号），开发商又退出了土地拆迁市场。2011年1月21日以后，土地储备项目的主体是政府，开发商只能作为受托方参与土地储备项目的前期准备开发。在新的市场监管环境下，土地一二级市场上，常见的项目有三类：土地储备项目、基础设施项目、商品房项目。

2011年1月21日这个适用文件节点，对开发商的一级开发行为的项目归属产生了重大影响。如在这个节点之前，开发商可以作为拆迁主体从事土地一级开发，该类一级开发属于商品房项目的土地开发。在这个节点之后，开发商受政府委托从事的土地一级开发，是土地储备项目的前期准备开发，属于土地储备行为，而不属于商品房开发行为。

2016年2月2日以后，土地储备机构不得承担与土地储备职能无关的事务。《关于规范土地储备和资金管理等相关问题的通知》（财综〔2016〕4号）第二条规定："土地储备机构不得在土地储备职能之外，承担与土地储备职能无关的事务，包括城市基础设施建设、城镇保障性安居工程建设等事务，已经承担的上述事务应当按照本通知第一条规定限期剥离和划转。"因此，2016年2月2日以后土地储备机构没有资格与开发商签订城市基础设施建设、城镇保障性安居工程建设等事务的协议。如果签了这个协议，属于违反强制性规定的协议，之前签订的属于应清理的协议。

四、开发项目方式确认事项

确认一个项目的属性，可以从市场层次、所有权、用途、可售等多个维度设立确认条件。

如土地储备项目的市场层次是土地一级市场，所有权属于政府，用途是土地储备，不可售项目；基础设施项目的市场层次是二级开发市场，所有权属于政府，用途是社会公共服务，属于不可售项目；商品房开发项目的市场层次是二级开发市场，所有权属于开发商，用途是二级市场销售，属于可售项目。

开发项目的多维度确认，在纳税风险防控上有着重要作用。如为政府承办基础设施开发项目、土地储备前期开发项目，在交付项目时经常会发生交易定性的争议，税务机关主张按销售不动产处理，纳税人主张按提供现代服务处理。为什么不能按销售不动产处理呢？一是交易事实认定不清。销售必须具备一个前提：开发商拥有项目的所有权。而事实上，开发商对基础设施项目、土地储备项目不拥有所有权，这两个项目的所有权属于政府。因此，开发商不可能成为两个项目的销售方。二是没有注意是否可售。这两个项目在土地二级市场上不可售。三是忽视了项目用途。土地储备项目的用途是土地储备，基础设施项目的用途是社会公共服务，这两个项目都不能用于市场销售。

基于上述商务处理的讨论，基础设施项目、土地储备项目不属于二级市场的可售项目，不能用于销售。因此，不适用销售不动产的税目，不能按销售不动产进行税务处理。

五、一二级联动开发项目的成本确认事项

（一）一二级联动开发项目与成本对象确认

开发商承办的一二级联动开发项目由三个项目组成：土地储备项目、基础设施项目、商品房项目。开发商应根据开发项目分别确认成本对象及有关项目的成本。土地储备项目成本、商品房项目成本比较好确认，而一二级联动开发的基础设施项目成本不太好确认，有时要根据具体情形进行特殊处理。

开发项目成本对象确认，应符合企业产品成本核算制度的规定。《企业产品成本核算制度（试行）》（财会〔2013〕17号）第十三条规定："房地产企业一般按照开发项目、综合开发期数并兼顾产品类型等确定成本核算对象。"

一二级联动开发项目的成本划分，要关注两个风险点：①共有事项（或称共同事项、联合事项）的交易确认，要关注开发项目的项目与土地整理项目时间有多少个需要确认的成本事项，要避免漏项。如一级整理与土地取得成本划分事项，又如政府扶持款。②共有事项的财务确认，主要是成本对象确认，即怎样确认一级开发或二级开发的成本对象。如开发项目的划分一

期、二期成本对象；又如开发商一二级联动的综合开发，一级开发是一个成本对象，开发项目是一个成本对象。

（二）一二级联动项目的成本归集风险

根据《国家税务总局关于印发〈房地产开发经营业务企业所得税处理办法〉的通知》（国税发〔2009〕31号）第二十九条规定，共同成本和不能分清负担对象的间接成本，应按受益的原则和配比的原则分配至各成本对象，具体分配方法可按以下规定选择其一：占地面积法、建筑面积法、直接成本法与预算造价法。

如A开发公司水景花园小区拿地时，与当地政府分别签订了多份国有建设用地使用权出让合同，每份合同补充条款均约定："受让人负责无偿配建上述若干宗地范围内的三座桥梁建设、项目区范围内所有的道路、绿化景观、河道整治等基础设施配套以及上述地块四周道路、河道之间的绿化建设；负责驳岸、栏杆、绿化景观，清淤和亮化等工程的方案设计与建设"，经工程造价公司评估，工程预计造价约1.3亿元。项目开发完毕后，企业配建的公共配套设施，小区全体业主都能够免费使用，企业不保留所有权；并且小区属于开放型小区，小区以外的其他城市居民也能够免费使用。

水景花园小区项目规划中，河流虽然位于每一地块的红线之外，但却处于整个规划项目之内，且被若干个地块所环绕。三座桥梁建设、项目区范围内所有的道路、绿化景观、河道整治等基础设施配套以及上述地块四周道路、河道之间的绿化建设等成本、费用归集汇总后，由若干个地块按照合理的分摊方法进行分配，并计入若干个地块相关开发项目的开发成本。

一二级联动项目成本处理的常见错误是，将一级开发支出确认为二级开发支出，增加房地产项目的开发成本。例如，对应收政府的土地整理收入，不确认应收账款，不确认收入，直接将土地整理成本支出确认为房地产项目开发成本。又如将土地整理环节的耕地占用税支出错误地确认为房地产开发业务的土地成本。2011年1月21日以后，开发项目成本中的耕地占用税，属于土地储备成本，不属于二级开发项目成本。这属于错误地将一级开发成本确认为二级开发成本。出现这种错误的主要原因是，没有关注到一级市场和二级市场的区别,将与房地产开发业务无关的一级市场土地整理成本,确认为二级市场房地产开发项目成本。

一二级联动开发中为政府开发建设的基础设施项目,按照政府是否承担建设成本标准可以分为两类,一类是开发商不承担开发成本的基础设施,这部分资产移交后政府既支付建造成本又支付劳务收入;另一类是开发商承担开发成本的基础设施,这部分资产不是小区项目的公共配套设施,而是为了拿地所承担的政府指定基础设施建设项目。尽管与拿地有关的基础设施建设项目的资产性质为基础设施,用途是公共服务,但是与商品房项目拿地相关,应确认为商品房项目成本。

实际操作的关键点,是要在拿地环节取得政府有关的确认文件,证明该项基础设施与拿地相关。如果在拿地环节不能取得政府有关文件,项目完成后补文件非常困难,很可能开发商承担的基础设施建造成本不能计入小区开发成本。

2019年6月20日,有人向国家税务总局12366咨询台询问:"房地产开发企业在红线外为政府建设公共配套、景观绿化工程,并且在土地出让合同、协议、补充协议中,作为拿地的附加条件,其发生的成本是否可以作为土地成本扣除和企业所得税前列支?"回复内容:"根据您提供的信息,超出项目红线外的基础配套设施费不允许作为土地增值税的扣除项目。企业实际发生的与取得收入有关的、合理的支出,准予在计算企业所得税应纳税所得额时扣除。"

咨询台回复是正确的,但是询问的内容不够准确。询问人没有说明"作为拿地的附加条件"的具体情形,没有证明红线外项目支出是取得土地的必要成本。

纳税人应注意红线外项目支出是否与取得土地相关,是否符合土地增值税暂行条例及实施细则等上位法的相关原则性规定。

红线外项目支出允许作为土地增值税的扣除项目的前提有三项:一是纳税人提交的申请资料全面、真实,不存在隐瞒事实、提供虚假资料等情况;二是纳税人实际发生的涉税事项与提供资料所表述的一致;三是再次向税务机关申请裁定时,所依据的法律法规是否发生变化。

（三）代建基础设施移交环节的税务处理风险

一二级联动项目中，对于政府承担开发成本的基础设施，开发建造性质是代建。操作有三个环节：一是融资，二是建设，三是移交。

代建基础设施移交环节有两个风险点：一是税目选择销售不动产还是选择现代服务。二是销售收入金额是按差价确认还是按全额确认。

（四）不动产交付节点的成本确认风险

土地开发有两类行为，一是土地储备项目的土地一级开发（土地储备项目的前期准备开发），二是不动产建设项目的土地二级开发。在实务中怎样划分这两类项目呢？界限的交易节点是土地交付前还是土地交付后。国有土地或者集体土地，在交付不动产建设项目用地方之前是土地一级开发，之后是土地二级开发。

交付节点，还可以用于二级市场项目与三级市场项目的划分。

如房地产开发项目中有公共配套设施游泳池，计算土地增值税时游泳池的成本如何扣除，经常有争议发生。税务局认为如果交付使用后不收费提供服务的可以认定为公共配套设施，游泳池的建设成本可以作为公共配套设施成本在土地增值税中扣除。如果游泳池交付使用后改为收费的，税务机关则主张不允许作为公共配套设施成本在土地增值税中扣除。

客观地说，税务机关的做法是错误的。房地产开发项目征收土地增值税的对象，是二级市场的开发商销售完工产品经营行为，而不是三级市场的公共配套设施使用行为。开发完工产品销售行为与公共配套设施使用行为的划分节点是：完工产品交付。交付前是销售行为，交付后是使用行为。

（五）适用文件节点的成本确认风险

《国有土地上房屋征收与补偿条例》（国务院令第590号）于2011年1月21日开始实施，同日废止了《城市房屋拆迁管理条例》（国务院令第305号）。在2011年1月21日开始实施之前，开发商作为项目用地方是拆迁人，是项目用地的土地开发主体，是拆迁赔偿款的支付人，依法进行土地一级开发的成本，直接计入开发项目成本。在2011年1月21日开始实施之后，政府剥夺

了开发商作为拆迁人的土地拆迁赔偿权利，开发商受政府部门委托进行土地储备前期开发所发生的成本，应计入政府的土地储备成本，而不能计入开发商的开发项目成本。

2004年8月31日以前，开发商取得的土地成本由四部分组成：土地使用权出让、受让税费、征地拆迁、安置补偿费用。

2004年8月31日至2011年1月21日，开发商取得土地成本仍然由四部分组成：土地使用权出让、受让税费、征地拆迁、安置补偿费用。

2011年1月21日以后，开发商取得土地成本仅由两部分组成：土地使用权出让、受让税费。因为在2011年1月21日以后，开发商不能作为拆迁人从事拆迁业务，拆迁主体只有政府土地储备部门。支付拆迁补偿款的主体是政府而不是开发商。

六、一二级联动开发的证据搜集

2011年1月21日之前，开发商取得拆迁人资格的证据：市、县人民政府房屋拆迁管理部门颁发的拆迁许可证。

2011年1月21日之后，开发商参与土地储备项目前期开发的证据：土地储备部门与开发商签订的前期开发委托合同。

> 提示：委托合同违反土地储备有关文件的，应追究行政责任，但不一定造成委托合同无效。

拆迁过程中涉及的信息与补偿标准及征地情况的资料信息有关文件，可以从以下几个方面搜集查找。

（1）征地批后实施中征地公告、征地补偿安置方案公告、市县政府批准征地补偿安置方案、建设用地批准书。

（2）征地告知书以及履行征地报批前程序的相关证明材料，具体包括拟征地补偿安置听证告知、土地权属证明材料等。

（3）地方人民政府转发国务院批准用地的文件（用地面积、补偿标准、安置途径等批准情况与申报情况相比发生变化的，转发文件中应明确表述变化后情况）。

（4）市、县政府用地报批时拟定的"一书四方案"（建设用地项目呈报说明书、农用地转用方案、补充耕地方案、征收土地方案、供地方案；城市建设用地为"一书三方案"，即建设用地项目呈报说明书、农用地转用方案、补充耕地方案、征收土地方案）。

（5）国务院或省级人民政府依法批准用地的批复文件，其中，国务院批准的城市用地还应公开省级人民政府审核同意农用地转用和土地征收实施方案的文件。

第二节 一二级联动开发纳税风险管理的内容与方法

一、一二级联动开发项目纳税风险管理的内容

用多维分析法设计一二级联动开发项目纳税风险管理的内容,主要有四方面:

(1)合作主体、合作内容调查确认。

(2)合作项目确认。

(3)连片开发项目的母子项目确认、合作方式确认。

(4)风控工具选择。

二、一二级联动开发项目纳税风险管理的方法

一二级联动开发项目纳税风险管理主要运用调查取证法、是非判断法。关于交易事实的确认,可以选择调查取证法,对调查取得交易有关实际处理证据资料,根据证据资料分析确认交易事实重要事项。如一二级联动项目根

第四章　房地产项目一级二级联动开发纳税风险管理

据有关合同及交易资料，分析确认合作主体、合作内容、合作项目、合作方式等交易事项，应关注待判断项、判断标准、证据、判断结果。对于会计处理、税务处理、法务处理等事项，可以选择是非判断法，应关注待判断项、判断标准、判断结果。

三、一二级联动项目的合作主体、合作内容调查确认

（一）方法提示

一二级联动项目的合作主体、合作内容调查确认，主要运用调查取证法，应关注待判断项、判断标准、判断证据、判断结果。

待判断项：合作主体、合作内容（权利义务）。

判断标准：分析确认的合作主体、合作内容是否有证据证明，并得出唯一结论。

判断证据：合同及有关交易资料。

判断结果：是或否。

（二）政策法规提示

（1）土地储备拆迁赔偿的有关文件，如《关于规范土地储备和资金管理等相关问题的通知》（财综〔2016〕4号）。

（2）合同效力有关文件，如最高人民法院《民事案件案由适用要点与请求权规范指引》（法〔2011〕42号）。

四、一二级联动项目的合作项目确认

（一）方法提示

一二级联动项目的合作项目确认，主要运用调查取证法，应关注待判断项、判断标准、判断结果。

待判断项：投融资项目、一级项目、二级项目。

判断标准：分析确认的投融资项目、一级项目、二级项目是否有证据证明，并得出唯一结论。

判断证据：合同及有关交易资料。

判断结果：是或否。

（二）政策法规提示

（1）土地储备拆迁赔偿的有关文件，如《关于规范土地储备和资金管理等相关问题的通知》（财综〔2016〕4号）。

（2）合同效力有关文件，如最高人民法院《民事案件案由适用要点与请求权规范指引》（法〔2011〕42号）。

五、连片开发项目的母子项目确认、合作方式确认

（一）方法提示

连片开发项目的母子项目确认、合作方式确认，主要运用调查取证法，应关注待判断项、判断标准、判断结果。

待判断项：连片开发项目的母子项目、合作方式。

判断标准：分析确认的连片开发项目的母子项目、合作方式是否有证据证明，并得出唯一结论。

判断证据：合同及有关交易资料。

判断结果：是或否。

（二）政策法规提示

（1）土地储备拆迁赔偿的有关文件，如《关于规范土地储备和资金管理等相关问题的通知》（财综〔2016〕4号）。

（2）合同效力有关文件，如最高人民法院《民事案件案由适用要点与请

求权规范指引》（法〔2011〕42号）。

六、风控工具的选择

收储土地一级代建开发、安置房二级代建开发，选择代建风控工具。

站前广场（公共基础设施），选择PPP项目风控工具。

七、一二级联动的土地成本对象确认

（一）方法提示

开发商取得土地成本的确认，主要运用是非判断法，应关注待判断项、判断标准、判断结果。

待判断项：一是两类开发，①土地储备项目前期开发的一级开发项目；②基础设施项目、商品房项目等二级开发项目。二是三个成本对象，土地储备项目前期开发、基础设施项目、商品房项目。

判断标准：《企业产品成本核算制度（试行）》（财会〔2013〕17号）第十三条规定。

判断结果：是否符合《企业产品成本核算制度（试行）》（财会〔2013〕17号）第十三条规定。

（二）政策法规提示

《征收与补偿条例》取消了房地产开发商拆迁人的资格，禁止开发商以土地使用人的身份进行拆迁。因此，补偿就只能是政府所进行的行政补偿，政府的征收行为是基于公益目的而进行的。

开发项目成本对象确认，应符合企业产品成本核算制度的规定。《企业产品成本核算制度（试行）》（财会〔2013〕17号）第十三条规定："房地产企业一般按照开发项目、综合开发期数并兼顾产品类型等确定成本核算对象。"

八、一二级联动的土地成本归集确认

（一）方法提示

开发商取得土地成本归集的确认方式为信息比对法。应关注确认事项、比对事项、判断标准、判断结果。

确认事项：土地买价或出让金、大市政配套费、契税、耕地占用税、土地使用费、土地闲置费、农作物补偿费、危房补偿费、土地变更用途和超面积补交的地价及相关税费、拆迁补偿费用、安置及动迁费用、回迁安置房建造费用等土地征用及拆迁补偿费。

比对事项：①政府出让的适用文件时间节点：2011年1月21日；②企业转让的适用文件时间节点：2004年8月31日；③储备用地前期开发的适用文件时间节点：2016年2月2日。

判断标准：《中华人民共和国土地管理法》（以下简称《土地管理法》）、《征收与补偿条例》、《土地储备管理办法》（国土资规〔2017〕17号）、《企业产品成本核算制度（试行）》（财会〔2013〕17号）第二十六条。

> 提示：2011年1月21日以后，开发商没有拆迁权利，直接支付的土地储备前期开发有关的拆迁费用不得计入取得土地成本。

判断结果：是否符合《土地管理法》、《征收与补偿条例》、《土地储备管理办法》（国土资规〔2017〕17号）、《企业产品成本核算制度（试行）》（财会〔2013〕17号）第二十六条规定。

（二）政策法规提示

《征收与补偿条例》取消了房地产开发商拆迁人的资格，禁止开发商以土地使用人的身份进行拆迁。因此，补偿就只能是政府所进行的行政补偿，政府的征收行为是基于公益目的而进行的。

《企业产品成本核算制度（试行）》（财会〔2013〕17号）第二十六条规定："土地征用及拆迁补偿费，是指为取得土地开发使用权（或开发权）而发生的各项费用，包括土地买价或出让金、大市政配套费、契税、耕地占用税、土地使用费、土地闲置费、农作物补偿费、危房补偿费、土地变更用途和超面积补交的地价及相关税费、拆迁补偿费用、安置及动迁费用、回迁安置房建造费用等。"

第三节 一二级联动开发项目纳税风险管理的范例

| 案例一 |

罗庄区棚户区改造项目一二级联动合作方式确认

一、罗庄区棚户区改造项目调查情况

（一）罗庄区开发项目合作协议约定的重要事项

齐鲁市罗庄区城市建设投资开发有限公司（甲方）与北京A房地产开发有限公司（乙方）签订的罗庄区城中村棚户区开发项目合作协议及补充协议中，约定齐鲁A房地产开发有限公司负责罗庄区棚户区改造片区项目收储土地的一级开发，由毛地变为净地；还约定齐鲁A房地产开发有限公司负责罗庄区棚户区改造片区项目中的四个子项目二级开发。四个子项目包括：竹林小区项目、凤城壹号棚户区安置房、凤城公路项目、东方花园商品房项目。

（二）合作各方

（1）政府方：齐鲁市罗庄区城市建设投资开发有限公司。

（2）社会资本方：北京A房地产开发有限公司。

（3）项目公司：齐鲁A房地产开发有限公司。

（三）签署文件

1.连片项目签署文件

2007年2月至2020年12月，签订罗庄区城中村棚户区开发项目合作协议及补充协议，约定齐鲁A房地产开发有限公司既负责罗庄区城中村棚户区开发项目的一级开发，又负责二级开发。在执行协议过程中，齐鲁A房地产开发有限公司取得了竹林小区项目、东方花园商品房项目两个商品房项目的开发用地，取得了二级开发权。齐鲁A房地产开发有限公司还根据"凤城壹号棚户区安置房开发协议""凤城公路项目PPP合作协议"取得了两个项目的二级开发权。

2.一级开发签署文件

齐鲁市土地储备中心与项目公司签订的"罗庄区城中村棚户区土地一级开发协议"。

3.二级开发签署文件

齐鲁市罗庄区城市建设投资开发有限公司与项目公司签订的"凤城壹号棚户区安置房开发协议""凤城公路项目PPP合作协议""竹林小区项目合作开发房地产合同"。

二、罗庄区棚户区改造项目合作内容确认

齐鲁A房地产开发有限公司根据"罗庄区城中村棚户区开发项目合作协议"及补充协议的约定，既负责罗庄区城中村棚户区开发项目的一级开发，又负责二级开发。

在执行协议过程中，齐鲁A房地产开发有限公司取得了竹林小区项目、东方花园商品房项目两个商品房项目的开发用地，取得了二级开发权。齐鲁A房地产开发有限公司还根据"凤城壹号棚户区安置房开发协议""凤城公路项目PPP合作协议"取得了两个项目的二级开发权。

三、一二级联动开发的分析说明

一个开发项目是否属于一二级联动合作方式，应从开发商角度看，

而不是从政府的角度看。如果是同一开发商对同一连片开发的项目，既进行一级开发又进行二级开发的两级市场联动开发，就属于一二级联动。如果从政府的角度看，几乎所有的项目都是一二级联动。由于政府不是纳税主体，本书讨论一二级联动项目应从开发商的角度着眼。

罗庄区棚户区改造片区项目合作方式，从市场层次角度看，是一级开发市场与二级开发市场的一二级联动开发。其中一级开发项目，是片区收储土地，开发商是齐鲁A房地产开发有限公司；二级开发项目包括竹林小区商品房、凤城壹号棚户区安置房、凤城公路、东方花园商品房四个项目，开发商是齐鲁A房地产开发有限公司。

很明显，齐鲁A房地产开发有限公司对罗庄区棚户区改造片区项目既进行一级开发又进行二级开发。从开发商角度看，罗庄区棚户区改造片区项目开发方式，属于一二级联动开发。

四、风控工具的选择

收储土地一级代建开发、安置房二级代建开发，选择代建风控工具。

凤城公路（公共基础设施），选择PPP项目风控工具。

东方花园商品房项目，选择自行开发商品房风控工具。

竹林小区商品房项目，选择合作开发商品房风控工具。

| 案例二 |

政府拆迁的强拆责任，开发商不能替其背锅

（一）争议情况

本案是最高人民法院第一巡回法庭第一法庭的再审申请人——湖南郴州市北湖区人民政府，诉被申请人袁作权、黄晓泉房屋行政强制案。当地政府拿瑞鸿公司出具的"自认拆迁"，企图撇清关系。

（二）法官意见

审判长认为该行为不符合常理和法律规定，如果该事实成立，则当地政府对此严重违法甚至涉嫌犯罪的行为没有进行追究，点破公司承认自己违法强拆是"背锅"；质疑地方政府为何不追责，更是点明了当地政府要对辖区的强拆负责，不是与本案"无关"。庭审亮点如下：

（1）开发商没有资格强拆，有协议也不行。政府方提出，在本案中，主动揽责的开发商（瑞鸿公司）强拆房屋的前提是，他们和被拆迁人之间已经签订了拆迁协议。法官指出，即使双方有拆迁协议，开发商也没有权力去拆被拆迁人的房子，更没有权力连夜将被拆迁人从房子里赶出去，这样的强拆行为没有任何法律规定支持。根据现行的相关法律规定，即使是政府也没有强拆的权力，也要依程序申请强制执行。这意味着，拆迁协议的签订并不是被拆迁人维权之路的终点。如果拆迁协议确实存在问题，被拆迁人仍旧可以积极通过法律途径依法维护自己的权利。当然，如果签订协议前被拆迁人已经察觉到协议存在问题，那还是不签字更有利于维权。

（2）强拆侵权不能赔偿了事，要依法追究刑事责任。本次庭审实际上有一些前情提要——这个案件本身已经过了一、二审审判程序，判决认定地方政府应承担行政强制行为的法律后果。案涉区政府申请再审时提出，第三方瑞鸿公司出具了说明，主动承认强拆是该公司的责任。在本次庭审直播中法官提出，这并不是谁出个说明、主动"背锅"就能解决的问题。如果强拆确实是该公司的行为，那地方政府应当开始进一步追究该公司的责任，而不能给点赔偿就了事。简单地说，作为平等的民事主体，没有任何法律依据能够强行侵犯他人合法财产甚至人身权利，这是严重的违法触刑问题。国家现在正在严抓扫黑除恶工作，典型的违法侵权行为不能姑息。

（3）地方政府对违法拆迁等侵犯公民权利的行为有管理职责。庭审过程中法官指出："政府不是光来打这一个官司，只代理这一个诉讼的，政府做的是全面工作，整个区都是在你们关系范围之内的呀。"对于拆迁中出现的违法侵权问题，地方政府进行监督监管和依法查处的法定职责。也就是说，如果被拆迁人遇到了违法拆迁行为，可以依法向地方政府提出查处申请，政府应当承担监管和纠正违法拆迁行为的责任，维护政府自身的公信力，以及老百姓的安全感。本次庭审过程中提出了一个核心观点：强拆责任不是谁想揽就能揽得起的，也不是只要照价赔偿就可以了事的，谁在拆迁过程中做出了违法行为，谁就要承担起相应的责任。即使强拆行为确实不是政府做出的，政府也有进行监管追责，并维护被拆迁人合法权益以及居住安全职责。

（三）案件来源

摘自新浪新闻"审判长怒斥区政府漠视开发商强拆：锅不是这么背的"（https://news.sina.com.cn/s/2019-10-18/doc-iicezuev3133645.shtml）。

| 案例三 |

拆迁协议法律效力"大于"拆迁安置方案

（一）争议情况

再审被申请人（王杰）与再审申请人下属临时机构金水区徐庄村××村并城项目指挥部于2014年3月27日签订了"金水区徐庄村徐庄路建设项目拆迁协议书"，协议中明确约定过渡期为36个月，该拆迁协议是双方的真实意思表示，且不违反法律、行政法规的禁止性规定。虽然在协议中将"金水区徐庄村徐庄路建设项目拆迁补偿安置方案"作为签订协议的依据之一，但该方案只是指导性事实行为，其在法律效力上与拆迁协议相比不具有对抗性。再审申请人主张应适用"金水区徐庄村徐庄路建设项目拆迁补偿安置方案"中约定的24个月的过渡期，没有事实和法律依据。再审申请人认为该协议中的过渡费标准仅限于徐庄村徐庄路建设项目拆迁工作启动至徐庄村××村并城工作正式启动期间，也没有事实依据。二审判决认定事实清楚,适用法律正确,再审申请人的再审请求和理由不能成立。

(二)判决要点

拆迁协议虽然将拆迁补偿安置方案作为签订协议的依据之一,但拆迁补偿安置方案只是指导性事实行为,在法律效力上与拆迁协议并不具有对抗性。拆迁补偿安置方案内容与拆迁协议内容存在冲突的情况下,当事人要求按照拆迁补偿安置方案履行,没有事实和法律依据,不予支持。

(三)案件来源

中华人民共和国最高人民法院行政裁定书(2017)最高法行申8840号。

(四)判决意见

本院认为:本案的争议焦点在于应适用"金水区徐庄村徐庄路建设项目拆迁补偿安置方案"中规定的24个月的过渡期,还是适用"金水区徐庄村徐庄路建设项目拆迁协议(宅基地)"中约定的36个月的过渡期。再审被申请人与再审申请人下属临时机构金水区徐庄村××村并城项目指挥部于2014年3月27日签订了"金水区徐庄村徐庄路建设项目拆迁协议书",协议中明确约定过渡期为36个月,该拆迁协议是双方的真实意思表示,且不违反法律、行政法规的禁止性规定。虽然在协议中将"金水区徐庄村徐庄路建设项目拆迁补偿安置方案"作为签订协议的依据之一,但该方案只是指导性事实行为,其在法律效力上与拆迁协议相比不具有对抗性。再审申请人主张应适用"金水区徐庄村徐庄路建设项目拆迁补偿安置方案"中约定的24个月的过渡期,没有事实和法律依据。再审申请人认为该协议中的过渡费标准仅限于徐庄村徐庄路建设项目拆迁工作启动至徐庄村××村并城工作正式启动期间,也没有事实依据。二审判决认定事实清楚,适用法律正确,再审申请人的再审请求和理由不能成立。

第五章

保障性住房项目的纳税风险管理

第一节 保障性住房应知应会事项

一、保障性住房的内涵演进与外延拓展

保障性住房是为安居工程的服务对象（中低收入困难家庭）提供的住房。保障性住房市场是与商品房市场同时起步的，是深化住房制度改革的成果。

根据《国务院关于深化城镇住房制度改革的决定》（国发〔1994〕43号）规定，建立以中低收入家庭为对象、具有社会保障性质的经济适用住房供应体系和以高收入家庭为对象的商品房供应体系，是城镇住房制度改革的一项基本内容。根据该项规定，保障性住房供应体系有三个特点：一是供应对象是中低收入家庭，二是为满足基本住房需求提供政策性的保障，三是房屋类型为经济适用住房。

《国务院关于进一步深化城镇住房制度改革加快住房建设的通知》（国发〔1998〕23号）中的"三、建立和完善以经济适用住房为主的住房供应体系"规定，保障房供应体系中供应经济适用住房、廉租房两类住房。

2007年，国务院发出《关于解决城市低收入家庭住房困难的若干意见》，我国开始大规模建设保障性住房。随后，各项政策措施对保障房建设

第五章 保障性住房项目的纳税风险管理

的相关问题作进一步明确。

《关于做好住房保障规划编制工作的通知》(建保〔2010〕91号)第三条中的"(二)"中规定:"本次规划除廉租住房、经济适用住房保障规划外,还包括公共租赁住房、限价商品住房、城市和国有工矿棚户区改造、国有林区棚户区和国有林场危旧房改造、国有垦区危房改造、中央下放地方煤矿棚户区改造(只包括东北三省、中西部地区中央下放地方煤矿棚户区,含河北、新疆生产建设兵团和江苏徐矿集团)等内容。"

根据2014年3月发布的《国家新型城镇化规划(2014—2020年)》,"十三五"明确提出,到2020年基本完成现有的城镇棚户区、城中村和危房改造。2020年将成为棚改的最后的一年。拆迁型棚改将变为危旧房改造。

2014年,住房城乡建设部报请国务院审议的《城镇住房保障条例(征求意见稿)》第二条规定:"保障性住房,是指纳入城镇住房保障规划和年度计划,限定面积标准、租售价格等,向符合条件的保障对象提供的住房。"

保障性住房,是与商品性住房(简称商品房)相对应的一个概念。

在保障性住房供应体系中,为了适应取消福利分房的特殊需要,还有一类安居工程住房。安居工程住房产生的文件依据是《国务院办公厅关于转发国务院住房制度改革领导小组国家安居工程实施方案的通知》(国办发〔1995〕6号)。安居工程住房建设是与中国住房制度改革同时起步的,自1995年产生,伴随着住房制度改革逐步深化。2007年召开的十七大提出"要努力实现全体人民住有所居"的目标,保障性安居工程开始启动。

保障性安居工程的住房可以分为三类,第一类是保障性住房建设,包括廉租住房、经济适用住房、公共租赁住房、限价商品住房;第二类是棚户区改造,根据国务院《关于加快棚户区改造工作的意见》(国发〔2013〕25号)规定有四种类型:城市棚户区改造、国有工矿棚户区改造、国有林区棚户区改造、国有垦区危房改造;第三类是农村危房改造和游牧民定居工程。

社科院财经战略研究院发布的《中国住房发展报告(2020—2021)》建议,启动实施"租售结合"的"新市民安居工程"。首先建立"租售结合"的住房体系;其次实施"322"新市民安居工程,即空间潜力、业态潜

力和人群潜力3个潜力，大都市周边和城市主城区内2个空间，购买和租赁2种形式；再次重点健全新市民租赁住房体系；最后完善保障性租购住房的保障机制。

二、保障性住房与商品房的区别

从在产权、销售对象、交易限制、建设方式、资源整合方式、生命周期等维度进行分析，保障性住房与商品房至少存在以下区别：

（1）产权性质不同。保障房中的廉租房和公租房不能买卖，产权属政府，如果存在买卖，属非法交易；经适房和限价房由于未通过招拍挂交付出让金（商品房在购地时已交），所以只有房产的产权，不具地产的产权，为"不完全产权"，国家规定五年内不得买卖；安置房有限售期，限售期内拆迁户不能转让。

（2）销售对象不同。保障性住房销售对象是中低收入家庭，商品房销售对象是高收入家庭。

（3）供应体系（或称房源）不同。保障性住房的房源由社会保障性质的经济适用住房供应体系提供，商品房的房源由商品房供应体系提供。《国务院关于深化城镇住房制度改革的决定》（国发〔1994〕43号）中的"一、城镇住房制度改革的根本目的和基本内容"的"（二）"规定："建立以中低收入家庭为对象、具有社会保障性质的经济适用住房供应体系和以高收入家庭为对象的商品房供应体系"。

（4）建设方式不同。保障性住房的建设方式有商品房项目中配建安置房、定向供地的保障性住房项目建设两种。如广州市配建的保障性住房由商住房项目开发建设单位统一组织建设，商住房用地项目配建比例按项目地上总建筑面积的10%确定，商业、商住房混合用地项目配建比例按住宅总建筑面积的10%确定；无控制性详细规划的项目配建比例按地上总建筑面积的10%确定。商品房建设方式不存在配建问题，都是独立的楼盘。

（5）资源整合方式不同。商品房的资源整合方式不包括PPP方式，保障性住房的资源整合方式广泛使用PPP方式、代建方式两种；商品房的代建委托方是开发商而不是政府，保障性住房的代建委托方是政府而不是开发商。

（6）生命周期不同。商品房从1998年开始成为城市住房建设的主角，到2020年仍保持着旺盛的活力，保障性住房除安置房外其他各类保障性住房生命周期都不太长，如经济适用住房的生命周期是1998—2014年，廉租房的生命周期是2003—2014年。

三、保障性住房及其主要类型

保障性住房是指政府为中低收入住房困难家庭所提供的限定标准、限定价格或租金的住房，一般由廉租住房、经济适用住房、政策性租赁住房、定向安置房等构成。这种类型的住房有别于完全由市场形成价格的商品房。

本书仅介绍安居工程房、廉租房、公共租赁房、共有产权住房，关于经济适用住房和单位集资合作建房在本章第二节中介绍，安置房在本章第三节中介绍，两限商品房在本章第四节中介绍，安居型商品住房在本章第五节中介绍。

（一）安居工程房

安居工程住房（简称：安居房）指实施国家"安居（或康居）工程"而建设的住房，是党和国家安排贷款和地方自集自筹资金建设的面向广大中低收入家庭，特别是对4平方米以下特困户提供的销售价格低于成本、由政府补贴的非营利性住房。

安居工程建设的文件依据是《国务院办公厅关于转发国务院住房制度改革领导小组国家安居工程实施方案的通知》（国办发〔1995〕6号）文件。

（二）廉租房

廉租房是政府或机构拥有，用政府核定的低租金租赁给低收入家庭。低收入家庭对廉租住房仅有居住权而没有收益权、处置权，是非产权的保障性住房。

（三）公共租赁房

公共租赁房指通过政府或政府委托的机构，按照市场租价向中低收入的住房困难家庭提供可租赁的住房，同时，政府对承租家庭按月支付相应标准的租房补贴。

在我国城镇住房保障体系中，廉租房由中央和地方投资建设，受财力所限，保障面很难超过5%。经济适用住房由房地产开发商投资建设，尽管是微利出售，购买仍需要相当的经济实力。因此，许多家庭既租不上廉租房，又买不起经济适用住房，成了廉租住房与经济适用住房保障对象之间的"夹心层"。

为解决"夹心层"住房困难问题，2010年，我国政府开始公共租赁住房试点工作，保障对象直接覆盖城镇中等偏下收入住房困难家庭、新就业无房职工和在城镇稳定就业的外来务工人员。公共租赁住房作为一种新型保障性住房，将是未来城镇住房保障体系的发展重点，远期目标是逐步替代经济适用住房和廉租住房保障制度，将所有保障对象纳入统一的公共租赁住房保障体系之中。长远来看，公共租赁住房发展决定着我国城镇住房保障制度的发展，采取各种措施大力促进公共租赁住房发展，在覆盖上实现广泛性，在制度上确保公平性，建立健全成熟完善的管理体系，将是进一步完善我国城镇住房保障制度的重要任务。

（四）共有产权住房

共有产权住房是地方政府让渡部分土地出让收益，然后低价配售给符合条件的保障对象家庭所建的房屋。保障对象与地方政府签订合同，约定双方的产权份额以及保障房将来上市交易的条件和所得价款的分配份额。上海共有产权保障住房准入实行住房、经济"双困"标准，主要解决既不符合廉租住房申请条件，又缺乏市场购房能力的"夹心层"居民住房困难。

四、保障性住房政策演进

1993年11月发布的《中共中央关于建立社会主义市场经济体制若干问题的决定》要求规范和发展房地产市场，加快城镇住房制度改革，控制住房用地价格，促进住房商品化和住房建设的发展。《国务院关于深化城镇住房制度改革的决定》（国发〔1994〕43号）规定，建立以中低收入家庭为对象、具有社会保障性质的经济适用住房供应体系和以高收入家庭为对象的商品房供应体系，是城镇住房制度改革的一项基本内容。

1998年，我国结束了近50年的住房实物分配历史，开始逐步实行住房分配货币化。政府明确提出依据收入状况解决住房问题，建立和完善住房分层供应体系，在制度上保证各收入阶层的住房需求，实现"人人享有适当的住房"的目标。这一年，国务院印发的《关于进一步深化城镇住房制度改革加快住房建设的通知》（国发〔1998〕23号），首次提出"建立和完善以经济适用住房为主的多层次城镇住房供应体系"的概念，开始对不同收入家庭实行不同的住房供应政策。高收入家庭购买、租赁市场价商品住房，中低收入家庭的住房问题则通过构建多层次保障体系予以解决。

1998年以后，经过十多年的实践，经济适用住房、公共租赁住房、廉租住房等保障性安居工程逐步构建起一个比较完整的城镇住房保障体系，有力地缓解了中低收入家庭住房实际困难。

2014年实行三房并轨，以前保障房的范围很广，有多种类型，主要有廉租住房、经济适用住房、公共租赁住房、限价商品住房、棚户房、危房改造。2014年三房并轨以后，主要有公共租赁住房、共有产权房、安置房。

（一）八五期间保障性住房的培育发展期（1991—1995年）

1.培育和发展房地产市场

邓小平在南方谈话中提出了基本构想，提出建立社会主义市场经济。1992年，党的十四大报告把建立社会主义市场经济体制作为我国经济体制改革新的目标，中国社会主义市场经济体制于此正式确立。

1993年3月29日，第八届全国人民代表大会第一次会议通过了《中华人民共和国宪法修正案》，将市场经济写入宪法，结束了我国实行了40多年的计划经济。

党的十四届三中全会通过《关于建立社会主义市场经济体制若干问题的决议》，建立了社会主义市场经济体制的基本理论框架，社会主义市场经济理论基本完成。1993年11月发布的《中共中央关于建立社会主义市场经济体制若干问题的决定》中的"三、培育和发展市场体系"的"（13）"规定："当前培育市场体系的重点是，发展金融市场、劳动力市场、房地产市场、技术市场和信息市场等。"对规范和发展房地产市场文件规定："我国地少人多，必须十分珍惜和合理使用土地资源，加强土地管理。切实保护耕地，严格控制农业用地转为非农业用地。国家垄断城镇土地一级市场。实行土地使用权有偿有限期出让制度，对商业性用地使用权的出让，要改变协议批租方式，实行招标、拍卖。同时加强土地二级市场的管理，建立正常的土地使用权价格的市场形成机制。通过开征和调整房地产税费等措施，防止在房地产交易中获取暴利和国家收益的流失。控制高档房屋和高消费游乐设施的过快增长。加快城镇住房制度改革，控制住房用地价格，促进住房商品化和住房建设的发展。"

2.城镇住房制度改革的根本目的和基本内容

1994年，我国颁布《城市房地产管理法》，这标志着我国房地产法制逐步成熟，地产、房产分开立法逐步走向房地产一体化立法。

《国务院关于深化城镇住房制度改革的决定》（国发〔1994〕43号）中的"一、城镇住房制度改革的根本目的和基本内容"规定："（一）城镇住房制度改革作为经济体制改革的重要组成部分，其根本目的是：建立与社会主义市场经济体制相适应的新的城镇住房制度，实现住房商品化、社会化；加快住房建设，改善居住条件，满足城镇居民不断增长的住房需求。（二）城镇住房制度改革的基本内容是：把住房建设投资由国家、单位统包的体制改为国家、单位、个人三者合理负担的体制；把各单位建设、分配、维修、管理住房的体制改为社会化、专业化运行的体制；把住房实物福利分配的方式改为以按劳分配为主的货币的工资分配方式；建立以中低收入家庭为对象、具有社会保障性质的经济适用住房供应体系和以高收入家庭为对象的商品房供应体系；建立住房公积金制度；发展住房金

融和住房保险，建立政策性和商业性并存的住房信贷体系；建立规范的房地产交易市场和发展社会化的房屋维修、管理市场，逐步实现住房资金投入产出的良性循环，促进房地产业和相关产业的发展。（三）城镇住房制度改革要坚持配套、分阶段推进。近期的任务是：全国推行住房公积金制度，积极推进租金改革，稳步出售公有住房，大力发展房地产交易市场和社会化的房屋维修、管理市场，加快经济适用住房建设，到20世纪末初步建立起新的城镇住房制度，使城镇居民住房达到小康水平。"

3.经济适用住房的开发建设

《国务院关于深化城镇住房制度改革的决定》（国发〔1994〕43号）中的"五、加强经济适用住房的开发建设"中规定："（一）各地人民政府要十分重视经济适用住房的开发建设，加强解决中低收入家庭的住房问题。经济适用住房建设用地，经批准原则上采取行政划拨方式供应。对经济适用住房建设项目，要在计划、规划、拆迁、税费等方面予以政策扶持。各级建设行政主管部门要切实组织好经济适用住房建设的实施工作。金融单位在信贷等方面应予以支持。房地产开发公司每年的建房总量中，经济适用住房要占20%以上。在建房、售房等方面，对离退休职工、教师和住房困难户应予以优先安排，具体方法由各省、自治区、直辖市人民政府规定。（二）鼓励集资合作建房，继续发展住房合作社，在统一规划的前提下，充分发挥各方面积极性，加快城镇危旧住房改造。"

4.国家安居工程住房的建设

《国务院办公厅关于转发国务院住房制度改革领导小组国家安居工程实施方案的通知》（国办发〔1995〕6号）要求努力降低国家安居工程住房的建设成本。"三、国家安居工程的规划和建设"中的"（三）"规定："凡用于国家安居工程的建设用地，一律由城市人民政府按行政划拨方式供应。地方人民政府相应减免有关费用。市政基础设施建设配套费用，原则上由城市人民政府承担；小区级非营业性配套公建费，一半由城市人民政府承担，一半计入房价。"

《国务院办公厅关于转发国务院住房制度改革领导小组国家安居工程实施方案的通知》（国办发〔1995〕6号）"三、国家安居工程的规划和建设"

中的"（四）"明确规定："国家安居工程的开发建设不得赢利。"

《国务院办公厅关于转发国务院住房制度改革领导小组国家安居工程实施方案的通知》（国办发〔1995〕6号）中的"四、国家安居工程住房的出售和管理"规定，国家安居工程住房直接以成本价向中低收入家庭出售，并优先出售给无房户、危房户和住房困难户，在同等条件下优先出售给离退休职工、教师中的住房困难户，不售给高收入家庭。国家安居工程住房的成本价格由征地和拆迁补偿费、勘察设计和前期工程费、建安工程费、住宅小区基础设施建设费（小区级非营业性配套公建费，一半由城市人民政府承担，一半计入房价）、1%～3%的管理费、贷款利息和税金七项因素构成。

（二）九五期间保障性住房的探索期（1996—2000年）

1.停止住房实物分配实行住房分配货币化，建立和完善多层次城镇住房供应体系

1997年，亚洲金融危机爆发，政府确立刺激住房消费市场，将住宅业培育为新经济增长点的方针。1998年7月，国务院下发了《关于进一步深化城镇住房制度改革加快住房建设的通知》（国发〔1998〕23号），提出停止城镇住房实物分配，逐步实行住房分配货币化，建立和完善廉租住房、经济适用住房和商品住房的多层次城镇住房供应体系。该通知明确经济适用住房只售不租，通过土地行政划拨、控制建设标准和利润，采取集资建房和合作建房等方式降低建设成本，加快住房建设。1998年3月，全国人大对《土地管理法》进行了又一次修订，强化了对耕地的保护及土地的有偿使用，改变了以前土地利用以需求定供给的局面，导致土地的稀缺性在城镇化及房地产市场的发展过程中越发明显。

2.继续发展集资建房和合作建房

《关于进一步深化城镇住房制度改革加快住房建设的通知》（国发〔1998〕23号）中的"五、采取扶持政策，加快经济适用住房建设""（十七）"规定："在符合城市总体规划和坚持节约用地的前提下，可以继续发展集资建房和合作建房，多渠道加快经济适用住房建设。"

3.保障性住房建设存在的问题

1998—2002年，住房制度改革重点是将住宅业培育成新的经济增长点，

从而忽视了对经济适用住房的引导以及对廉租住房的供应。出现这种情况的主要原因有：

一是经济适用住房的功能不确定，首先，政府希望通过经济适用住房供应实现实物分配向货币分配的过渡，减少政府投入的资金压力和改革的阻力；其次，政府希望通过经济适用住房达到扩内需及促进房地产业发展的目标；最后，政府希望经济适用住房成为解决中低收入家庭住房的主要方式。然而，政府对经济适用住房的供应对象及建设标准均未明确规定。此时行政、事业和企业单位由于职工的需求，积极开展经济适用住房建设，由此单位集资建房和合作建房成为推动经济适用住房建设的重要渠道，也是这一时期经济适用住房销售增加的主要原因之一。但同时也有一部分城镇居民因购买资格和收入偏低等原因无法通过市场供应的经济适用住房解决住房问题。

二是地方政府对廉租住房投入动力不足，导致廉租住房供应严重不足。一方面，1994年进行了分税制改革后，地方政府的财政收入占全国财政总收入的比重逐年下降，但是支出却基本保持不变，导致地方政府没有能力也不愿意增加廉租住房的资金投入。另一方面，地方政府为缓解财政压力，快速回笼资金，积极推动公有住房出售，缺乏将公有住房转化为廉租住房的动力。再者，廉租住房建设用地实行划拨方式供应，在保护耕地、土地增量有限的情况下，土地优先供应商品住房及经济适用住房，对廉租住房建设用地缺乏供应动力。

（三）十五期间保障性住房制度的完善与发展（2001—2005年）

1.完善住房供应政策

2003年8月，国务院发布的《关于促进房地产市场持续健康发展的通知》（国发〔2003〕18号）规定："（三）完善住房供应政策"中规定："各地要根据城镇住房制度改革进程、居民住房状况和收入水平的变化，完善住房供应政策，调整住房供应结构，逐步实现多数家庭购买或承租普通商品住房；同时，根据当地情况，合理确定经济适用住房和廉租住房供应对象的具体收入线标准和范围,并做好其住房供应保障工作。"

2.加强经济适用住房的建设

2003年8月,国务院发布《关于促进房地产市场持续健康发展的通知》(国发〔2003〕18号)中的"(四)加强经济适用住房的建设和管理"规定:"经济适用住房是具有保障性质的政策性商品住房。要通过土地划拨、减免行政事业性收费、政府承担小区外基础设施建设、控制开发贷款利率、落实税收优惠政策等措施,切实降低经济适用住房建设成本。对经济适用住房,要严格控制在中小套型,严格审定销售价格,依法实行建设项目招投标。经济适用住房实行申请、审批和公示制度,具体办法由市(县)人民政府制定。集资、合作建房是经济适用住房建设的组成部分,其建设标准、参加对象和优惠政策,按照经济适用住房的有关规定执行。任何单位不得以集资、合作建房名义,变相搞实物分房或房地产开发经营。"

3.建立和完善廉租住房制度

2003年8月,国务院发布的《关于促进房地产市场持续健康发展的通知》(国发〔2003〕18号)中的"(六)建立和完善廉租住房制度"规定:"要强化政府住房保障职能,切实保障城镇最低收入家庭基本住房需求。以财政预算资金为主,多渠道筹措资金,形成稳定规范的住房保障资金来源。要结合当地财政承受能力和居民住房的实际情况,合理确定保障水平。最低收入家庭住房保障原则上以发放租赁补贴为主,实物配租和租金核减为辅。"

4.完善廉租房配套政策

2003年12月,建设部等部委联合出台了《城镇最低收入家庭廉租住房管理办法》(第120号令),对廉租住房保障方式、部门职责、资金来源和管理、廉租住房来源、税费优惠、工作程序等方面作出了明确的规定,其中资金主要由市、县地方财政预算安排以及住房公积金增值收益中提取的廉租住房补充资金。这实际上是把廉租住房保障的责任全部放在了市县政府身上。

2003年出台的《城镇最低收入家庭廉租住房管理办法》明确资金以地方财政预算为主,中央财政基本没有投入,在分税制改革后,地方财政收入占全国总收入比重不断减少但支出比重却不断加大（到2004年，地方财政收入占全国财政总收入约为45%，但财政支出占全国财政总支出约为72%），导致地方政府对廉租住房保障资金投入严重不足。

2004年5月，建设部等部委联合下发《经济适用住房管理办法》（建住房〔2004〕77号），明确责任、运作方式、定价、交易和管理等内容，但实质上是将经济适用住房的供应完全下放给地方政府。

2005年7月，建设部、民政部联合下发《城镇低收入家庭廉租住房申请、审核及退出管理办法》，该办法对廉租住房保障实施做出了明确的规定。至此，在中央政府的主导下，中国住房供应体系演变为以普通商品住房为主，同时提供具有保障性质的商品住房（经济适用住房）以及保障最低收入家庭的廉租住房的住房供应体系，初步建立起廉租住房和经济适用住房的住房保障制度。

截至2006年年底，全国有512个城市建立了廉租住房制度，占全国657个城市的77.9%。但是"十五"（2001—2005年）期间的住房保障制度设计存在较大缺陷：一是住房保障制度缺乏约束力。廉租住房和经济适用住房制度均以部委文件形式出台，属于部门规章，且将责任全部归为地方政府，同时文件缺乏激励和处罚措施，对地方政府缺乏约束力。二是土地供应制度制约保障住房建设。随着住房市场的发展，土地成为稀缺资源，特别是实行招拍挂后，土地竞价导致地价高涨，土地出让金成为地方财政的主要收入来源之一，故而地方政府极力缩小廉租住房和经济适用住房建设用地规模，并且划拨的土地大多位于城市周边。三是保障资金来源缺乏。四是经济适用住房保障对象不明确。虽然国发〔2003〕18号和《经济适用住房管理办法》均要求地方政府明确供应对象的收入标准，但是许多地方没有进行限定，而且在市场运作方式下政府对套型面积以及销售均听任开发企业做主，导致经济适用住房出现面积过大、价格较高、购买对象收入偏高等现象。五是继续推动公有住房出售。国发〔2003〕18号明确非成套住房和权属有争议的公有住房均可向职工出售，进一步减少政府和企业对公有住房的持有，也使得"将腾空的公有住房作为廉租住房"成为空话。基于以上原因，各地廉租住房投入严重不足，经济适用住房投资和供应逐年减少。

（四）十一五期间保障性住房政策框架的建立与发展（2006—2010年）

1.私有财产权保护入宪为住房制度改革提供了宪法保障

《中华人民共和国宪法》（1982年）第十三条规定："国家保护公民的合法收入、储蓄、房屋和其他合法财产的所有权。"《中华人民共和国宪法修正案》（2004年）第二十一条规定："国家保护个体经济、私营经济等非公有制经济的合法的权利和利益。国家鼓励、支持和引导非公有制经济的发展，并对非公有制经济依法实行监督和管理。"《中华人民共和国宪法修正案》（2004年）第二十二条规定："公民合法的私有财产不受侵犯。""国家依照法律规定保护公民的私有财产权和继承权。"由此可以看出，现行宪法对私人财产权的保障不再局限或偏重对公民的合法收入、储蓄、房屋等生活资料的产权维护，而是将生产资料与生活资料置于同等位置。另一个可见的变化为，现行宪法对财产的维护，不再像以往仅驻足于所有权，通过宣布合法的私有财产不受侵犯，实际上实现了以内涵更丰富的"财产权"代替"所有权"，从而扩大了宪法所保护的财产的范围。

私有财产权保护"入宪"为住房制度改革提供了宪法保障，一方面在住房制度建设中有宪法依据，另一方面房主财产权保护有了宪法依据。有恒产才有恒心，社会发展才有恒力。2004—2016年的房地产蓬勃发展，充分证明了私有财产权保护"入宪"对房地产市场的推动作用。

2.住房保障制度建设开始进入建立、完善和有序发展阶段

2006年5月，国务院下发《关于调整住房供应结构稳定住房价格意见的通知》（国办发〔2006〕37号），督促各城市尽快建立廉租住房保障制度。《国务院关于解决城市低收入家庭住房困难的若干意见》（国发〔2007〕24号）文件强调，把解决城市低收入家庭住房困难作为政府公共服务的一项重要职责，同时进一步明确住房保障范围、保障标准。这份具有里程碑意义的文件出台后，我国住房保障制度建设开始进入建立、完善和有序发展的阶段。一系列配套政策相继出台，涉及廉租住房保障资金管理、改善农民工居住条件、推进城市和国有工矿棚户区改造以及廉租住房保障规划等多个方

面，为城市低收入家庭编织了一张住房保障网。该文件"五、完善配套政策和工作机制"中"（十六）"规定："落实解决城市低收入家庭住房困难的经济政策和建设用地。一是廉租住房和经济适用住房建设、棚户区改造、旧住宅区整治一律免收城市基础设施配套费等各种行政事业性收费和政府性基金。二是廉租住房和经济适用住房建设用地实行行政划拨方式供应。三是对廉租住房和经济适用住房建设用地，各地要切实保证供应。要根据住房建设规划，在土地供应计划中予以优先安排，并在申报年度用地指标时单独列出。四是社会各界向政府捐赠廉租住房房源的，执行公益性捐赠税收扣除的有关政策。五是社会机构投资廉租住房或经济适用住房建设、棚户区改造、旧住宅区整治的，可同时给予相关的政策支持。"

随着廉租住房、经济适用住房建设和棚户区改造力度的逐步加大，城市低收入家庭的住房条件得到较大改善。但是，"夹心层"住房问题日渐凸显。由于有的地区住房保障政策覆盖范围比较小，部分大中城市商品住房价格较高、上涨过快、可供出租的小户型住房供应不足等，一些中等偏下收入、住房困难家庭无力通过市场租赁或购买住房的问题比较突出。同时，随着城镇化快速推进，新职工的阶段性住房支付能力不足矛盾日益显现，外来务工人员居住条件也亟需改善。

3.加快发展公共租赁住房弥补"夹心层"住房政策缺位

2010年6月，住房城乡建设部等七部门联合出台《关于加快发展公共租赁住房的指导意见》，弥补了长期以来"夹心层"住房政策缺位。2011年重点发展公共租赁住房，加快解决低收入和中等偏下收入群体、新就业职工和外来务工人员住房问题。

4.住房保障政策框架

第十一个五年计划期间，形成了以廉租房、经济适用住房、公共租赁房为主要形式，"低端有保障，中端有支持"的住房保障政策框架。

（五）十二五期间保障性住房制度的改革与完善

1.逐步取消经济适用住房、廉租房，实行"三房并轨"

《住房城乡建设部财政部国家发展改革委关于公共租赁住房和廉租住

并轨运行的通知》（建保〔2013〕178号）提出，从2014年起，各地公共租赁住房和廉租住房并轨运行，并轨后统称为公共租赁住房。

延续"十一五"期间"低端有保障，中端有支持"的住房保障政策框架，在"十二五"开局三年实行两房并行政策，即廉租房和公租房分开规划，资金分开调配，两房分开分配，实际上这样给各方面带来了许多不便。

由于面向的群体不完全一样，申请人容易混淆，同时，建设两房的保障资金来源也很不明确，因此《关于保障性安居工程资金使用管理有关问题的通知》中规定：允许住房公积金增值收益中计提的廉租住房保障资金用于发展公共租赁住房。《关于利用住房公积金贷款支持保障性住房建设试点工作的实施意见》中规定：住房公积金贷款支持保障性住房其用途可以是廉租房也可以是公租房。这就导致形式上平行的两项制度实质上高度交叉。此外，细心研究保障房申请准入机制之后笔者发现，在这两房之间实际上还存在着另外一个"夹心层"，很多城市的廉租房申请对象等同于城市低保户，这与最低收入家庭有着较大的区别，换言之，有一部分群体既享受不到公租房的支持，又享受不到廉租房的保障。经过测算，这个"夹心层"占到所有廉租房保障对象的30%～40%。

两房并轨提高了政策的公平性，将保障对象百分之百全覆盖；统一的申请受理渠道、审核准入程序，方便了群众申请，也提高了工作效率；审计署及相关监督部门简化了工作，提升了政策实施的透明度。将廉租房并入公租房，形成公共租赁住房体系是改革创新的产物，是历史发展的必然，当然也是"十二五"的重大成果。

我国从2013年开始考虑将"公租房并轨"作为调整现有住房供应体系突破口。

所谓"公租房并轨"是指公租房与廉租房并轨运行，然后通过财政发放房租补贴的方式，区别对"城市低保人群""城市中低收入人群"等进行住房保障的手段，对于"低保"人群提供大比例租金补贴，并逐级根据保障对象收入水平，制定与之对等的租金补贴政策，从而完成对应人群的住房保障。

2013年10月在十八届中央政治局第十次集体学习时，习近平总书记讲话强调"构建以政府为主提供基本保障、以市场为主满足多层次需求的住房供应体系"后，作为房地产和住房保障主管部门的住房和城乡建设部（下称"住建部"）已经开始考虑将"公租房并轨"作为调整现有住房供应体系的突破口。住建部相关部门已经开始收集汇总部分试点"公租房并轨运行"城市的有关情况，并考虑在2013年年底召开的全国城乡建设系统工作会议上提出提速并轨的要求。

"提速"公共租赁房"并轨"将成为住建部落实2013年10月30日中央政治局集体学习总体原则和精神的"突破点"。据了解，饱受各界非议的经济适用住房供应将逐步减少直至在全国全部取消，公租房将成为住房保障的主体，但不会涉及已出售的经济适用住房。

在2013年10月30日的中央政治局集体学习上，中共中央总书记习近平在谈及住房保障相关问题时强调，要"重点发展公共租赁住房，加快建设廉租住房，加快实施各类棚户区改造"——这恰是住建部试图从公租房廉租房并轨突破，调整完善多层次住房供应体系的原因所在。

在此过程中，住建部内部已经开始考虑重新调整住房保障铲平供应结构。在加大公租房及其并轨廉租房供应的同时，逐步削减销售型经济适用住房供应量，并最终停止供应经济适用住房，地方政府可以根据当地情况，制定有关调整的政策。

与此同时，对于"经济适用住房、廉租住房、公共租赁住房"三房"大并轨"的思路，住建部相关职能部门也已经在考虑中。在对可行性进行论证之后，住建部可能牵头制订有关方案，与相关部门和地方政府共同讨论。

2012年，河南省郑州市已经开始进行"三房合一"的"大并轨"试点工作，原有经济适用住房、廉租房、公共租赁住房并轨运行（统称为公租房），经济适用住房不再销售，统一向应保群体出租，由政府根据应保群体的收入情况发放不同比例的租金补贴。

2013年，上海、合肥、石家庄等特大型城市和省会城市已经开始进行"公租房并轨"试点工作。

2.探索公共租赁住房投资建设和运营管理新方式——PPP

2012年6月，住建部连同中华人民共和国发展和改革委员会（以下称发改委）等多部委发文《关于鼓励民间资本参与保障性安居工程建设有关问题的通知》(建保〔2012〕91号),提出鼓励和引导民间资本参与保障性安居工程建设,并给予积极的政策支持。民间资本的参与为减轻政府压力带来了希望。

审计署2012—2015年连续四年的跟踪审计结果公告中,许多地方存在税费减免和金融支持优惠不到位的情况,加上保障房资金回流缓慢,根据测算,撇开通货膨胀和利率因素,单靠租赁回收资本需要18年,这就导致民间资本一直以来难以融入。

经过三年探索,2015年4月《财政部国土资源部住房城乡建设部中国人民银行国家税务总局银监会关于运用政府和社会资本合作模式推进公共租赁住房投资建设和运营管理的通知》发布,正式提出运用政府和社会资本合作模式(PPP)推进公共租赁住房投资建设和运营管理,即政府选择社会资本组建公共租赁住房项目公司,项目公司与政府签订合同,负责承担设计、投资建设、运营、维护管理任务,在合同期内通过"承租人支付租金"及必要的"政府政策支持"获得合理投资回报。

在项目公司的融资政策上,除了传统方式下的贷款、发行债券、发行股票之外,还提出了房地产投资信托基金(REITs)模式。REITs属于房地产资产证券化的一种,是指以发行收益凭证的方式汇集特定多数投资者的资金,由专门投资机构进行房地产投资经营管理,并将投资综合收益按比例分配给投资者的一种信托基金。

政府财政投入的持续加大、PPP模式和REITs模式的引入,为保障性住房体系的资金这一生命线提供了强有力的支持,也是迈向保障性住房体系建设的重大制度突破。

3.建立市场配置和政府保障相结合的住房制度

中国共产党第十八次全国代表大会上的报告在第七项的"(四)统筹推进城乡社会保障体系建设"中提道:建立市场配置和政府保障相结合的住房制度,加强保障性住房建设和管理,满足困难家庭基本需求。

为了落实十八大精神,住建部与相关机构协同作用,不断突破,发布了一系列的政策与通知。

首先,2012—2014年,住建部连续三年每年都发布一个关于做好保障性住房工作的通知：《关于加强保障性安居工程质量管理的通知》《关于做好2012年城镇保障性安居工程工作的通知》《住房城乡建设部关于做好2013年城镇保障性安居工程工作的通知》《住房城乡建设部关于做好2014年住房保障工作的通知》，在两房并轨后，于2014年7月发布了《住房城乡建设部关于并轨后公共租赁住房有关运行管理工作的意见》。而在着力城镇棚户区和城乡危房改造的关键期，国务院于2015年6月发布了《国务院关于进一步做好城镇棚户区和城乡危房改造及配套基础设施建设有关工作的意见》。

其次，为了提升保障房工作的透明度，2012年5月《关于做好2012年住房保障信息公开工作的通知》发布，进一步明确了信息公开的内容，并且在原通知基础上增加了住房分配和退出信息的公开部分。另外，随着住房保障覆盖面持续扩大，为了住房保障资源分配使用的公开、公平、公正，住建部于2012年11月发布了《住房保障档案管理办法》，档案分为住房保障对象档案和住房保障房源档案，这不仅为住房保障申请、审核、分配、复核、退出等管理工作服务，也为房屋管理、使用、维护提供了依据，为住房保障管理信息系统建设提供支持。

2011年12月，《住房城乡建设部关于保障性住房实施绿色建筑行动的通知》发布。2014年，住建部连同中国建筑科学研究院、清华大学及相关企业共同编制了《绿色保障性住房技术导则》，从各个技术要点明确规范了绿色保障房的建设，提高了保障房的建设质量和居住品质。

最后，为了规范城镇住房保障工作，2014年3月由住房城乡建设部起草，国务院法制办公室审议通过后形成的《城镇住房保障条例（征求意见稿）》向社会公布并征求意见。

4.保障性住房制度改革目标与成果

第十二个五年计划期间（2011—2015年），十七大提出"要努力实现全体人民住有所居"的目标，保障性安居工程开始启动。保障性住房政策经过了"十一五"的快速起步阶段，在整个"十二五"期间得到了蓬勃发展。

整个"十一五"期间，全国解决了1 140万户城镇低收入家庭和360万户中低收入家庭住房困难问题，同时"低端有保障，中端有支持"的住

房保障政策框架在经过艰难的摸索后日渐清晰。党中央、国务院提出了"十二五"期间开工3 600万套（户）的宏伟目标。"十三五"规划中针对保障房的建设，特别提出要重抓棚户区和城乡危房改造，表明中央对保障房的重视不减。

2013年10月，习近平总书记在中共中央政治局集体学习时讲话指出，保障性住房建设是一件利国利民的大好事，但要把这件好事办好，并真正使需要帮助的住房困难群众受益，就必须加强管理，在准入、使用、退出等方面建立规范机制，实现公共资源公平善用。

住房和城乡建设部总结推广北京市、上海市发展共有产权住房的经验，完善制度框架，指导其他住房供需矛盾突出、房价上涨压力较大、购房困难群体较多的城市因地制宜发展共有产权住房。

解决好住房保障问题，是实事也是难事，必须从顶层设计和制度框架上不断完善，从执行落实上打通"最后一公里"，才能让党的好政策惠及千家万户，让人民共圆幸福"安居梦"。

（六）十三五期间建成了世界上最大的住房保障体系

第十三个五年计划期间（2016—2020年），如何对住房困难群体持续加大保障力度？如何防范保障房分配"跑冒滴漏"？解决好这些问题对继续推进保障性住房建设，实现全体人民住有所居至关重要。

2019年12月，中央经济工作会议提道："要加大城市困难群众住房保障工作，加强城市更新和存量住房改造提升，做好城镇老旧小区改造，大力发展租赁住房。"

这意味着，棚户区改造将逐步退出历史舞台，城镇老旧小区更新改造即"旧改"将接力"棚改"，成为城市困难群众住房保障工作进入下一阶段的重要主题。这是因为经过10年大力建设，"大拆大建"的棚改搞得差不多了，目前任务已经基本完成，各地纷纷降低或取消了货币化补贴。下一步，就要对城镇老旧小区"修修补补"，包括水电气路改造、铺设光纤通信设施、加装电梯、配建停车场等，使生活在其中的居民，尤其是低收入群体、困难群众居住更加舒适，出行更加方便。

"十三五"期间,我国住房保障网越织越广、越织越密,建成了住房保障体系。从棚户区改造超额完成,到公租房实现低保、低收入住房困难家庭基本应保尽保,再到小户型、低租金的政策性租赁住房,越来越多的新市民解决了住房问题,各地公租房分配进一步放宽了准入条件,将新就业无房职工和在城镇稳定就业的外来务工人员纳入其中。

全面落实住房安全有保障的脱贫攻坚任务。"十三五"期间,大力实施农村危房改造,着力补齐农村贫困人口住房安全短板,为打赢脱贫攻坚战奠定了坚实基础。一是全面完成建档立卡贫困户住房安全有保障目标任务。2016年以来,累计支持522.4万户建档立卡贫困户改造危房,核验表明,全国2 341.6万户建档立卡贫困户均已实现住房安全有保障。二是全面推进农村危房改造工作。共支持242.4万户农村低保户、分散供养特困人员、贫困残疾人家庭等贫困群众改造危房,有效保护了农民群众生命财产安全。三是做好定点扶贫和片区扶贫各项工作。住房和城乡建设部对口帮扶的四个定点扶贫县全部脱贫摘帽。持续加大大别山片区扶贫工作力度,推动片区36个贫困县全部脱贫摘帽。

美丽宜居乡村建设成效显著。大力实施农村人居环境整治,美丽宜居乡村建设加快推进,农村生产生活条件明显改善。一是农房建设管理不断加强。探索建立农村建筑工匠培养和管理制度,开展钢结构装配式农房建设试点,建成一批功能现代、风貌乡土、结构安全、成本经济、绿色环保的宜居农房。二是农村人居环境持续改善。建立健全农村生活垃圾收运处置体系,全国农村生活垃圾进行收运处理的行政村比例超过90%,其中约75%转运到城镇终端设施进行无害化处理。推进农村污水治理,开展百县示范,制定技术标准,农村污水治理水平明显提高。三是传统村落得到有效保护。6 819个村落列入中国传统村落名录,形成了世界上最大的农耕文明遗产保护群。

五、保障性住房建设方式

保障性住房的建设方式有商品房项目配建、保障性住房定向开发两种方式。商品房项目配建，如广州市配建的保障性住房由商住房项目开发建设单位统一组织建设，商住房用地项目配建比例按项目地上总建筑面积的10%确定，商业、商住房混合用地项目配建比例按住宅总建筑面积的10%确定；无控制性详细规划的项目配建比例按地上总建筑面积的10%确定。

保障性住房定向开发建设方式，是单独立项、定向开发、定向供地的保障性住房建设项目开发。如北京市西红门的经济适用住房项目。

六、保障性住房的业务节点

保障性住房建设过程有三个重要的时点，一是1995年保障房起步，二是2014年三房并轨，三是2020年棚户区改造逐步退出历史舞台，城镇老旧小区更新改造即"旧改"接力"棚改"，城市困难群众住房保障工作进入下一阶段的重要主题。

2014年三房并轨以前保障房的范围很广，有多种类型，主要有廉租住房、经济适用住房、公共租赁住房、限价商品住房、棚户房、危房改造。2014年实行三房并轨以后，主要有公共租赁住房、共有产权房、安置房。

七、保障性住房的纳税义务事项

本章讨论的保障性住房纳税义务，主要是不同保障性住房开发产品所涉及各税种的实体法纳税义务，而不是各税种的程序法的办税义务。

各税种的实体法纳税义务，主要是关于纳税主体、征税对象、征税范围、减税、免税及退税、适用税率、计税依据、纳税环节、纳税期限、纳税地点以及税款征收方式的确认事项。

《税收征收管理法实施细则》第一百条规定："税收征管法第八十八条规定的纳税争议，是指纳税人、扣缴义务人、纳税担保人对税务机关确定纳税主体、征税对象、征税范围、减税、免税及退税、适用税率、计税依据、纳税环节、纳税期限、纳税地点以及税款征收方式等具体行政行为有异议而发生的争议。"

八、产权多维分析与安置房、廉租房和公租房纳税义务确认

保障性住房包括经济适用住房、廉租房、公共租赁房、安置房、两限商品房、安居商品房。商品房和保障性住房的产权归属不同,商品房的产权归开发商,保障房的产权部分或全部归政府。如果一个楼盘是按商品房立项,按政府规定,当中可能有几栋楼或若干套商品房用于保障房,那么这个楼盘的性质仍然属于商品房,只是在销售时按政府规定的限价进行销售。

保障房中的廉租房和公租房不能买卖,产权属政府,如果存在买卖,属非法交易。开发商是廉租房、公租房、安置房的代建方,仅拥有代建项目的占有权,没有代建项目的使用权、收益权、处置权。

廉租房、公租房、安置房的代建方,仅就取得的代建收入缴纳增值税、企业所得税,不发生土地增值税纳税义务。

第二节 经济适用住房、安置房、两限商品房、安居型商品住房

一、经济适用住房和单位集资合作建房

(一)经济适用住房的特点

经济适用住房是指政府提供政策优惠,限定套型面积和销售价格,按照合理标准建设,面向中低收入住房困难家庭供应,具有保障性质的政策性商品住房。《国务院关于促进房地产市场持续健康发展的通知》(国发〔2003〕18号)的"二、完善供应政策,调整供应结构"中的"(四)"规定:"经济适用住房是具有保障性质的政策性商品住房。"

经济适用住房属于保障房的范围,是保障房的一个具体类型,保障房与经济适用住房是包含关系。经济适用住房属于法定期间内有限产权商品房,是商品房的一个具体类型,商品房与经济适用住房是包含关系。

经济适用住房与商品房的区别。经济适用住房相对于商品房是具有社会保障性质的商品住房,具有三个显著特征:经济性、保障性、实用性。经济适用住房是根据国家经济适用住房建设计划安排建设的住宅。由国家统一下达计划，用地一般实行行政划拨的方式，免收土地出让金，对各种经批准的收费实行减半征收，出售价格实行政府指导价，按保本微利的原则确定。商品房是市场化的商品房，不实行计划管理，以出让方式供应土地。

（二）经济适用住房与其他保障性住房的区别

经济适用住房至少有三个特点：一是供应对象为中低收入家庭，二是开发建设3%微利，三是行政划拨方式供应建设用地，四是政策性商品房。经济适用住房与商品房及其他保障性住房的区别至少有以下四个方面：

1.经济适用住房与两限商品房的区别

两者都是以配建方式建设的保障性住房，另外，两者的销售对象是相同的，面对的都是中低收入住房困难家庭。两者的区别是供地方式不同，经济适用住房是无偿划拨方式供地，两限商品房是出让方式供地，只是对出让价有限制。

2.经济适用住房与安置房的区别

一是销售对象不同，经济适用住房面对中低收入住房困难家庭，安置房面对被拆迁住户；二是业主购置方式不同，经济适用住房获取方式是开发商转让，安置房获取方式是政府出让。

3.经济适用住房与廉租房、公共租赁住房的区别

一是开发商的经营方式不同，经济适用住房是销售，廉租房和公租房是租赁；二是业主的产权不同，经济适用住房五年之内是有限产权，五年以后是完全产权，而保障房的廉租房和公租房只有使用权；三是业主的处置方式不同，经济适用住房业主可以销售，廉租房和公租房业主没有住房销售权也不能转让居住权；四是投资主体不同，经济适用住房投资主体是开发商，廉租房和公租房投资主体是政府。

4.经济适用住房与安居型商品住房的区别

一是销售对象的区域不同，经济适用住房销售对象包括同一省市行政区域内的全部中低收入住房困难家庭，安居型商品住房销售对象仅限于同一

省市行政区域内的工矿林场棚户区改造、旧住宅区的中低收入住房困难家庭。二是投资主体不同，经济适用住房投资主体是开发商，安居型商品住房投资主体是政府。

（三）单位集资合作建房的文件依据

单位集资合作建房的文件依据如下：《国务院关于深化城镇住房制度改革的决定》（国发〔1994〕43号）、《经济适用住房管理办法》（建住房〔2004〕77号）、《国务院关于解决城市低收入家庭住房困难的若干意见》（国发〔2007〕24号）、《经济适用住房管理办法》建住房〔2007〕258号。

《国务院关于解决城市低收入家庭住房困难的若干意见》（国发〔2007〕24号）的"三、改进和规范经济适用住房制度"中的"（十二）"规定："加强单位集资合作建房管理。单位集资合作建房只能由距离城区较远的独立工矿企业和住房困难户较多的企业，在符合城市规划的前提下，经城市人民政府批准，并利用自用土地组织实施。单位集资合作建房纳入当地经济适用住房供应计划，其建设标准、供应对象、产权关系等均按照经济适用住房的有关规定执行。在优先满足本单位住房困难职工购买的基础上房源仍有多余的，由城市人民政府统一向符合经济适用住房购买条件的家庭出售，或以成本价收购后用作廉租住房。各级国家机关一律不得搞单位集资合作建房；任何单位不得新征用或新购买土地搞集资合作建房；单位集资合作建房不得向非经济适用住房供应对象出售。"

二、安置房

（一）安置房的特点

安置房是政府进行城市道路建设和其他公共设施建设项目时，对被拆迁住户进行安置所建的房屋。安置的对象是城市居民被拆迁户，也包括征地拆迁房屋的农户。安置房仅指定向供地的安置房，而不包括配建安置房，也不包括其他用于安置政府进行城市道路建设和其他公共设施建设拆迁户的经济适用住房、廉租房、公共租赁住房、共有产权房等保障性住房。简单地说，安置房≠安置公共建设拆迁户的住房。

2011年1月21日实施的《国有土地上房屋征收与补偿条例》（国务院令第590号），取消了企业作为拆迁人的拆迁行为，因而补偿就只能是政府所进行的行政补偿；剥夺了土地使用方的拆迁人资格，开发商不再是拆迁人。国家取消了开发商拆迁补偿的资格，回迁安置房的投资主体和出让主体都是国家，而不是开发商。

安置房属于保障房的范围，是保障房的一个具体类型，保障房与安置房是包含关系。安置房属于法定期间内有限产权商品房，是商品房的一个具体类型，商品房与安置房是包含关系。

（二）安置房与其他保障性住房的区别

安置房与其他保障性住房的区别至少有以下三个方面：

1. 安置房与两限商品房的区别

两者都是以配建方式建设的保障性住房，安置房与两限商品房两者的区别：一是销售对象不同，安置房的销售对象是拆迁户，两限商品房的销售对象是中低收入住房困难家庭；二是业主购置方式不同，安置房获取方式是政府出让，两限商品房获取方式是开发商转让。

2. 安置房与廉租房、公共租赁住房的区别

一是开发商的经营方式不同，安置房是销售，廉租房和公租房是租赁；二是业主的产权不同，安置房五年之内是有限产权，五年以后是完全产权，而保障房的廉租房和公租房只有使用权；三是业主的处置方式不同，安置房业主可以销售，廉租房和公租房业主没有住房销售权也不能转让居住权。

3. 安置房与安居型商品住房的区别

一是销售对象不同，安置房销售对象是拆迁户，安居型商品住房销售对象是工矿林场棚户区改造、旧住宅区等特定区域的中低收入住房困难家庭；

二是生命周期不同，安置房是在九五期间与房地产市场同步产生的，安居型商品住房是2007年产生的。

三、两限商品房

（一）两限商品房的特点

两限商品房为解决城市居民自住需求，保证中低价位、中小套型普通商品住房土地供应，经城市人民政府批准，照约定价位面向符合条件的居民销售的中低价位、中小套型普通商品住房。两限商品房并不是严格意义上的"保障性住房"，两限商品房与保障性住房的共同点是仅满足自住需求，不满足投资需求。

（二）两限商品房与保障性住房的区别

两限商品房与保障性住房的区别。一是服务对象不同，两限商品房服务对象是自住需求城市居民，保障性住房服务对象是城市居民中的有住房自住需求的中低收入居民；二是购买人的限制条件不同，两限商品房的购买条件比保障性住房的购买条件要宽一些；三是产权不同，两限商品房是完全产权，除安居商品房以外的其他保障性住房是有限产权。

四、安居型商品住房

安居型商品住房，是指政府提供政策优惠，限定套型面积、销售价格和转让年限，按照规定标准，主要采取市场化运作方式筹集、建设，面向符合条件的家庭、单身居民配售的具有保障性质的住房。很多省市的安居型商品住房，主要是为引进人才服务的。

根据安居型商品住房的申购条件，申请人只要具有本市户籍、缴纳社保达到一定年限，在本市未享受购房优惠政策，未拥有任何形式自有住房的，且符合国家计划生育政策的,无论其资产状况或收入水平如何,均可申请参加轮候并购买一套安居型商品住房。

《海南省人民政府办公厅关于开展安居型商品住房建设试点工作的指导意见》(琼府办〔2020〕21号)第一条规定:"安居型商品住房是指限定销售对象、销售价格、套型面积和转让条件,采取政府主导、市场化运作方式建设,面向符合条件的居民家庭销售的具有政策保障性质的商品住房。"

第三节　保障性住房项目纳税风险管理的内容与方法

一、保障性住房纳税风险管理的内容

保障性住房纳税风险管理的内容，主要有三个方面：
（1）保障性住房项目有关各方、合作项目、合作方式确认。
（2）保障性住房项目的交易方式、合同义务、合同收入确认。
（3）保障性住房项目的纳税义务确认。

二、保障性住房项目纳税风险管理的方法

保障性住房项目纳税风险管理的方法主要有：①多维分析法；②信息比对法；③是非判断法。

（1）多维分析法。该方法主要考虑四个方面：一是项目主体身份，是否属于项目协议的签约主体？二是合作方式，是项目代建还是合作开发？三是合同义务，项目开发提供了什么服务，如开发服务、管理服务、投资服务？

四是纳税义务,根据税法判断有关合同义务的纳税义务是什么?

(2)信息比对法。一是建立项目代建处理模板,选择项:受托方,内容项:人、财、地、资质。二是调查项,选择项:委托方、受托方,内容项:人、财、地、资质。三是判断标准:受托方项目公司出人、不出钱、不出地。

(3)是非判断法。一是待判断项,二是判断标准,三是判断结果项。待判断项:如代建方是否为受托方项目公司,又如受托方项目公司是否只出人,再如项目公司移交代建项目是否视同销售不动产。判断标准:借鉴上述两种方法。判断结果:被评估单位判断选择的结论。

三、保障性住房项目签约主体、开发项目、合作方式确认

(一)方法提示

对于保障性住房项目签约主体、开发项目、合作方式确认,如果在拿项目阶段,则应考虑使用多维分析法、信息比方法。如果在完工阶段,则应考虑使用是非判断法,主要考虑是否有政府部门文件资料能够证明交易方式。对待判断事项、判断标准的设计时,要关注市场监管的政策节点。

本章讨论的是完工阶段的保障性住房项目签约主体及合作方式确认问题,可以考虑使用多维分析法、是非判断法,应关注:待判断事项、判断标准、判断结果。用多维分析法设计待判断事项,对每个待判断事项设计判断标准,然后运用是非判断法确认结果。

保障性住房项目合作方式确认,主要运用是非判断法,应关注:待判断事项、判断标准、判断结果。

待判断事项:①合同主体确认,根据合同确认政府签约部门(委托方、发包方)、签约的项目公司(受托方、承包方)。②开发项目,根据合同关于开发项目的约定,确定一份合同所约定的合作项目类型,如土地

一级开发、商品房建设、保障性住房建设、公共基础设施建设等。③合作方式判断,保障性住房项目是合作开发项目、项目代建、独立开发项目,还是PPP项目,重点是看合同。④风控工具选择,是选择代建风控工具、独立开发风控工具,还是PPP项目风控工具,要按已经证明的合作方式进行选择。

判断标准:①只提供代建保障性住房项目开发服务、不共享利润、不共担风险。②代建方不拥有保障性住房项目的占有权、使用权、收益权、处置权等全部所有权。

判断结果:是否属于代建方式保障性住房开发。

(二)政策法规提示

最高人民法院《民事案件案由适用要点与请求权规范指引》(法〔2011〕42号)。

四、保障性住房项目合同义务、交易方式、合同收入确认

(一)方法提示

保障性住房项目的合同义务、交易方式、合同收入确认,主要运用是非判断法,应关注:待判断事项、判断标准、判断结果。

待判断事项:①保障性住房项目合同义务,如项目的开发专业服务、项目管理服务等。②交易方式确认,如代建服务、投资服务等。③保障性住房项目合同收入,是履行合同义务取得的价款。

判断标准:①合同义务的判断标准:合同是否有约定。②交易方式的判断标准:是否只提供服务、不共享利润、不共担风险。③合同收入的判断标准:是否取得交易补偿。

判断结果:是或否。

（二）政策法规提示

最高人民法院《民事案件案由适用要点与请求权规范指引》（法〔2011〕42号）。

五、保障性住房项目纳税义务确认

（一）方法提示

保障性住房项目纳税义务确认，主要运用是非判断法，应关注：待判断事项、判断标准、判断结果。

待判断事项：已发生交易方式的纳税义务确认，如增值税、印花税、土地增值税、企业所得税。

判断标准：依据税法是否发生纳税义务。

判断结果：是或否。

（二）政策法规提示

（1）《中华人民共和国增值税暂行条例》（国务院令第691号）第一条规定，在中华人民共和国境内销售货物或者加工、修理修配劳务，销售服务、无形资产、不动产以及进口货物的单位和个人，为增值税的纳税人，应当依照本条例缴纳增值税。

（2）《营业税改征增值税试点实施办法》（财税〔2016〕36号附件1）第一条规定，在中华人民共和国境内销售服务、无形资产或者不动产的单位和个人，为增值税纳税人，应当按照本办法缴纳增值税，不缴纳营业税。

单位，是指企业、行政单位、事业单位、军事单位、社会团体及其他单位。

个人，是指个体工商户和其他个人。

（3）《中华人民共和国印花税暂行条例》（国务院令第11号）第一条规定，在中华人民共和国境内书立、领受本条例所列举凭证的单位和个人，都是印花税的纳税义务人，应当按照本条例规定缴纳印花税。

（4）《中华人民共和国土地增值税暂行条例》（国务院令第138号）第二条规定，转让国有土地使用权、地上的建筑物及其附着物并取得收入的单位和个人，为土地增值税的纳税义务人，应当依照本条例缴纳土地增值税。

（5）《中华人民共和国企业所得税法》（2007年3月16日第十届全国人民代表大会第五次会议通过　根据2017年2月24日第十二届全国人民代表大会常务委员会第二十六次会议《关于修改〈中华人民共和国企业所得税法〉的决定》第一次修正　根据2018年12月29日第十三届全国人民代表大会常务委员会第七次会议《关于修改〈中华人民共和国电力法〉等四部法律的决定》第二次修正）第一条第一款规定，在中华人民共和国境内，企业和其他取得收入的组织为企业所得税的纳税人，依照本法的规定缴纳企业所得税。

第四节 保障性住房项目纳税风险管理的范例

| 案例一 |

高铁站片区安置房的纳税义务确认

一、高铁站片区安置房项目调查情况

（一）合作各方、项目规模及周期

（1）政府部门：淮河经济技术开发区管理委员会。

（2）社会资本方：燕山A建设有限公司。

（3）项目公司：淮河经高项目建设公司（由淮河经济技术开发区管理委员会与燕山A建设有限公司共同组建）。

（4）项目规模及周期。高铁站片区安置房项目是淮河经高项目建设公司投资开发的安置房项目。项目于2015年4月开工建设，2018年3月项目竣工并交付使用。

（二）签署文件、合作方式、税款承担

甲方（委托方）淮河经济技术开发区管理委员会与乙方（代建方）

淮河经高项目建设公司签订"高铁站片区安置房代建开发协议"约定，该安置房项目开发采取代建合作方式。

该协议还约定项目代建方取得的代建收入纳税义务，由代建方承担；代建方向政府部门移交安置房时，如果发生增值税、土地增值税、印花税等各项税费，则由政府部门承担，政府部门可以委托代建方代办纳税申报手续。

（三）土地供应方式

项目用地以划拨方式供应，土地由代建方代持，土地证持有人为代建方。

（四）回报方式

高铁站片区安置房项目代建开发回报，淮河经济技术开发区管理委员会按安置房开发总成本9亿元的10%给予固定回报，支付燕山A建设有限公司0.36亿元利息，支付淮河经高项目建设公司0.54亿元开发服务费。

二、高铁站片区项目有关各方、合作项目、合作方式确认

（一）有关各方

（1）政府部门：淮河经济技术开发区管理委员会。

（2）社会资本方：燕山A建设有限公司。

（3）项目公司：淮河经高项目建设公司（淮河经济技术开发区管理委员会与燕山A建设有限公司共同组建）。

判断证据：淮河经济技术开发区高铁站片区开发项目合作协议、高铁站片区安置房代建开发协议。

（二）合作项目

（1）一级项目：高铁站片区项目。

（2）二级项目：收储土地一级开发（代建）、安置房二级开发（代建）、站前广场（公共基础设施）二级开发（PPP模式）。

判断证据：淮河经济技术开发区高铁站片区开发项目合作协议、高铁站片区安置房代建开发协议。

二级项目在操作上，先拆旧后建新，这种先拆后建的操作模式称为

一二级联动。拆旧，是将高铁站片区项目范围内旧的建筑物及附着物拆除，实现多通一平，由毛地变成净地。拆旧行为，是对征用收储土地的开发，称为一级开发。建新，是在国家划转或出让的土地上，进行新项目建设，称为二级开发。

本章仅讨论安置房二级开发（代建）的纳税义务确认。站前广场（公共基础设施）二级开发（PPP模式）的纳税义务确认，见本书第六章。收储土地一级开发（代建）的纳税义务确认，见本书第七章。

（三）安置房的合作方式确认

安置房开发为代建合作方式。事实根据：项目公司，出钱、出力、不出地。判断证据：与政府签订的淮河经济技术开发区高铁站片区开发项目合作协议、高铁站片区安置房代建开发协议。

（四）建设方式确认

安置房有两种方式：商品房项目配建、保障性住房定向开发，本案安置房属于保障性住房定向开发方式。

（五）风控工具的选择

安置房代建开发，选择代建风控工具。如果是配建方式，应选择商品房独立开发风控工具。

三、安置房项目的交易方式、合同义务、合同收入确认

（一）合同义务事项

项目公司合同义务事项有：安置房开发代建服务。

合同乙方燕山A建设有限公司合同义务事项是投资9亿元。

判断证据：淮河经济技术开发区高铁站片区开发项目合作协议、高铁站片区安置房代建开发协议中，关于项目公司组建及项目公司责任的有关条款。

（二）交易方式确认

结论：根据安置房开发代建协议确认2018年项目公司提供了安置房开发代建服务。

合同乙方燕山A建设有限公司交易方式是债权投资9亿元。

由于项目公司仅拥有安置房的占有权，不拥有使用权、收益权、处置权，因此项目公司向政府移交安置房时，仅是占有权的转移，而不发生使用权、收益权、处置权的转移，不属于不动产转让行为。

（三）合同收入事项

项目公司取得安置房开发项目合同收入0.54亿元。合同乙方燕山A建设有限公司取得利息收入0.36亿元。

判断证据：淮河经济技术开发区高铁站片区开发项目合作协议、高铁站片区安置房代建开发协议中，关于安置房开发的有关条款。项目公司根据安置房开发代建协议确认2018年收入情况。

四、安置房项目的纳税义务确认

项目公司2018年安置房开发代建收入0.54亿元，适用其他现代服务税目。

由于项目公司仅拥有安置房的占有权，不拥有使用权、收益权、处置权，因此项目公司向政府移交安置房时，仅是占有权的转移，而不发生使用权、收益权、处置权的转移，不属于不动产转让行为，不产生不动产转让收入。因此，在移交安置房环节不发生增值税、印花税、土地增值税、企业所得税的纳税义务。

合同乙方燕山A建设有限公司合同收入是利息收入0.36亿元，按贷款业务缴纳增值税、印花税。

| 案例二 |

拆迁补偿由货币变更为商品房的争议处理

（一）交易情况

A房地产开发公司在2004年与拆迁村民达成协议，在项目销售完毕后支付拆迁补偿款400万元。2007年销售完毕后,村民要求由货币补偿变更为实物补偿,补偿1 000平方米的商业用房,经多方协商,开发商同意了村民的要求。

(二)争议情况

2009年,当地税务局检查时,发现商业用房补偿业务仅按400万元确认收入,比2007年以每平方米12 000元的价格确认的收入(1 200万元)少800万元,要求调增企业所得税应纳税所得额。

税务机关与A房地产开发公司在确认收入金额上发生争议的焦点是:用于拆迁补偿的商品房销售额,是按签订补偿协议约定的400万元确认,还是按交付年度市场价1 200万元确认?

(三)争议风险点的判断

纳税争议销售额确认争议,可以从两个维度进行讨论:一是实物补偿的纳税义务发生时间,二是实物补偿价确认的法律依据。

(1)实物补偿的纳税义务发生时间。不同纳税年度的计价标准必然不同,如果脱离了纵向的时间一致性,定价的合理性则无从谈起。如果纳税义务发生在2004年,就应按400万元确认收入;如果纳税义务发生在2007年,就应按1 200万元确认收入。根据赔偿协议的签订和变更情况,拆迁补偿的债务法律关系产生年度是在2004年,2007年是债务清偿的对价收取、支付年度。企业所得税对经营收入的确认,适用权责发生制原则,而不是收付实现制原则,因此,本争议案的企业所得税纳税义务发生年度是2004年。

(2)实物补偿价确认的法律依据。2011年1月21日之前发生的拆迁补偿事项适用《城市房屋拆迁管理条例》(以下简称《拆迁条例》),之后发生的适用《国有土地上房屋征收与补偿条例》(以下简称《征收补偿条例》)。本案争议发生在2007年,应适用《拆迁条例》。《拆迁条例》第二十四条规定:"货币补偿的金额,根据被拆迁房屋的区位、用途、建筑面积等因素,以房地产市场评估价格确定。"该条款从两个方面规定了如何确认货币补偿金额,一是货币补

偿金额要考虑的因素,二是货币补偿金额的确认依据是评估价。根据《拆迁条例》第二十四条规定,本案用于拆迁补偿的商品房销售额,应按签订补偿协议约定的400万元确认,不能按交付年度市场价1 200万元确认。因此,税务稽查的意见违反了《拆迁条例》第二十四条规定,属于适用依据错误。

如果本案发生在2011年1月21日以后,根据《征收补偿条例》第十九条明确规定,"对被征收房屋价值的补偿,不得低于房屋征收决定公告之日被征收房屋类似房地产的市场价格"。本案用于拆迁补偿的商品房销售额,应根据房屋征收决定公告之日被征收房屋类似房地产的市场价格,仍应按签订补偿协议约定的400万元确认,不能按交付年度市场价1 200万元确认。因此,税务稽查的意见违反了《征收补偿条例》第十九条规定,属于适用依据错误。

| 案例三 |

拆迁实物补偿的交易价确认

证明过程,要解决交易事实的六个问题:谁在交易(交易主体)、怎么交易(交易对价或称换出换入资产)、什么交易(交易性质)、交易时间(交易实现)、交易地点、交易计量。

在纳税争议案中,涉及实体法问题,主要是纳税义务的内容可比、时间可比、金额可比。下文介绍一个拆迁实物补偿的争议处理案,所涉及的时间可比和金额可比问题,说明交易要点确认对税务处理的影响:开发公司用于补偿的商品房如何确认收入的问题。

(一)交易情况

A公司于2005年4月与被拆迁B企业签订"拆迁补偿安置协议",约定开发项目竣工后，A公司以实物补偿方式给予B企业营业用房建筑面积5 000平方米。2005年2月发布拆迁公告，当时的A公司商品房销售单价为4 000元。5 000平方米的回迁安置房，销售金额为2 000万元。协议约定补偿价，参照当时的市场价确认为1 900万元。

A公司于2010年10月向被拆迁方B企业交付营业用房后，A公司按2005年拆迁补偿协议约定的补偿价确认收入。

（二）争议的发生

2015年，税务稽查时认为，按2005年拆迁补偿协议约定的补偿价确认收入价格明显偏低，要求按2010年10月的市场商品房销售价确认收入调增销售收入。

（三）交易事实的证据证明

（1）拆迁补偿协议。

（2）《国有土地上房屋征收与补偿条例》（国务院令第590号）。

（3）2005年交易价格调查资料。

（四）争议风险点的判断

《税收征收管理法》第三十五条规定："纳税人有下列情形之一的，税务机关有权核定其应纳税额：（一）依照法律、行政法规的规定可以不设置账簿的；（二）依照法律、行政法规的规定应当设置账簿但未设置的；（三）擅自销毁账簿或者拒不提供纳税资料的；（四）虽设置账簿，但账目混乱或者成本资料、收入凭证、费用凭证残缺不全，难以查账的；（五）发生纳税义务，未按照规定的期限办理纳税申报，经税务机关责令限期申报，逾期仍不申报的；（六）纳税人申报的计税依据明显偏低，又无正当理由的。"

本案适用第三十五条"（六）纳税人申报的计税依据明显偏低，又无正当理由的"规定，纳税人根据国务院条例规定确认计税依据，应属于有正当理由。因此，简单否定纳税人在2005年度中，参照房屋征收决定公告之日市场价格，通过赔偿协议约定的实物赔偿金额，不符合征管法第三十五条的规定。

（五）争议的处理

由于重庆市税务局内部也有两种意见，2016年稽查局决定委托中介机构出具第三方鉴证报告，确认及选择年度交易价。中介机构出具鉴证意见，本案拆迁安置房销售收入应根据《国有土地上房屋征收与补偿条例》（国务院令第590号）第二十五条规定，项目所在地政府部门于2005年发布房屋征收决定公告当月的市场价确定，而不应选择2010年的市场价格。稽查局接受了中介机构的建议。

案例四

棚户区改造项目计税价格确定

（一）问题描述

1.保障房建设情况

黄河空分置业有限责任公司（简称空分公司）按照河阳市对棚户区改造的整体规划，空分公司以500万元/亩（1亩≈666.67平方米）的价格支付给河阳市政府，取得位于河空宿舍后原电影院、球场处土地使用权，进行棚户区改造，修建的回迁安置房采取政府特批的方案进行价格确定，等量置换面积部分由政府给予2 000元/平方米的补助，超面积部分根据面积大小，由购房户分别按900元/平方米、1 800元/平方米、2 880元/平方米进行补价，目前，该项目一期工程基本完工，近期将进行房屋交付。

2.服务诉求

空分公司就回迁安置房增值税计税价格如何确定？

3.法律环境

现行税收政策对于棚户区改造的回迁安置房增值税计税价格的确定，没有作具体的规定。

4.税务局处理意见

（1）等量面积置换部分按照有合同约定的按合同约定价格计价，无合同约定的按建筑成本和开发成本计价确定的计税价格计价。

（2）超面积补价的部分按照不低于建筑成本和开发成本价的价格确定计税价格。建筑成本价和开发成本价的确定由主管税务机关结合实际情况进行议定。

5.存在问题

税务局没有完全承认拆迁合同约定的赔偿价。

（二）争议分析

税务局的意见不具有合法性，一是事实认定不清，空分回迁安置房或称置换房，属于有正当理由；二是违反《国有土地上房屋征收与补偿条例》规定。

（三）事实理由

1.以实物方式偿还债务不改变约定的补偿金额

《国有土地上房屋征收与补偿条例》（国务院令第590号）第二十五条规定："房屋征收部门与被征收人依照本条例的规定，就补偿方式、补偿金额和支付期限、用于产权调换房屋的地点和面积、搬迁费、临时安置费或者周转用房、停产停业损失、搬迁期限、过渡方式和过渡期限等事项，订立补偿协议。"根据第二十五条规定，拆迁补偿协议至少应当包括：补偿方式、补偿金额和支付期限、用于产权调换房屋的地点和面积。（提示：目前所取得的资料中，缺乏补偿金额的有关资料）拆迁补偿协议签订后，就确定了拆迁方与被拆迁方的债权债务法律关系。在以后年度债务人按约定方式进行补偿，是依合同履行债务人的义务，并不改变以前年度已经约定的债权债务事项。如2005年约定补偿金额1亿元，其中货币补偿0.3亿元，房屋补偿0.7亿元。在合同约定的补偿期限内，拆迁方于2010年10月向被拆迁方交付房屋，并不改变协议已经约定的0.7亿元的补偿金额。

《国有土地上房屋征收与补偿条例》（国务院令第590号）第十七条规定："作出房屋征收决定的市、县级人民政府对被征收人给予的补偿包括：（一）被征收房屋价值的补偿；（二）因征收房屋造成的搬迁、临时安置的补偿；（三）因征收房屋造成的停产停业损失的补偿。市、县级人民政府应当制定补助和奖励办法，对被征收人给予补助和奖励。"

2.拆迁补偿金额应根据房屋征收决定公告之日市场价确定

《国有土地上房屋征收与补偿条例》（国务院令第590号）第十九条规定："对被征收房屋价值的补偿，不得低于房屋征收决定公告之日被征收房屋类似房地产的市场价格。被征收房屋的价值，由具有相应资质的房地产价格评估机构按照房屋征收评估办法评估确定。对评估确定的被征收房屋价值有异议的，可以向房地产价格评估机构申请复核评估。对复核结果有异议的，可以向房地产价格评估专家委员会申请鉴定。"

拆迁方与被拆迁方约定的赔偿金额，应执行拆迁文件规定的程序，确认的，应根据房屋征收决定公告之日市场价确定。（提示：依据房屋征收决定公告所在年度，确认应选择哪个年度的交易对价。）

3.否定参照房屋征收决定公告之日市场价格确定的实物赔偿金额不符合征管法规定

《税收征收管理法》第三十五条规定："纳税人有下列情形之一的，税务机关有权核定其应纳税额：（一）依照法律、行政法规的规定可以不设置账簿的；（二）依照法律、行政法规的规定应当设置账簿但未设置的；（三）擅自销毁账簿或者拒不提供纳税资料的；（四）虽设置账簿，但账目混乱或者成本资料、收入凭证、费用凭证残缺不全，难以查账的；（五）发生纳税义务，未按照规定的期限办理纳税申报，经税务机关责令限期申报，逾期仍不申报的；（六）纳税人申报的计税依据明显偏低，又无正当理由的。"

本案适用第三十五条"(六)纳税人申报的计税依据明显偏低,又无正当理由的"的规定,纳税人根据国务院条例规定确认计税依据,应属于有正当理由。因此,简单否定纳税人在政府拆迁公告年度中,参照房屋征收决定公告之日市场价格,通过赔偿协议约定的实物赔偿金额,不符合征管法第三十五条的规定。

第六章

公共基础设施的纳税风险管理

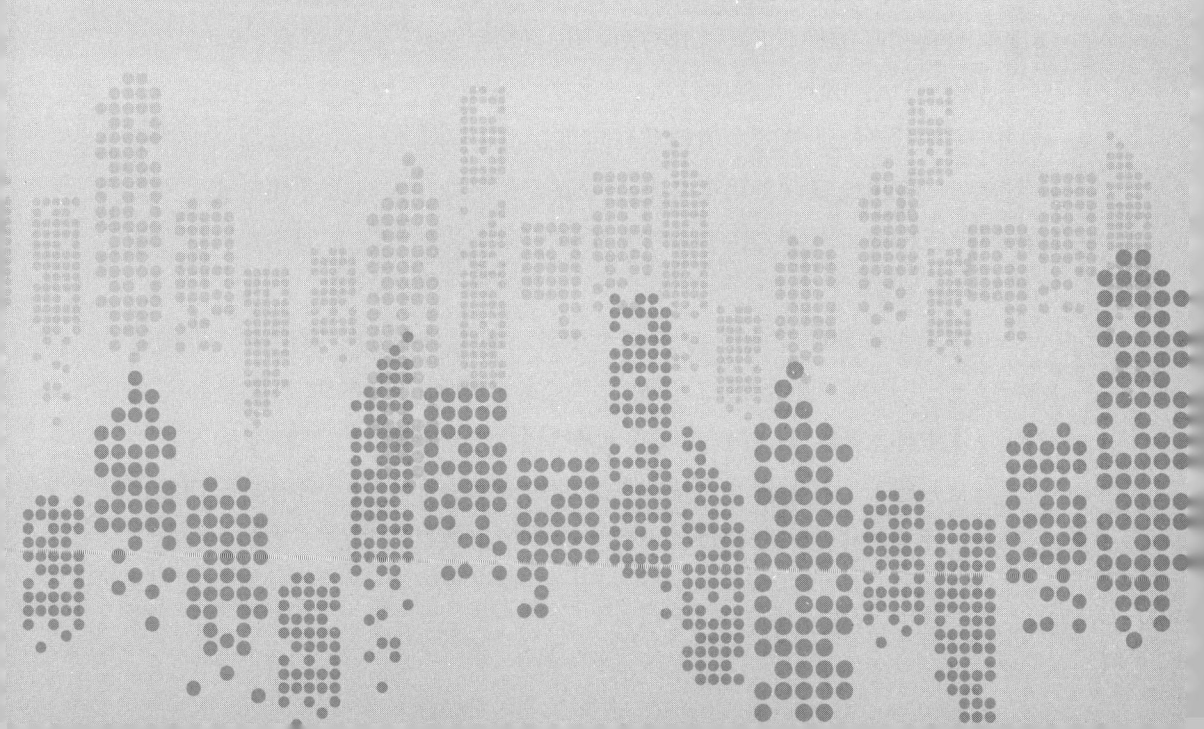

第一节 公共基础设施应知应会事项

一、公共基础设施的参与模式

(一) 公共基础设施、共用资产

公共基础设施是指为公众设置的，公众都可以共享，不允许某个人独占或排他的一些基础性设施，如医疗设施、教育设施、道路桥梁、绿地、公园、河道等。公共基础设施的特点：公益性、垄断性、收费性、竞争性。

住宅共用部位是单幢住宅内非住宅业主共有的部位，主要是指一幢楼的共用资产。共用设施设备是由住宅业主或者住宅业主及有关非住宅业主共有的附属设施设备，主要是指一个小区的共用设备设施。三者的主要区别在于主体空间范围不同。

2017年财政部印发的，自2018年1月1日起施行的《政府会计准则第5号——公共基础设施》第二条规定："本准则所称公共基础设施，是指政府会计主体为满足社会公共需求而控制的，同时具有以下特征的有形资产：（一）是一个有形资产系统或网络的组成部分；（二）具有特定用途；（三）一般不可移动。公共基础设施主要包括市政基础设施（如城市道路、桥梁、隧道、公交场站、路灯、广场、公园绿地、室外公共健身器材，以及环卫、排水、供水、供电、供气、供热、污水处理、垃圾处理系统等）、交通基础设施（如公路、航道、港口等）、水利基础设施（如大坝、堤防、水闸、泵站、渠道等）和其他公共基础设施。"

《住宅专项维修资金管理办法》（中华人民共和国建设部、中华人民共和国财政部令第165号）第三条规定："本办法所称住宅共用部位，是指根据法律、法规和房屋买卖合同，由单幢住宅内业主或者单幢住宅内业主及与之结构相连的非住宅业主共有的部位，一般包括：住宅的基础、承重墙体、柱、梁、楼板、屋顶以及户外的墙面、门厅、楼梯间、走廊通道等。本办法所称共用设施设备，是指根据法律、法规和房屋买卖合同，由住宅业主或者住宅业主及有关非住宅业主共有的附属设施设备，一般包括：电梯、天线、照明、消防设施、绿地、道路、路灯、沟渠、池、井、非经营性车场车库、公益性文体设施和共用设施设备使用的房屋等。"

（二）公共基础设施项目的房地产企业参与模式

公共基础设施项目的房地产企业参与模式主要有两种：项目代建模式、PPP模式。代建模式参见本书第八章，本章重点介绍政府和社会资本合作模式（PPP模式）。

《财政部关于推广运用政府和社会资本合作模式有关问题的通知》（财金〔2014〕76号）的"一、充分认识推广运用政府和社会资本合作模式的重要意义"规定："政府和社会资本合作模式是在基础设施及公共服务领域建立的一种长期合作关系。通常模式是由社会资本承担设计、建设、运营、维护基础设施的大部分工作，并通过'使用者付费'及必要的'政府付费'获得合理投资回报；政府部门负责基础设施及公共服务价格和质量监管，以保证公共利益最大化。"

代建项目与PPP项目两种模式的委托代理比较：①两种项目模式的建立理论都是相同的，都是基于委托代理理论建立起来的项目融资模式。②从委托的结构上看，"代建制"是政府和代建单位的委托代建；"PPP项目融资模式"则是政府部门和私人部门成立项目公司作为代建单位。③从项目的建设资金上看,"代建制"下,作为受托人的代建单位建设资金完全来自委托人政府部门;"PPP项目融资模式"下受托人项目公司的建设资金来自政府投资和私人资本,两受托人共同提供项目建设资金。

二、公共项目如何适用《政府投资条例》

对于PPP项目,政府不安排任何预算投资,是否应纳入《政府投资条例》的适用范围,应做具体分析。如社会资本投资某市自来水厂项目,实务中有以下几种操作模式应区别对待,看其是否适用于2019年7月1日起施行的《政府投资条例》(国务院令第712号,以下简称《条例》)。

(一)社会资本投资建设、使用方购买服务、到期无偿移交

社会资本投资建设、使用方购买服务、到期无偿移交,属于使用方支付运营费用的建设—运营—移交(BOT)操作模式,全周期政府无预算资金支出。

如社会资本于某工业园区全部自筹资金投资建设工业污水处理厂,政府仅授予特许经营权。工业园区企业排放污水向该污水处理厂支付污水处理费,污水经处理后成为达标回用水,再销售给园区企业使用。政府不需要向污水处理厂支付污水处理费。但是特许经营期满后,该污水处理厂需要无偿移交给政府。这类项目在建设环节和运营环节,均无须任何预算资金投入,全部市场化,因而不适用《条例》。

上述分析说明,只要不发生资本支出的PPP项目,均不适用《条例》。

(二)社会资本投资建设,政府购买服务,到期移交项目

社会资本投资建设,政府购买服务,到期移交项目,同样属于政府购买服务的建设—运营—移交(BOT)操作模式,全周期政府有预算经常性支出。例如上述举例项目中,如项目经营期间污水排放企业向政府交纳污水处理费,再由财政部门向污水处理厂支付。付费主体变了、付费机制变

了，这类项目在建设环节无须预算资金投入，只是在运营环节需要预算资金投入，也不适用《条例》。但是，由于涉及预算中对项目有安排污水处理费这种"经常性支出"，建议纳入《条例》适用范围，在制定《条例》实施细则时加以明确。

上述分析说明，只发生经常性支出，不发生资本支出的PPP项目，不适用《条例》。

（三）社会资本收购存量项目权益、投资运营、到期移交项目

社会资本收购存量项目权益、投资运营、到期移交项目，属于存续企业股权产权转让或转让—运营—移交（TOT）的操作模式，全周期政府无预算资金支出。

例如，社会资本收购某市国有自来水公司股权并进行运营，政府授予特许经营权，到期无偿向政府移交项目资产。这种项目本质上属于国有企业混合所有制改革，也不涉及预算资金对该项目的固定资产投资，应当不适用《条例》。

又如存量PPP项目的转让—运营—移交（TOT）操作模式，全周期政府无预算资金支出，同样不适用《条例》。

（四）结论：PPP项目后需要持续支出不属于政府投资项目支出

通过对上述三种类型的项目分析，对于《基础设施与公用事业特许经营管理办法》规定的特许经营项目，如项目全生命周期无需预算资金安排支出的，不适用于《条例》，如有安排预算资金支出的，应适用于《条例》，在制定《条例》细则时加以明确。

《条例》对于政府投资定义的落脚点是"建设活动"，因此，《条例》的适用范围在时间维度上的边界是建设活动的完结。《条例》第四章"政府投资项目实施"共七条，从项目开工到竣工决算，最后安排了一条对建成项目进行后评价的条文，没有延伸到建成项目的持续服务或后续运营。表明

《条例》的立法本意中，对于"政府投资活动"的边界厘定在形成资产或者建成结算。这一点符合"政府投资属于财政预算资本性支出"的特征。而对于建成的资产的可用性管理，属于财政预算的"经常性支出"，由其他的法律法规、规范性文件进行调节。如市政道路项目，建成后无收益性，后续还需要维持项目资产的可用性，一般可适用于《政府购买服务管理办法（暂行）》，采购服务商提供如市政道路清扫保养的服务。

在采用PPP模式进行的政府投资项目中，涉及项目建成后财政后续的支出问题，如采用政府付费回报机制的PPP项目，政府方每年按一定的金额向SPV公司支付"可用性付费"；采用可行性缺口补助回报机制的PPP项目，政府方按项目经营收益情况给予SPV公司补助。这两类支出与《条例》中所指的"投资补助"是不相同的。首先，《条例》第六条规定，对确需支持的经营性项目，主要采取资本金注入的方式，也可以适当采取投资补助、贷款贴息等方式。因此投资补助应仅适用于经营性项目，属于资本性支出。但PPP项目形成的财政中长期支出责任属于"经常性支出"。

实务中，有PPP项目约定政府方不参股SPV公司，项目建设期内也没有政府的任何预算资金投入。项目建成后，政府采用"政府付费"或者"可行性缺口补助"给予SPV公司安排预算的经常性支出。从资金性质和时间界限来看，这种安排均不符合《条例》对于"政府投资"的界定，应当不适用于《条例》。但从项目的本质上分析，对于"政府付费"类PPP项目，政府的预算仅仅是延后安排支出，不纳入《条例》的适用范围不合理。对于"可行性缺口补助"类PPP项目，也会涉及预算支出。建议在制定《条例》实施细则时，补充规定项目在建成后使用预算资金的，应适用于《条例》。

三、PPP模式的概念、作业流程、代理关系、再谈判制度

（一）政府与社会资本合作（PPP）模式的概念

《国家发展改革委关于开展政府和社会资本合作的指导意见》（发改投

资〔2014〕2724号）文件的"一、充分认识政府和社会资本合作的重要意义"规定："政府和社会资本合作（PPP）模式是指政府为增强公共产品和服务供给能力、提高供给效率，通过特许经营、购买服务、股权合作等方式，与社会资本建立的利益共享、风险分担及长期合作关系。"

广义PPP模式，即公私合作模式，是公共基础设施的一种项目融资模式。在该模式下，鼓励私营企业与政府进行合作，参与公共基础设施的建设。通过这种合作方式，合作各方可以达到与预期单独行动相比更为有利的结果。合作各方参与某个项目时，政府并不是把项目的责任全部转移给私营企业，而是由参与合作的各方共同承担责任和融资风险。双方首先通过协议的方式明确共同承担的责任和风险，其次明确各方在项目各个流程环节的权利和义务，最大程度地发挥各方优势，使得建设摆脱政府行政的诸多干预和限制，又充分发挥民营资本在资源整合与经营上的优势。

按照这个广义概念，PPP是指政府公共部门与私营部门在合作过程中，让非公共部门所掌握的资源参与提供公共产品和服务，从而实现政府公共部门的职能并同时也为民营部门带来利益。其管理模式包含与此相符的诸多具体形式。通过这种合作和管理过程，可以在不排除并适当满足私人部门的投资营利目标的同时，为社会更有效率地提供公共产品和服务，使有限的资源发挥更大的作用。

狭义的PPP是指政府与私人部门组成特殊目的机构（SPV），引入社会资本，共同设计开发，共同承担风险，全过程合作，期满后再移交给政府的公共服务开发运营方式。与BOT相比，狭义PPP的主要特点是，政府对项目中后期建设管理运营过程参与更深，企业对项目前期科研、立项等阶段参与更深。政府和企业都是全程参与，双方合作的时间更长，信息也更对称。

（二）PPP项目的作业流程

国内PPP项目的作业流程主要有五个阶段：项目识别、项目准备、项目采购、项目执行、项目移交。实务中应当注意，PPP项目按照是否盈利的标准分为经营性项目、准经营性项目、非经营性项目三个类型，社会资本的PPP项目合同义务主要有设计、建设、投资、融资、运营和维护，不同类型的PPP项操作模式，合同义务及作业流程的具体内容不同。如BT项目就不存在运营阶段，TOT项目不存在建设阶段，BOO项目不存在移交阶段。

政府和社会资本合作项目作业流程如图6-1所示。

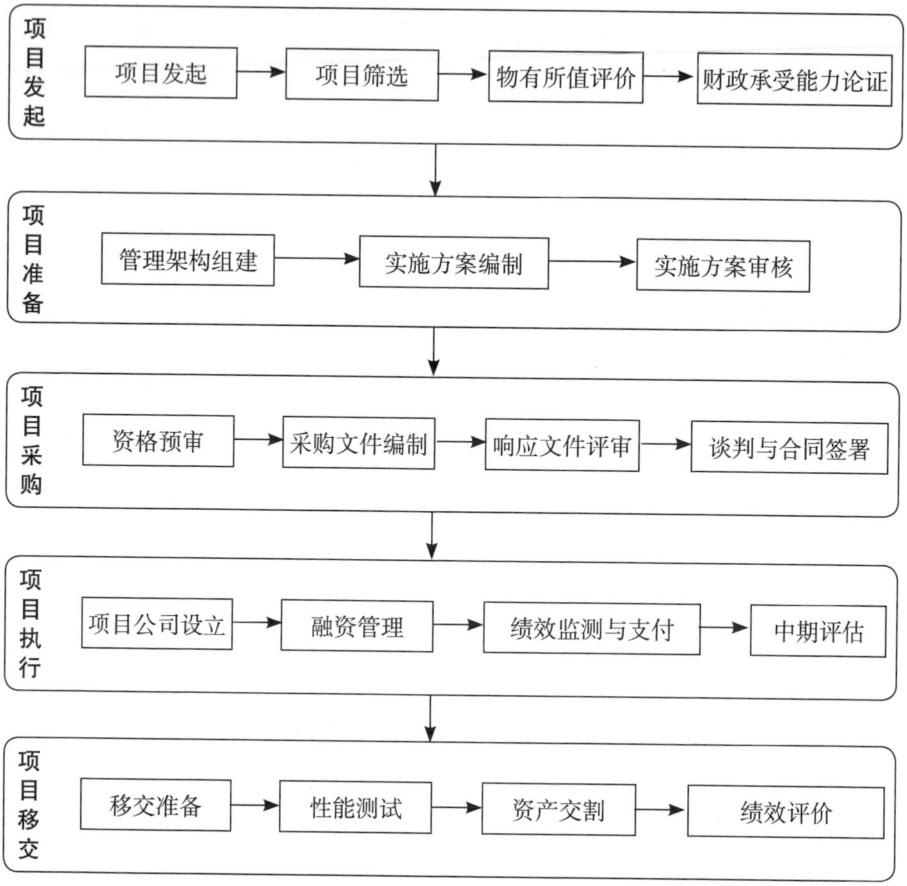

图6-1　政府和社会资本合作项目作业流程

（三）PPP项目融资委托代理分析

PPP项目融资模式包括多种委托代理关系：

（1）政府和私人部门与项目公司的委托代理关系。政府和私人部门与项目公司的委托代理关系，政府引进私人资本对项目经行建设，这样既引进了私人资本的资金又利用了私人部门的技术优势，解决了我国政府在项目融资这一块的渠道单一的问题。

（2）项目公司和项目建设各方的委托代理关系。项目公司由于自身能力和政府项目的特点必须对项目建设面向社会招标，以更好地利用建设各方的优势，通过这样的委托代理保证了项目的顺利建成。

（3）项目运营后的委托代理关系。项目建成了，对于项目建设后的运营，可以委托项目公司进行项目的运营，也可以委托专业的项目运营公司进行运营管理，这样也利用了社会各方的专业优势。

（四）PPP项目再谈判制度概述

1.再谈判的概念

再谈判主要是指在PPP合同签订后，由于原合同设计存在漏洞或突发事件造成重大影响等原因，合同双方在覆盖范围、服务标准、利益分配、投资责任等方面产生分歧而进行的再次谈判。笔者认为，因同等原因导致相关主体就与PPP项目有关的融资、施工、担保等合同进行协商的，也属于广义概念下的PPP再谈判。

2.触发再谈判的情形

根据笔者对目前国内PPP再谈判研究成果的整理，总结引起再谈判的原因主要包括以下三类情形：

第一，合同不完备。一方面，PPP项目结构复杂、合作期长，当事人难以在磋商阶段全面识别合作期内可能发生的风险。另一方面，政府通过竞争性方式选择社会资本方时，因最终签订的合同不得背离采购文件的实质性内容，社会资本方不能就采购文件所附的PPP合同条款提出实质性修改意见，难以实现充分有效的合同谈判。这共同导致了PPP合同的不完备性，以致缔约后遭遇未予约定的风险时，再谈判常有发生。对于与PPP合同相关的其他协议，其同样会存在不完备的缺陷。

第二，外部环境的重大变化。由于PPP项目历时较长，外部环境如经济、政治、不可抗力等都可能发生始料不及的变化，因而造成合同再谈判。外部环境的重大变化包括法律变更、民众反对、情事变更甚至不可抗力等客观情形。

第三，当事人的机会主义行为。一方面，政府方如果在主导编制项目文件和招选社会资本方时缺乏经验，可能导致PPP合同存在瑕疵。另一方面，如果存在社会资本方压低价格获取PPP项目的现象，不具可持续性的报价，最终仍需要通过再谈判的方式得到调整。

3.再谈判的结果

再谈判的结果可能是合作性的，其可以补充不完备的初始PPP合同或与PPP项目有关的其他协议，避免因履行中止造成的项目停滞损失、合同提前解除产生的清算和重新招选成本，以及因原本按年度支付的政府补贴转变为提前终止后的补偿款，造成短期内陡增的政府支出责任。但是，再谈判往往导致政府补贴金额增加、特许经营期延长等结果，尤其在机会主义导致的再谈判中，社会福利可能有一定减损。

四、PPP模式的三大特征：伙伴关系、利益共享和风险分担

（一）伙伴关系

伙伴关系是PPP最为首要的问题。PPP中政府和社会资本的伙伴关系与其他关系相比，独特之处就是项目追求的目标一致。政府和社会资本合作并形成伙伴关系，核心问题是存在一个共同的目标：在某个具体项目上，以最少的资源，实现优质产品或服务的供给。社会资本是以此目标实现自身利益的追求，而政府部门则是以此目标实现公共福利和利益的追求。形成伙伴关系，首先要落实到项目目标一致上。

PPP项目的伙伴关系，实质内容是整合资源，PPP项目的合同主要内容是约定双方提供资源、运用资源的权利和义务。从整合资源的角度讲，伙伴关系也可以成为共同出资。国务院办公厅转发《财政部、发展改革委、中国人民银行关于在公共服务领域推广政府和社会资本合作模式指导意见》的通知（国办发〔2015〕42号）的"（一）有利于加快转变政府职能，实现政

企分开、政事分开"中规定:"作为社会资本的境内外企业、社会组织和中介机构承担公共服务涉及的设计、建设、投资、融资、运营和维护等责任,政府作为监督者和合作者,减少对微观事务的直接参与,加强发展战略制定、社会管理、市场监管、绩效考核等职责,有助于解决政府职能错位、越位和缺位的问题,深化投融资体制改革,推进国家治理体系和治理能力现代化。"根据该项规定,PPP项目的合作伙伴中,一方是社会资本方,参与主体主要有境内外企业、社会组织和中介机构,承担公共服务涉及的设计、建设、投资、融资、运营和维护等责任;另一方是政府,身份是监督者和合作者,职责是发展战略制定、社会管理、市场监管、绩效考核,较少对微观事务的直接参与。

(二)利益共享

政府与社会资本利益共享的内容主要有:社会成果、投资回报、控制超额利润。

PPP项目中,政府与社会资本利益共享并不是简单分享利润,还需要控制社会资本可能的高额利润,即不允许社会资本在项目执行过程中形成超额利润。其主要原因是,任何PPP项目都是带有公益性的项目,不以利润最大化为目的。

共享利益除了指共享PPP的社会成果,还包括使作为参与者的私人部门、民营企业或机构取得相对平和、长期稳定的投资回报。利益共享显然是伙伴关系的基础之一,如果没有利益共享,也不会有可持续的PPP类型的伙伴关系。

(三)风险共担

风险分担是利益共享之外伙伴关系的另一个基础。如果没有风险分担,也不可能形成健康而可持续的伙伴关系。在PPP中,政府与社会资本合理分担风险的这一特征,是其区别于政府与社会资本等其他交易形式的显著标志。例如,政府采购过程,之所以还不能称为公私合作伙伴关系,是因为双方在此过程中是让自己尽可能小地承担风险。而在政府与社会资本伙伴关系

（PPP）中，政府却是尽可能大地承担自己有优势方面的伴生风险，而让对方承担的风险尽可能小。一个明显的例子是，在隧道、桥梁、干道建设项目的运营中，如果因一般时间内车流量不够而导致社会资本达不到基本的预期收益，政府可以对其提供现金流量补贴，这种做法可以在"分担"框架下，有效控制社会资本因车流量不足而引起的经营风险。与此同时，社会资本会按其相对优势承担较多的，甚至全部的具体管理职责，而这个领域，却正是政府管理层"官僚主义低效风险"的易发领域。由此，风险得以规避。

如果每种风险都能由最善于应对该风险的合作方承担，毫无疑问，整个基础设施建设项目的成本就能最小化。PPP管理模式中，更多的是考虑双方风险的最优应对、最佳分担，而将整体风险最小化。事实证明，追求整个项目风险最小化的管理模式，要比公、私双方各自追求风险最小化更能化解准公共产品供给领域的风险。

五、PPP模式的运作模式、操作模式

（一）新建项目融资性质的运作模式

从广义的层面讲，公私合作（PPP）应用范围很广，从简单的、短期（有或没有投资需求）管理合同到长期合同，包括资金、规划、建设、营运、维修和资产剥离。PPP安排对需要高技能工人和大笔资金支出的大项目来说是有益的。它们对要求国家在法律上拥有服务大众的基础设施的国家来说很有用。公私合作关系资金模式是由在项目的不同阶段，对拥有和维持资产负责的合作伙伴所决定的。PPP广义范畴内的运作模式主要包括以下几种：

1.建设—运营—移交（BOT）

《政府和社会资本合作模式操作指南（试行）》（财金〔2014〕113号）的"附件2名词解释"规定："建设—运营—移交（Build—Operate—Transfer，BOT），是指由社会资本或项目公司承担新建项目设计、融资、建造、运营、维护和用户服务职责，合同期满后项目资产及相关权利等移交给政府的项目运作方式。合同期限一般为20～30年。"

2.民间主动融资（PFI）

PFI模式的流程：PFI合同—特殊目的公司SPV—项目融资—项目管理。具体内容是，政府与社会资本签订PFI合同，共同设立特殊目的公司SPV，SPV负责筹措项目建设运营资金（设计、融资、建设、营运）。

国内PFI模式下项目的典型结构为政府部门通过招投标的形式与由中标单位组建的特殊目的公司（SPV，一般是由中标的建筑公司、服务经营公司或对项目进行投资的第三方等私营单位组成的股份有限公司）签订特许合同，由SPV负责筹资、建设及营运。政府通常与提供贷款的金融机构达成一个直接协议，向借贷机构承诺将按与SPV签订的合同支付有关费用。采用这种融资形式的实质是政府通过给予私营公司长期的特许经营权和收益权来加快基础设施建设及有效运营。主体参与时间长，通常在25年以上。

3.建造—拥有—运营—移交（BOOT）

民营机构为设施项目进行融资并负责建设、拥有和经营这些设施，待期限届满，民营机构将该设施及其所有权移交给政府方。

4.建造—移交（BT）

民营机构与政府方签约，设立项目公司以阶段性业主身份负责某项基础设施的融资、建设，并在完工后即交付给政府。根据2015年6月25日发布的《关于进一步做好政府和社会资本合作项目示范工作的通知》（财金〔2015〕57号）规定，BT方式退出PPP项目。

根据《关于规范政府和社会资本合作（PPP）综合信息平台项目库管理的通知》（财办金〔2017〕92号）的"三、集中清理已入库项目"中"（三）不符合规范运作要求"的规定，对采用建设—移交（BT）方式实施的PPP项目，应清理出已入库项目，禁止BT项目"披着PPP模式的外套"进入项目库。

5.建设—移交—运营（BTO）

民营机构为设施融资并负责其建设，完工后即将设施所有权移交给政府方；随后政府方再授予其经营该设施的长期合同。

6.改建—运营—移交（ROT）

《政府和社会资本合作模式操作指南（试行）》（财金〔2014〕113

号)的"附件2名词解释"规定:"改建—运营—移交(Rehabilitate-Operate-Transfer,ROT),是指政府在TOT模式的基础上,增加改扩建内容的项目运作方式。合同期限一般为20～30年。"

7.设计—建造(DB)

在民营机构的合作伙伴设计和制造基础设施,以满足公共部门合作伙伴的规范,往往是固定价格。民营机构合作伙伴承担所有风险。

8.设计—建造—融资—经营(DBFO)

民营机构的合作伙伴设计、融资和构造一个新的基础设施组成部分,以长期租赁的形式,运行和维护。当租约到期时,民营机构的合作伙伴将基础设施部件转交给公共部门的合作伙伴。

9.建设—拥有—运营(BOO)

《政府和社会资本合作模式操作指南(试行)》(财金〔2014〕113号)的"附件2名词解释"规定:"建设—拥有—运营(Build—Own—Operate,BOO),由BOT方式演变而来。两者的区别主要是BOO方式下社会资本或项目公司拥有项目所有权,但必须在合同中注明保证公益性的约束条款,一般不涉及项目期满移交。"

10.购买—建造—营运(BBO)

一段时间内,公有资产在法律上转移给民营机构的合作伙伴。

11.建造—租赁—营运—移交(BLOT)

民营机构与政府签订租赁合同,由民营机构在公共土地上投资、建设基础设施,并在租赁期内经营该设施。合同结束后将该设施移交给公共部门。

(二)存量项目非融资性质的运作模式

1.管理合同(MC)

《政府和社会资本合作模式操作指南(试行)》(财金〔2014〕113号)的"附件2名词解释"规定:"管理合同(Management Contract,MC),是指政府将存量公共资产的运营、维护及用户服务职责授权给社会资本或项目公司的项目运作方式。政府保留资产所有权,只向社会资本或项目公司支付管理费。管理合同通常作为转让—运营—移交的过渡方式,合同期限一般不超过三年。"

2.委托运营（O&M）

《政府和社会资本合作模式操作指南（试行）》（财金〔2014〕113号）的"附件2名词解释"规定："委托运营（Operations&Maintenance，O&M），是指政府将存量公共资产的运营维护职责委托给社会资本或项目公司，社会资本或项目公司不负责用户服务的政府和社会资本合作项目运作方式。政府保留资产所有权，只向社会资本或项目公司支付委托运营费。合同期限一般不超过八年。"

3.转让—运营—移交（TOT）

《政府和社会资本合作模式操作指南（试行）》（财金〔2014〕113号）的"附件2名词解释"规定："转让—运营—移交（Transfer—Operate—Transfer，TOT），是指政府将存量资产所有权有偿转让给社会资本或项目公司，并由其负责运营、维护和用户服务，合同期满后资产及其所有权等移交给政府的项目运作方式。合同期限一般为20～30年。"

《财政部关于政府和社会资本合作示范项目实施有关问题的通知》（财金〔2014〕112号）第二条规定："根据《国务院关于加强地方政府性债务管理的意见》（国发〔2014〕43号），各级财政部门要鼓励和引导地方融资平台公司存量项目，以TOT（转让—运营—移交）等方式转型为PPP项目，积极引入社会资本参与存量项目的改造和运营，切实有效地化解地方政府融资平台债务风险。"

《关于进一步做好政府和社会资本合作项目示范工作的通知》（财金〔2015〕57号）的"（七）优先支持融资平台公司存量项目转型为PPP项目"规定："重点推进符合条件的融资平台公司存量项目，通过转让—运营—移交（TOT）、改建—运营—移交（ROT）等方式转型为PPP项目。存量项目债务应纳入地方政府性债务管理系统或2013年全国政府性债务审计范围。对合同变更成本高，融资结构调整成本高，原债权人不同意转换，不能化解政府性债务风险、降低债务成本和实现'物有所值'的项目，财政部将不予受理。"

（三）存续企业股权产权转让的运作模式

政府将国有独资或国有控股的企业的部分产权/股权转让给民营机构、建立和形成多元投资和有效公司治理结构，同时政府授予新合资公司特许权，许可其在一定范围和期限内经营特定业务。

《国务院关于创新重点领域投融资机制鼓励社会投资的指导意见》"国发〔2014〕60号"文件"（三十三）优化政府投资使用方向"规定："政府投资主要投向公益性和基础性建设。对鼓励社会资本参与的生态环保、农林水利、市政基础设施、社会事业等重点领域，政府投资可根据实际情况给予支持，充分发挥政府投资'四两拨千斤'的引导带动作用。"

《国务院关于创新重点领域投融资机制鼓励社会投资的指导意见》"国发〔2014〕60号"文件"（三十九）支持重点领域建设项目开展股权和债权融资"规定："大力发展债权投资计划、股权投资计划、资产支持计划等融资工具，延长投资期限，引导社保资金、保险资金等用于收益稳定、回收期长的基础设施和基础产业项目。支持重点领域建设项目采用企业债券、项目收益债券、公司债券、中期票据等方式，通过债券市场筹措投资资金，以推动铁路、公路、机场等交通项目建设企业应收账款证券化，以建立规范的地方政府举债融资机制，支持地方政府依法依规发行债券，用于重点领域建设。"

《财政部关于推进政府和社会资本合作规范发展的实施意见》（财金〔2019〕10号）文件"四、营造规范发展的良好环境"中的"（二）"规定："结合自身财力状况，因地制宜采取注入资本金、运营补贴等方式支持规范的PPP项目。引导保险资金、中国PPP基金加大项目股权投资力度，拓宽项目资本金来源。鼓励通过股权转让、资产交易、资产证券化等方式，盘活项目存量资产，丰富社会资本进入和退出渠道。"

（四）新设企业合资合作的运作模式

政府方以企业的资产与民营机构（通常以现金方式出资）共同组建合资公司，负责原国有独资企业的经营。同样，政府将授予新合资公司特许权，许可其在一定范围和期限内经营特定业务。

（五）PPP项目的操作模式选择

《国家发展改革委关于开展政府和社会资本合作的指导意见》（发改投

资〔2014〕2724号）文件的"三、合理确定政府和社会资本合作的项目范围及模式"中的"（二）操作模式选择"规定："1.经营性项目。对于具有明确的收费基础，并且经营收费能够完全覆盖投资成本的项目，可通过政府授予特许经营权，采用建设—运营—移交（BOT）、建设—拥有—运营—移交（BOOT）等模式推进。要依法放开相关项目的建设、运营市场，积极推动自然垄断行业逐步实行特许经营。2.准经营性项目。对于经营收费不足以覆盖投资成本、需政府补贴部分资金或资源的项目，可通过政府授予特许经营权附加部分补贴或直接投资参股等措施，采用建设—运营—移交（BOT）、建设—拥有—运营（BOO）等模式推进。要建立投资、补贴与价格的协同机制，为投资者获得合理回报积极创造条件。3.非经营性项目。对于缺乏'使用者付费'基础、主要依靠'政府付费'回收投资成本的项目，可通过政府购买服务，采用建设—拥有—运营（BOO）、委托运营等市场化模式推进。要合理确定购买内容，把有限的资金用在刀刃上，切实提高资金使用效益。"

六、PPP项目监管制度演进的六个阶段

我国PPP起步于20世纪80年代，至今经历了六个阶段：①探索阶段（1984—1993年），②试点阶段（1994—2002年），③推广阶段（2003—2008年），④反复阶段（2009—2013年），⑤普及阶段（2014—2016年），⑥完善规范阶段（2017年至今）。

自十八届三中全会推广PPP至2020年已有8年，PPP呈现蓬勃发展态势，但PPP相关立法工作没有明显推进，国家顶层设计缺失，PPP市场关心的基础设施和公共服务领域政府与社会资本合作条例迟迟没有出台，只能依托国务院各部委的政策性文件艰难前行，市场期待通过PPP立法解决亟待改革完善的问题。

（一）探索阶段（1984—1993年）

1984—1993年是我国PPP发展的第一个阶段——探索阶段。在这个阶段还没有PPP概念，主要模式是后来归结为PPP的BOT。在探索阶段，我国没有与

BOT直接相关的法规，当时对这种方式是否合法，地方不确定，审批时地方领导往往直接向中央主要领导汇报，中央首肯后，地方才批准项目。

探索阶段的代表项目有深圳沙角B电厂BOT项目、广州白天鹅饭店和北京国际饭店等，沙角B电厂项目作为BOT受到了国内外广泛认可，饭店项目由于所处行业的原因是否属于BOT项目存在争议。

探索阶段的项目都是投资人发起的，通过谈判方式和政府达成了一致，没有招标的过程。这些项目也是地方政府自发进行的，没有受到中央政府的关注、总结和大规模推广。

（二）试点阶段（1994—2002年）

1994—2002年是我国PPP发展的第二阶段——试点阶段。PPP试点阶段的工作是国家计委推动的，是有组织的，这点不同于探索阶段各地"摸石头过河"的做法。

1993年，国家计委开始研究投融资体制改革问题，其中包括BOT可行性问题。1994年，国家计委选择了五个BOT试点项目：广西来宾B电厂项目、成都第六水厂项目、广东电白高速公路项目、武汉军山长江大桥项目和长沙望城电厂项目。1995年5月，来宾B电厂项目获得了国家计委的批准。由此可以确定1994年是BOT试点项目的起点，可以称为中国PPP元年。

1995年8月，国家计委、电力部、交通部联合下发了《关于试办外商投资特许权项目审批管理有关问题的通知》，为试点项目的实施提供了法律依据。这个通知是试点项目启动之后颁布的，从通知中可以看出，第一电力部和交通部参与意味着BOT试点的重点是电力和交通项目，第二外商投资意味着以外资为主。地方政府推出自己的BOT项目时，水务、燃气和区域开发等领域的项目，都是以这个通知为法律依据的。

国家计委和地方的BOT试点项目涉及的行业是很多的，包括电力、自来水、污水、燃气、大桥、区域开发等。除了国家计委推出试点项目外，各地政府也推出了一些BOT项目，比较典型的有沈阳水厂TOT项目、上海黄浦江大桥BOT项目、北京第十水厂BOT项目、北京西红门经济适用住房PPP项目、新疆托克逊电厂项目、北京肖家河污水项目、北京房山大学城项目等。

第六章 公共基础设施的纳税风险管理

1996年，国务院发布的《关于固定资产投资项目试行资本金制度的通知》（国发〔1996〕35号文）规定，固定资产投资项目试行资本金制度，投资项目必须首先落实资本金才能进行建设，资本金一般占到项目总投资的20%以上。建筑企业是参与PPP项目的重要社会资本方，通过投资PPP项目带动施工主业，获得项目建设阶段的工程承包机会。35号文件为施工企业参与PPP项目提供了法律依据。

（三）推广阶段（2003—2008年）

2003—2008年是PPP发展的第三个阶段——推广阶段。

2002年，十六大提出我国社会主义市场经济体制已经初步建立，市场在资源配置中发挥基础性作用，以公有制为主体多种所有制共同发展，为PPP的推广提供了理论基础。十六大精神是建设部2002年年底出台《大力推进市政公用市场化指导意见》的大背景。随着PPP项目的推进，建设部又陆续出台了一些文件，如2004年3月发布的《市政公用事业特许经营管理办法》（建设部令第126号）及各地出台的特许经营条例，是推广阶段开展PPP项目的基本法律依据。

（四）反复阶段（2009—2013年）

2009—2012年是我国PPP发展的第四个阶段——反复阶段。这段时间是我国城市化发展最快的几年，"鬼城"、市政不配套等城市问题也是在这个阶段暴露出来的。

2008年，美国爆发金融危机，2008年年底我国推出了四万亿元刺激计划。在此背景下，2009年成为PPP受冲击最严重的一年。四万亿元刺激计划的弊端很快暴露出来，政府再次重视民间投资，为此2010年国务院出台了《国务院关于鼓励和引导民间投资健康发展的若干意见》（国发〔2010〕13号）。

在这个时期，国有企业尤其是央企拿到了银行大量授信，渐渐地，央企资金受到重视，地方与央企对接开始流行起来，央企参与的很多项目都是以PPP的方式进行的。为了促进民间投资，2012年国务院各部委出台了20多个落实新36条的细则。

（五）普及阶段（2014—2016年）

自2013年开始，我国PPP发展进入了普及阶段，十八大提出了让市场在资源配置过程中发挥决定性作用，为PPP的普及提供了理论基础。

虽然我国PPP起步不晚，但真正意义上的PPP浪潮是由政府驱动并在全国范围内推广的，一般认为2014年是我国全面推广PPP的元年。

自2014年起，PPP业务进入快速发展阶段。在工作机构建设方面，国家发展改革委、财政部都成立了相应的工作部门。在监管制度建设方面，2014年国务院发布《关于创新重点领域投融资机制鼓励社会投资的指导意见》国发〔2014〕60号文件，提出大力倡导在若干重点发展领域创新融资机制，吸引和鼓励社会资本参与投资。

为化解地方债务风险，2014年中央全面启动深化财税体制改革，如地方政府自发自还债券试行、《预算法修正案》通过、国发〔2014〕43号文、45号文和财预〔2014〕351号文等政策文件相继发布。根据相关文件要求，未来将剥离地方政府融资平台政府融资职能，建立以地方政府债券为主的地方政府举债模式，大力推广政府与社会资本合作（PPP）模式。为配合中央"大力推广政府与社会资本合作（PPP）模式"的政策要求，2014年财政部、国家发展改革委先后颁布《关于政府和社会资本合作示范项目实施有关问题的通知》（财金〔2014〕112号）、《财政部关于推广运用政府和社会资本合作模式有关问题的通知》（财金〔2014〕76号）标志着我国PPP进入了规范化发展的"快车道"。

2014年12月，财政部发布了《关于印发政府和社会资本合作模式操作指南（试行）的通知》（财金〔2014〕113号），国家发展改革委发布了《关于开展政府和社会资本合作的指导意见》（发改投资〔2014〕2724号）。这两个文件明确了PPP模式的适用范围和相关参与方的职责分工、风险分担和收益分配与保障等内容，为PPP项目的实施初步搭建了制度框架和保障。

2016年12月，国家发展改革委、证监会出台《关于推进传统基础设施领域政府和社会资本合作（PPP）项目资产证券化相关工作的通知》（发改投资〔2016〕2698号），鼓励和引导PPP资产证券化。建议政府部门根据PPP项目特点和市场需求，推进公共产品（服务）的定价机制，建立完善的PPP项目资产评估和信用评级机制，为PPP项目资产证券化奠定资产定价基础环境，增强

第六章 公共基础设施的纳税风险管理

社会资本对于PPP未来现金流的良好预期。PPP项目资产证券化可以盘活PPP项目存量资产，提高投资回报率，也是一种很好的退出机制。

（六）完善规范阶段（2017年至今）

自2013年起，中央大力推广政府和社会资本合作模式（以下简称PPP模式）。尽管PPP模式在解决基础设施与公共服务的供给方面发挥了巨大的创新作用，但一些地方滥用PPP，甚至借PPP变相融资等不规范操作的问题日益凸显，加大了地方政府隐性债务风险。

财政部于2017年11月10日发布《关于规范政府和社会资本合作（PPP）综合信息平台项目库管理的通知》（财办金〔2017〕92号，以下简称92号文），通过项目库全面整顿PPP项目；国资委于2017年11月17日发布《关于加强中央企业PPP业务风险管控的通知》（国资发财管〔2017〕192号，以下简称192号文），严格规范中央企业参与PPP项目。

中国人民银行、中国银行保险监督管理委员会、中国证券监督管理委员会、国家外汇管理局四部门于2018年4月27日发布《关于规范金融机构资产管理业务的指导意见》（银发〔2018〕106号），对PPP融资提出更高要求，如禁止资金池、期限错配、多层嵌套，又如股债投资方式受限、增信措施受到限制、打破刚性兑付、过渡期后不得存续滚动发行产品。

国家密集出台的文件分别以项目库、央企、资管产品和基金备案作为抓手，全方位实现对PPP项目的严格管控，可谓"重拳出击、拳拳致命"。92号文和192号文明确提出新要求，要求在"清退""整改""协商谈判""停止"的前提下，相关主体亟需纠正PPP项目中的各项违法、违规操作，这必将涉及针对PPP合同、融资协议、施工合同等合同文件的修改。对于已经签订上述合同的项目，变更合同应由当事人再次进行谈判。

七、PPP项目的主要业务事项和业务节点

（一）项目储备库和项目管理库分类管理

全国PPP综合信息平台项目库内构建储备库和管理库的时间节点：

2017年9月。

全国PPP综合信息平台项目库于2016年2月29日正式上线，主要由地方各级财政部门组织相关部门录入，并经审核通过后纳入项目库。全国PPP综合信息平台项目库公开的项目库信息，主要包括入库项目总数、投资总额和行业分布，以及库中每个项目的名称、所在地、实施内容、投资额、合作年限、PPP运作方式、所处PPP操作阶段、联系方式等基本信息。

为了便于社会各界更好地理解和应用项目库信息，促进PPP市场科学、规范发展，自2017年9月起，在全国PPP综合信息平台项目库内构建储备库和管理库。储备库是指识别阶段项目，即地方政府部门有意愿采用PPP模式的备选项目，但尚未完成物有所值评价和财政承受能力论证的审核。管理库是指准备、采购、执行和移交阶段项目。

2017年11月10日发布的《关于规范政府和社会资本合作（PPP）综合信息平台项目库管理的通知》（财办金〔2017〕92号）文件的"一、总体要求"中的"（二）分类施策"规定："各级财政部门应按项目所处阶段将项目库分为项目储备清单和项目管理库，将处于识别阶段的项目，纳入项目储备清单，重点进行项目孵化和推介；将处于准备、采购、执行、移交阶段的项目，纳入项目管理库，按照PPP相关法律法规和制度要求，实施全生命周期管理，确保规范运作。"

（二）BT模式退出PPP项目

BT退出PPP项目的时间节点是：2015年6月25日。建设—移交（BT）模式是政府利用社会资金来进行非经营性基础设施建设项目的一种融资模式，指一个项目的运作通过项目公司总承包，融资、建设验收合格后移交给政府或业主，政府或业主向投资方支付项目总投资加上合理回报的过程。

2015年6月25日发布的《关于进一步做好政府和社会资本合作项目示范工作的通知》（财金〔2015〕57号）中的"（六）确保上报备选示范项目具备相应基本条件"规定："项目要纳入城市总体规划和各类专项规划，新建项目应按规定程序做好立项、可行性论证等项目前期工作。项目所在行业已印发开展PPP模式相关规定的，要同时满足相关规定。政府和社会资本合作期限原则上不低于10年。对采用建设—移交（BT）方式的项目，通过保底承诺、回购安排等方式进行变相融资的项目，财政部将不予受理。"

2017年11月10日发布的《关于规范政府和社会资本合作（PPP）综合信息平台项目库管理的通知》（以下简称《通知》）（财办金〔2017〕92号）的"三、集中清理已入库项目"中的"（三）不符合规范运作要求"规定，对采用建设—移交（BT）方式实施的PPP项目，应清理出已入库项目，禁止BT项目"披着PPP模式的外套"进入项目库。

在国际上，BT本来也是PPP的一种模式。此次通知强调的PPP不包括BT，是因为BT模式在国内被滥用了。

在国内，BT模式曾被广泛应用，但这种模式忽略了后期的运营。《通知》规定了PPP项目合作期限原则上不低于10年，将杜绝原有的建设—移交（BT）模式，就是因为其忽视了项目的全生命周期，属于"假PPP项目"。这表明环境治理将突出运营和绩效，避免出现垫资型工程，对推进环境绩效合同服务落地和环境一级开发商最终形成意义重大。

（三）PPP项目融资主体的变化

《国务院关于加强地方政府性债务管理的意见》（国发〔2014〕43号）文件的"二、加快建立规范的地方政府举债融资机制"中的"（四）加强政府或有债务监管"规定："剥离融资平台公司政府融资职能，融资平台公司不得新增政府债务。"

在43号文出台前，对银行、信托、保险等各类金融机构的资金，政府都是以平台公司为交易主体进行融资的，然后进行各种基础设施、公益项目的建设。

43号文出台之后，根据交易对手的不同，融资主体有一分为三的趋势：平台公司、项目公司以及基金。

（四）政府融资平台公司不得作为PPP项目合同签约主体

2018年4月27日，财政部发布的《关于进一步加强政府和社会资本合作（PPP）示范项目规范管理的通知》（财金〔2018〕54号）中"（三）严格审查签约主体"规定："坚持政企分开原则，加强PPP项目合同签约主体合规性审查，国有企业或地方政府融资平台公司不得代表政府方签署PPP项目合同，地方政府融资平台公司不得作为社会资本方。"

"地方政府融资平台公司"可作为PPP社会资本方之前须满足的条件：（1）已经建立现代企业制度、实现市场化运营，其承担的地方政府债务已纳入政府财政预算，得到妥善处置，并明确公告今后不再承担地方政府举债融资职能。（2）按照银监发〔2013〕10号文要求，完成平台公司退出的审批程序，成为"退出类"。

（五）不得录入项目库PPP项目的情形

2017年11月10日，财政部发布的《关于规范政府和社会资本合作（PPP）综合信息平台项目库管理的通知》（财办金〔2017〕92号）中的"二、严格新项目入库标准"规定："对新申请纳入项目管理库的项目进行严格把关，优先支持存量项目，审慎开展政府付费类项目，确保入库项目质量。存在下列情形之一的项目，不得入库：（一）不适宜采用PPP模式实施。包括不属于公共服务领域，政府不负有提供义务的，如商业地产开发、招商引资项目等；因涉及国家安全或重大公共利益等，不适宜由社会资本承担的；仅涉及工程建设，无运营内容的；其他不适宜采用PPP模式实施的情形。（二）前期准备工作不到位。包括新建、改扩建项目未按规定履行相关立项审批手续的；涉及国有资产权益转移的存量项目未按规定履行相关国有资产审批、评估手续的；未通过物有所值评价和财政承受能力论证的。（三）未建立按效付费机制。包括通过政府付费或可行性缺口补助方式获得回报，但未建立与项目产出绩效相挂钩的付费机制的；政府付费或可行性缺口补助在项目合作期内未连续、平滑支付，导致某一时期内财政支出压力激增的；项目建设成本不参与绩效考核，或实际与绩效考核结果挂钩部分占比不足30%，固化政府支出责任的。"

八、PPP项目的交易方式确认

交易方式是指交易对象的所有权转移方式，如转让、受让、销售、购进、提供、接受。现实当中常见的有转让受让无形资产、销售货物、提供劳务、提供服务、销售不动产、租赁、抵押、质押等。

1. 交易方式的决定因素

交易方式是由所有权的转移状况决定的,主要有两种方法:全部转移、部分转移。资产所有权占有、使用、收益、处分四项权能,如果全部转移就是销售、转让,如果只是让渡使用权就是租赁,如果仅让渡占有权就是抵押、担保。

2. 交易方式的确认方法

由于PPP项目是多层次的、多种交易关系的复合型交易结构,确认交易方式不是对某个PPP项目整体进行确认,而是针对某个交易关系中交易主体所采取的交易方式进行确认。基本确认方法是:划分主要交易、辅助交易,分别确认主要交易方式、辅助交易方式。

3. 主要交易的交易方式

PPP项目主要交易,是政府与项目公司(社会资本方)的融资服务交易,是以直接收益权利、政府扶持转化收益权利等质押融资业务,是金融市场交易活动。通俗地说,是借钱代建。项目公司(社会资本方)的代建权,必须经政府授权。

由于项目公司(社会资本方)不拥有PPP项目的使用权、收益权、处置权三项权能,仅拥有项目的部分占有权能(是与施工企业共同占有),项目公司(社会资本方)没有资格成为PPP项目的销售方、转让方。PPP项目的使用权、收益权,未经政府让渡给项目公司(社会资本方),这两项权能项目公司(社会资本方)不能行使。因此,项目公司(社会资本方)向政府移交PPP项目,不是不动产的销售购进行为,也不是商品市场交易活动。

4. 辅助交易的交易方式

本项目辅助交易,第一层是项目公司(社会资本方)与施工企业的建筑服务交易,第二层是施工企业与供货方、提供服务方的交易。

5. PPP项目主要交易与融资租赁的比较

PPP项目主要交易是以政府承诺合同为保证的担保融资,类似融资租赁。PPP项目与融资租赁两者的共同点:资产担保方式融资,移交前标的物的所有权归资金提供方，资金提供方可以按租赁合同约定条件行使处置权。融资租赁的所有权属于出租方，PPP项目的所有权属于社会资本方。两者的区别：标的取得方式不同，融资租赁是购买方式，PPP项目是生产建设方式。融资租赁有三个环节：购买、租赁、移交，BT方式PPP项目有两个环节：生产建设、移交。

第二节 公共基础设施项目纳税风险管理的内容与方法

一、公共基础设施项目纳税风险管理的内容

公共基础设施开发项目纳税风险管理的内容,可以从签约主体、合作项目、参与模式、PPP模式类型及运作模式、合同义务、纳税义务等维度展开,主要有以下四个方面:

(1)公共基础设施开发项目签约主体、合作项目、合作方式确认。
(2)公共基础设施开发项目PPP模式类型及运作模式确认。
(3)公共基础设施开发项目合同义务确认。
(4)公共基础设施开发项目纳税义务确认。

二、公共基础设施项目纳税风险管理的方法

公共基础设施开发项目纳税风险管理的方法主要有:①多维分析法;②信息比对法;③是非判断法。

（一）多维分析法

公共基础设施开发项目的多维分析法主要考虑两个方面：一是项目风险评估的一级事项设计，如PPP项目主体身份是否属于PPP项目协议的签约主体？开发商参与模式，是项目代建还是PPP项目？PPP模式类型及运作模式，属于融资性质、非融资性质、股权产权转让、合资合作四种类型的哪一种及其相应的运作模式？合同义务在PPP项目中提供了什么服务？根据税法判断有关合同义务的纳税义务是什么？二是对一级事项风险评估的二级事项设计，如项目公司在PPP项目中的合同义务包括建设、运营、拥有、维护、移交等。

（二）信息比对法

信息比对法主要考虑两个方面：一是建立项目操作模型处理模板，选择项：受托方、委托方，内容项：操作模型要素事项（建设、转让、收购、运营、移交等）。二是调查项，选择项：委托方、受托方，内容项：建设、转让、收购、运营、移交等操作模型要素事项。三是判断标准：操作模型要素比对一致。

（三）是非判断法

是非判断法主要考虑三个方面：一是待判断事项，二是判断标准，三是判断结果项。待判断事项，如开发商是否为PPP项目参与方，是否为PPP项目合同签约方？再如委托方移交代建项目是否视同销售不动产？判断标准，借鉴多维分析法和信息比对法。判断结果，是被评估单位判断选择的结论。

（四）连片开发项目的合作方式确认方法

确认连片开发项目的合作方式，可以选择三步确认法。第一步是确认母项目，如高铁站片区项目、棚改区项目、湿地恢复项目；第二步是确认子项目，如高铁站片区母项目按开发产品用途可以划分为三个子项目：收储土地一级开发项目、安置房二级开发项目、站前广场（公共基础设施）二级开发项目；第三步是确认母项目的合作方式，确认的基本方法：①列举各子项目合作方式，如一级开发（收储土地）、二级开发（站前广场公共基础设施）、二级开发（安置房）、代建开发（收储土地）、代建开发（安置房）、PPP开发（站前广场公共基础设施）；②合并同类项，如一级开发（收储土地）、二级开发（站前广场公共基础设施、安置房）、代建开发（收储土地、安置房）、PPP开发（站前广场公共基础设施）；③确认母项目的合作方式，并采取合作方式列举法表述，如高铁站片区项目合作开发方式：一二级联动、代建开发、PPP合作。

三、公共基础设施项目签约主体、项目内容、合作模式、运作模式确认

（一）方法提示

对于公共基础设施开发项目签约主体、开发项目、合作方式确认，如果在拿项目阶段，则应考虑使用多维分析法、信息比对法；如果在完工阶段，则应考虑使用是非判断法，主要考虑是否有政府部门文件资料能够证明是什么交易方式。对待判断事项、判断标准的设计时，要关注市场监管的政策节点。

本章讨论的是完工阶段的公共基础设施开发项目签约主体及合作方式确认问题，可以考虑使用多维分析法、是非判断法，应关注待判断事项、判断标准、判断结果。用多维分析法设计待判断事项，对每个待判断事项设计判断标准，然后运用是非判断法确认结果。

待判断事项：①合同主体确认，根据合同确认政府签约部门（委托方、发包方、PPP项目特许方）、社会资本签约单位（受托方、承包方、PPP项目承办方）。②项目内容，根据合同关于开发项目的约定，确定一份合同所约定的合作项目类型，如土地一级开发、商品房建设、保障性住房建设、公共基础设施建设等。③合作模式、运作模式判断，片区项目是一二级联动还是单纯的一级开发、单纯的二级开发。片区内包括的开发项目是合作开发项目、项目代建、独立开发项目，还是PPP项目。重点是看合同。④风控工具选

择，选择代建风控工具、独立开发风控工具，还是PPP项目风控工具。要按已经证明的合作方式选择风控工具。⑤PPP项目业务节点，如2016年2月29日以前的PPP项目、2016年2月29日—2017年11月10日的PPP项目、2017年11月10日以后的PPP项目。

判断标准：2016年2月29日以前的PPP项目，是否与政府签订PPP项目协议，取得配套文件；2016年2月29日—2017年11月10日的PPP项目，是否纳入全国PPP综合信息平台项目库；2017年11月10日以后的PPP项目，是否纳入全国PPP综合信息平台管理库。

判断结果：是属于代建项目，还是属于PPP项目。

（二）政策法规提示

（1）《财政部关于规范政府和社会资本合作（PPP）综合信息平台运行的通知》（财金〔2015〕166号）。

（2）《政府和社会资本合作（PPP）综合信息平台信息公开管理暂行办法》（财金〔2017〕1号）。

（3）《关于规范土地储备和资金管理等相关问题的通知》（财综〔2016〕4号）。

四、公共基础设施项目PPP模式类型及运作模式确认

（一）方法提示

PPP模式类型及运作模式确认，主要运用多维分析法和信息比对法。应关注比对事项、判断标准、判断结果。

比对事项可以根据：①项目性质判断，新建项目融资性质、存量项目非融资性质、存续企业股权产权转让、新设企业合资合作。②项目运作模式判断，每个比对事项对应的运作模型，如新建项目融资性质对应的运作模式主要有：BOT、PFI、BOOT、BT、BTO、ROT、DB、DBFO、BOO、BBO。

判断标准：①实际处理信息是否与项目性质模板信息一致；②实际处理信息是否与项目运作模式模板信息一致。

判断结果：是或否。

（二）政策法规提示

（1）《财政部 发展改革委 中国人民银行关于在公共服务领域推广政府和社会资本合作模式指导意见》（国办发〔2015〕42号）。

（2）《国家发展改革委关于开展政府和社会资本合作的指导意见》（发改投资〔2014〕2724号）文件第三条的"（一）项目适用范围"规定："PPP模式主要适用于政府负有提供责任又适宜市场化运作的公共服务、基础设施类项目。燃气、供电、供水、供热、污水及垃圾处理等市政设施，公路、铁路、机场、城市轨道交通等交通设施，医疗、旅游、教育培训、健康养老等公共服务项目，以及水利、资源环境和生态保护等项目均可推行PPP模式。各地的新建市政工程以及新型城镇化试点项目，应优先考虑采用PPP模式建设。"

五、公共基础设施项目的合同义务、交易方式、合同收入确认

（一）方法提示

公共基础设施合作项目的合同义务、交易方式、合同收入确认，主要运用是非判断法，应关注待判断事项、判断标准、判断结果。

待判断事项：①开发商的PPP项目合同义务，如项目的投资、设计、建造、运营、维护、拥有、移交、管理等。②交易方式确认，如租赁交易、转让不动产交易、物业服务交易等。③开发商的PPP项目合同收入，是履行合同义务取得的价款。

判断标准：①合同义务的判断标准：合同是否有约定。②交易方式的判断标准：财产所有权是否全部转移。③合同收入的判断标准：是否取得交易

补偿。

判断结果：是或否。

（二）政策法规提示

（1）《政府和社会资本合作模式操作指南（试行）》（财金〔2014〕113号）。

（2）《关于规范政府和社会资本合作（PPP）综合信息平台项目库管理的通知》（财办金〔2017〕92号）。

（3）《关于进一步加强政府和社会资本合作（PPP）示范项目规范管理的通知》（财金〔2018〕54号）。

（4）《财政部关于推进政府和社会资本合作规范发展的实施意见》（财金〔2019〕10号）。

六、公共基础设施项目纳税义务确认

（一）方法提示

公共基础设施开发项目纳税义务确认，主要运用是非判断法，应关注待判断事项、判断标准、判断结果。

待判断事项：已发生交易方式的纳税义务确认，如增值税、印花税、土地增值税、企业所得税。

判断标准：依据税法是否发生纳税义务。

判断结果：是或否。

（二）政策法规提示

（1）《中华人民共和国增值税暂行条例》（国务院令第691号）第一条规定，在中华人民共和国境内销售货物或者加工、修理修配劳务（以下简称劳务），销售服务、无形资产、不动产以及进口货物的单位和个人，为增值税的纳税人，应当依照本条例缴纳增值税。

（2）《营业税改征增值税试点实施办法》（财税〔2016〕36号附件1）第一条规定，在中华人民共和国境内销售服务、无形资产或者不动产的单位和个人，为增值税纳税人，应当按照本办法缴纳增值税，不缴纳营业税。

单位，是指企业、行政单位、事业单位、军事单位、社会团体及其他单位。

个人，是指个体工商户和其他个人。

（3）《中华人民共和国印花税暂行条例》第一条规定，在中华人民共和国境内书立、领受本条例所列举凭证的单位和个人，都是印花税的纳税义务人，应当按照本条例规定缴纳印花税。

（4）《中华人民共和国土地增值税暂行条例》第二条规定，转让国有土地使用权、地上的建筑物及其附着物并取得收入的单位和个人，为土地增值税的纳税义务人，应当依照本条例缴纳土地增值税。

（5）《中华人民共和国企业所得税法》第一条第一款规定，在中华人民共和国境内，企业和其他取得收入的组织为企业所得税的纳税人，依照本法的规定缴纳企业所得税。

第三节 公共基础设施项目纳税风险管理的范例

| 案例一 |

凤城公路项目的纳税义务确认

一、凤城公路项目调查情况

（一）合作各方及签署文件

齐鲁市罗庄区城市建设投资开发有限公司与齐鲁A房地产开发有限公司签订了"凤城公路项目PPP合作协议"。协议约定政府方为齐鲁市罗庄区城市建设投资开发有限公司，社会资本方为北京A房地产开发有限公司，项目公司为齐鲁A房地产开发有限公司。项目运作模式为建设—移交（BT）模式。

（二）项目规模及周期

凤城公路项目呈南北走向，道路全长792米，道路红线宽度为60米，包括道路工程、排水工程、照明工程。

项目投资额15亿元，于2012年10月25日开工建设，2013年7月25日竣工验收。

（三）投资回报

凤城公路项目二级开发回报，齐鲁市罗庄区城市建设投资开发有限公司按二级开发总成本15亿元的10%给予固定回报，其中支付北京A房地产开发有限公司0.6亿元利息，支付齐鲁A房地产开发有限公司0.9亿元开发服务费。

二、凤城公路项目有关各方、合作项目、合作方式确认

（一）有关各方及合作项目

（1）政府方：齐鲁市罗庄区城市建设投资开发有限公司。

（2）社会资本方：北京A房地产开发有限公司。

（3）项目公司：齐鲁A房地产开发有限公司。

（4）合作项目：凤城公路项目，投资额15亿元，于2012年10月25日开工建设，2013年7月25日竣工验收。

（二）凤城公路项目的合作方式确认

1.确认情况

齐鲁市罗庄区城市建设投资开发有限公司与齐鲁A房地产开发有限公司签订了"凤城公路项目PPP合作协议"。协议约定政府方为齐鲁市罗庄区城市建设投资开发有限公司，社会资本方为北京A房地产开发有限公司，项目公司为齐鲁A房地产开发有限公司。项目运作模式为：建设—移交（BT）模式。

2.确认为PPP项目的事实理由说明

PPP项目是指政府与私人部门组成特殊目的机构（SPV），引入社会资本，共同设计开发、共同承担风险、全过程合作的公共基础设施项目，期满后项目资产再移交给政府的公共服务开发运营方式。

根据"凤城公路项目PPP合作协议"约定，采取政府与社会资本合作的方式，项目公司经政府授权，承办凤城公路项目建设业务，项目公司代表政府融入社会资本，采取了PPP项目模式，选择了建设—移交（BT）运作方式。因此，凤城公路项目属于PPP项目。

3.确认方法提示

新建PPP项目的（BT）运作方式特点是，政府方与社会资本签约，设立项目公司，以阶段性业主身份负责某项基础设施的融资、建设，并在完工后即交付给政府。凤城公路项目的上述资料可以说明该项目具有新建PPP项目的（BT）运作方式特点。

《国家发展改革委关于开展政府和社会资本合作的指导意见》（发改投资〔2014〕2724号）文件第三条的"（一）项目适用范围"规定："PPP模式主要适用于政府负有提供责任又适宜市场化运作的公共服务、基础设施类项目。燃气、供电、供水、供热、污水及垃圾处理等市政设施，公路、铁路、机场、城市轨道交通等交通设施，医疗、旅游、教育培训、健康养老等公共服务项目，以及水利、资源环境和生态保护等项目均可推行PPP模式。各地的新建市政工程以及新型城镇化试点项目，应优先考虑采用PPP模式建设。"

（三）风控工具选择

凤城公路项目，选择PPP项目风控工具。

三、凤城公路项目PPP模式类型及运作模式确认

（一）项目性质

凤城公路项目属于新建项目融资性质的项目。判断证据：凤城公路项目PPP合作协议。文件依据：《国家发展改革委关于开展政府和社会资本合作的指导意见》（发改投资〔2014〕2724号）第三条的"（一）项目适用范围"规定："PPP模式主要适用于政府负有提供责任又适宜市场化运作的公共服务、基础设施类项目……各地的新建市政工程以及新型城镇化试点项目，应优先考虑采用PPP模式建设。"

（二）项目运作模式

凤城公路项目运作模式为：建设—移交（BT）。判断证据：根据"凤城公路项目PPP合作协议"约定，凤城公路项目建设完工后，项目公

司将项目资产移交给政府。

四、凤城公路项目的合同义务、交易方式、合同收入确认

（一）合同义务事项

齐鲁A房地产开发有限公司合同义务事项有融资、设计、建设、移交。

项目投资方北京A房地产开发有限公司合同义务事项是投资。

判断证据："凤城公路项目PPP合作协议"中，关于项目公司组建及项目公司责任的有关条款。

（二）交易方式确认

齐鲁A房地产开发有限公司为凤城公路项目建设提供融资、项目管理服务（项目有关各方组织协调服务、审批备案服务）、项目开发专业服务（设计、建设、移交），应确认为销售专业服务方式。

由于齐鲁A房地产开发有限公司仅拥有凤城公路项目的占有权，不拥有使用权、收益权、处置权。项目公司向政府移交凤城公路项目不动产时，仅是占有权的转移，而不是使用权、收益权、处置权的转移，不属于不动产转让行为。

投资方北京A房地产开发有限公司交易方式是债权投资的金融服务方式。

提示：建筑施工服务属于齐鲁A房地产开发有限公司采购事项，有关支出计入项目成本，不属于凤城公路项目回报内容。

（三）合同收入事项

齐鲁A房地产开发有限公司合同收入是开发服务收入0.54亿元。投资方北京A房地产开发有限公司合同收入是利息收入0.36亿元。

判断证据："凤城公路项目PPP合作协议"中，回报方式的有关条款。

五、凤城公路项目的纳税义务确认

齐鲁A房地产开发有限公司（项目公司）仅拥有凤城公路项目的占有权，不拥有使用权、收益权、处置权。项目公司向政府移交凤城公路项目不动产时，仅是占有权的转移，而不是使用权、收益权、处置权的转移，不属于不动产转让行为，不产生不动产转让收入。因此，在移交环节不发生营业税、印花税、土地增值税、企业所得税的纳税义务。

齐鲁A房地产开发有限公司合同收入0.54亿元，是销售服务收入，按开发服务缴纳营业税。

投资方北京A房地产开发有限公司合同收入是利息收入0.36亿元，按贷款业务缴纳营业税、印花税。

|案例二|

高铁站前广场基础设施开发项目的纳税义务确认

一、高铁站片区站前广场基础设施项目情况调查
（一）合作各方及签署文件
（1）政府部门：淮河经济技术开发区管理委员会。
（2）社会资本方：燕山A建设有限公司。
（3）项目公司：淮河经高项目建设公司（由淮河经济技术开发区管理委员会与燕山A建设有限公司共同组建）。
（4）签署文件：淮河经济技术开发区管理委员会与淮河经高项目建设公司签订"站前广场PPP项目合作协议"，约定站前广场（公共基础设施）建设内容包括：6.05平方千米范围内的所有城市道路（含机场路约1.5千米，西航路延伸段约1.8千米）建设（含绿化、强弱电、给排水、通讯、消防设施、照明、交叉口安全设施等）；公交站台、垃圾转运站、

公厕等;还约定站前广场项目开发周期为2015年4月开工,2018年3月项目竣工并交付使用;还约定站前广场投资10亿元。

(二)站前广场PPP项目操作模式

乙方负责按照政府批准的修建性详规全额投资并完成高铁站前广场建设,所有权归甲方,甲方同意乙方无偿拥有乙方投资建设的站前广场范围内的所有地上、地下商业及停车场等设施15年的经营权,起始时间以广场建成竣工验收合格之日起算。15年期满后乙方无偿移交给甲方。站前广场投资列入高铁片区土地一级开发成本。

(三)站前广场PPP项目回报为15年经营权运营收入

站前广场PPP项目回报的对价方式为无形资产。具体内容是:乙方投资建设的站前广场范围内的所有地上、地下商业及停车场等设施15年的经营权运营收入。

2018年4月1日,站前广场范围内的所有地上、地下商业及停车场等设施开始正式营业。截至2018年12月31日,共取得租赁收入2 000万元,物业经营收入1 000万元。

二、高铁站片区项目有关各方、合作项目、合作方式确认

(一)有关各方、合作项目

(1)政府部门:淮河经济技术开发区管理委员会。

(2)社会资本方:燕山A建设有限公司。

(3)项目公司:淮河经高项目建设公司(由淮河经济技术开发区管理委员会与燕山A建设有限公司共同组建)。

(4)合作项目:站前广场(公共基础设施)二级开发(PPP模式)。

(二)合作方式确认

高铁站前广场(公共基础设施)为PPP项目合作方式。安置房、收储土地一级开发不属于PPP项目的法定适用范围。

事实根据:2016年2月29日以前的PPP项目。

判断证据:与政府签订的"淮河经济技术开发区高铁站片区开发项

目合作协议""站前广场PPP项目合作协议"。

文件依据:《国家发展改革委关于开展政府和社会资本合作的指导意见》(发改投资〔2014〕2724号)第三条的"(一)项目适用范围"规定:"PPP模式主要适用于政府负有提供责任又适宜市场化运作的公共服务、基础设施类项目。燃气、供电、供水、供热、污水及垃圾处理等市政设施,公路、铁路、机场、城市轨道交通等交通设施,医疗、旅游、教育培训、健康养老等公共服务项目,以及水利、资源环境和生态保护等项目均可推行PPP模式。各地的新建市政工程以及新型城镇化试点项目,应优先考虑采用PPP模式建设。"

(三)项目运作模式

站前广场(公共基础设施)运作模式为:建设—运营—移交(BOT)。判断证据:根据"淮河经济技术开发区高铁站片区开发项目合作协议"及补充协议约定,站前广场建设完工后,项目公司取得15年的经营权,期满后移交给政府。

(四)风控工具的选择

站前广场(公共基础设施),选择PPP项目风控工具。

三、站前广场(公共基础设施)合作项目的合同义务、交易方式、合同收入确认

(一)合同义务事项

项目公司合同义务事项有融资、设计、建设、运营、移交。

合同乙方燕山A建设有限公司合同义务事项是投资。

判断证据:"淮河经济技术开发区高铁站片区开发项目合作协议""站前广场PPP项目合作协议"中,关于项目公司组建及项目公司责任的有关条款。

(二)交易方式确认

结论:根据租赁协议和物业服务协议确认2018年发生了不动产租赁交易、物业服务交易。15年经营期满后,移交站前广场(公共基础设施)不属于不动产转让交易。

合同乙方燕山A建设有限公司交易方式是债权投资。

项目公司仅拥有站前广场（公共基础设施）合作项目的占有权，不拥有使用权、收益权、处置权。项目公司向政府移交站前广场（公共基础设施）合作项目不动产时，仅是占有权的转移，而不发生使用权、收益权、处置权的转移，不属于不动产转让行为。

（三）合同收入事项

站前广场PPP项目合同收入为15年经营权运营收入。截至2018年12月31日，共取得租赁收入2 000万元，物业经营收入1 000万元。

站前广场PPP项目回报的对价方式为无形资产。具体内容是：乙方投资建设的站前广场范围内的所有地上、地下商业及停车场等设施15年的经营权运营收入。

合同乙方燕山A建设有限公司合同收入是利息收入。

判断证据："淮河经济技术开发区高铁站片区开发项目合作协议""站前广场PPP项目合作协议"中，关于站前广场PPP项目15年经营权的有关条款。2018年4月1日，站前广场范围内的所有地上、地下商业及停车场等设施开始正式营业。根据租赁协议和物业服务协议确认2018年收入情况。

四、站前广场（公共基础设施）合作项目的纳税义务确认

政府让渡15年经营权，不发生纳税义务。项目公司2018年取得租赁收入2 000万元适用不动产租赁税目，物业经营收入1 000万元适用商务辅助服务——物业管理税目。

15年经营权期满后移交不动产时，政府和项目均不发生纳税义务。

项目公司仅拥有站前广场（公共基础设施）合作项目的占有权，不拥有使用权、收益权、处置权。项目公司向政府移交站前广场（公共基础设施）合作项目不动产时，仅是占有权的转移，而不发生使用权、收益权、处置权的转移，不属于不动产转让行为，不产生不动产转让收入。因此，在移交环节不发生增值税、印花税、土地增值税、企业所得税的纳税义务。

合同乙方燕山A建设有限公司合同收入是利息收入,按贷款业务缴纳增值税、印花税。

|案例三|

BT、BOT、PPP模式增值税处理

一、项目介绍

2019年12月20日,企业就PPP模式合作的高级中学建设项目如何进行增值税处理问题,向河南税务12366指挥中心进行咨询。提出的问题是:高级中学建设项目,建筑面积约90 000平方米,包含13栋单体建筑及配套内容,属PPP政府付费项目,实施机构代表政府在支付可用性服务费和运维绩效服务费时,项目公司应当向实施机构开具什么税目的增值税发票,税率应为多少?

二、BT模式增值税处理的答复

BT是政府利用非政府资金来进行非经营性基础设施建设项目的一种融资模式,指一个项目的运作通过项目公司总承包,融资、建设、验收合格后移交给业主,业主向投资方支付项目总投资加上合理回报的过程。目前,BT项目的推进模式主要有两类,一是投资方参与建设,承担项目的融资、投资和施工等职责,但不成立单独的项目公司;二是投资方不参与建设,通常为单独成立的项目公司,承担项目的融资、投资等职责,并与施工方签订施工合同。对于BT项目,如果合同中对工程投资金额和投资回报分别进行明确约定的,投资方和业主方共同确认的工程投资金额由投资方按照"建筑业"计算缴纳增值税,取得的回报收入按照"利息收入"缴纳增值税。如果合同中对工程投资金额和投资回报没有分别进行明确约定的,投资方取得的全部收入按照"建筑业"缴

纳增值税。

三、BOT模式增值税处理的答复

BOT是指政府部门就某个基础设施项目与私人企业（项目公司）签订特许权协议，授予签约方的私人企业（项目公司）来承担该项目的投资、融资、建设和维护，在协议规定的特许期限内，许可其融资建设和经营特定的公用基础设施，并准许其通过向用户收取费用或出售产品以清偿贷款，回收投资并赚取利润。政府对这一基础设施有监督权、调控权，特许期满，签约方的私人企业将该基础设施无偿或有偿移交给政府部门。纳税人投资BOT项目，以项目建成后实际运营中取得的全部价款和价外费用，根据实际提供的服务项目所对应的征收率或者税率计算缴纳增值税。纳税人未分别准确核算各服务项目收入的，一律从高适用征收率或者税率。

四、PPP模式增值税处理的答复

PPP模式，从广义看是政府与社会资本合作，让非公共部门所掌握的资源参与提供公共产品和服务的一种项目融资模式。从狭义看，与BOT相比，政府对项目中后期建设管理运营过程参与更深。BT、BOT、PPP项目建成以后，纳税人为项目资产提供管理和维护等服务取得的全部价款和价外费用，分别准确核算各服务项目收入的，按照各服务项目所对应的征收率或者税率计算缴纳增值税。纳税人未分别准确核算各服务项目收入的，一律从高适用征收率或者税率。

第七章

收储土地开发的纳税风险管理

第一节　收储土地应知应会事项

一、收储土地

储备用地是完成储备用地前期开发，形成土地使用权类型的无形资产，产权归政府所有。

储备土地是非国有建设用地，经过政府征用形成的政府储存待售的国有建设用地。在2020年农村土地入市之后，农村土地入市不需要执行储备土地程序。

储备土地必须是国有建设用地。我国土地按所有权来说分为国有土地和集体土地，按利用类型来说可大体分为建设用地和非建设用地。在国土系统有个名词"农转征"，全称为"农用地转用与土地征收"，这是非国有建设用地变为国有建设用地必需的一环，需要经过国务院和省级人民政府审批。

根据《关于规范土地储备和资金管理等相关问题的通知》（财综〔2016〕4号）第二条规定，2016年2月2日以后，土地储备机构不得承担城市基础设施建设、城镇保障性安居工程建设等与土地储备职能无关的事务。因此，政府储备土地不属于城市基础建设设施，也不属于公共配套设施。

二、土地一级开发提法的文件依据

土地一级开发的概念主要来源于地方性文件，国务院及有关部门层面文件没有这个概念。如昆明、贵阳、大连、包头、北京等关于土地一级开发的地方规范性文件，都有关于土地一级开发定义的规定。

《土地储备管理办法》（国土资规〔2017〕17号）的"一、总体要求"规定："（二）土地储备是指县级（含）以上国土资源主管部门为调控土地市场、促进土地资源合理利用，依法取得土地，组织前期开发、储存以备供应的行为。"该项规定有三项业务活动：①依法取得土地，是征地拆迁与安置补偿，将土地收归国有；②组织前期开发，是"三通""五通""七通""一平"等土地一级开发；③储存以备供应，是土储机构收储。

《北京市土地储备和一级开发暂行办法》（京国土市〔2005〕540号）第二条规定："本办法所称土地储备和一级开发，是指政府依法通过收购、收回、征收等方式储备国有建设用地，并组织实施拆迁和市政基础设施建设，达到土地供应条件的行为。"

《昆明市社会资金参与土地一级开发整理项目的办法（修订）》规定："本办法所称参与土地一级开发整理，是指在市人民政府授权市级国有投资公司或县级地方人民政府进行土地一级开发整理过程中，社会资金参与一定区域内土地的征地、拆迁、安置，实施道路、供水、供电、供气、排水、通信、照明、绿化、土地平整等市政基础设施配套建设工作，使该区域内土地具备供应条件的行为。"

《包头市土地一级开发办法》规定："本办法所称土地一级开发，是指市人民政府依据国民经济和社会发展计划、城市总体规划和土地利用总体规划，使用土地储备资金或社会资金对项目范围内的土地及地上物实施征收、补偿和整理，使土地具备土地供应条件的行为。"

《濮阳市土地一级开发整理暂行办法》规定："本办法所称土地一级开发整理，是指政府依据国民经济和社会发展规划、城市总体规划和土地利用总体规划，对一定区域范围内的城市国有土地或者乡村集体土地统一组织实施征收、拆迁、安置、补偿，根据需要进行适当的'三通一平''五通一平'或'七通一平'等城市基础设施建设，使该区域范围内土地达到土地供应的条件。"

三、土地一级开发主体、拆迁主体的演变

根据自然资源部党组的文件规定，禁止土地储备部门直接进行土地一级开发，土地前期开发必须按规定通过招标方式选择工程实施单位。因此，土地一级开发的主体是通过招标方式选择的工程实施单位，如建筑公司、房地产开发企业。

《中共国土资源部党组关于国土资源系统开展"两整治一改革"专项行动的通知》（国土资党发〔2010〕45号）的"一、开展土地和矿业权交易市场专项整治"中的"（三）切实加强土地储备机构管理"规定："土地储备机构必须与其下设或挂靠的从事土地开发相关业务的机构彻底脱钩。收购土地遴选价格评估机构应坚持公开、公正的选择方式，土地前期开发必须按规定通过招标方式选择工程实施单位。各地自然资源部门及所属企事业单位，不得直接从事土地一级开发。"

2011年1月21日实施的《征收与补偿条例》，取消了企业作为拆迁人的拆迁行为，因而补偿就只能是政府所进行的行政补偿。剥夺了土地使用方的拆迁人资格，开发商不再是拆迁人。供应土地状况，由毛地变为净地。

在《土地储备管理办法》（国土资规〔2017〕17号）、《关于联合公布第三批政府和社会资本合作示范项目加快推动示范项目建设的通知》（财金〔2016〕91号）和《土地储备资金财务管理办法》（财综〔2018〕8号）等文件中，也一再强调土地储备实施主体只能是纳入自然资源部名录管理的土地储备机构的问题。因此，土地一级开发的项目主体，只能由纳入自然资源部名录管理的事业单位土地储备机构担任，不能由社会资本、城投公司、PPP项目主体担任。土地储备实施主体，是指土地储备项目的业主，是土地储备项目开发的发包方，合同中的身份是甲方。

在《关于规范土地储备和资金管理等相关问题的通知》（财综〔2016〕4号）颁布之前，虽然存在土地一级开发工作多部门交叉监管、不同机构或企

业单位负责实施土储事项,资金筹集及使用各不相同的情况,但是(财综〔2016〕4号)文件出台后,对土地储备机构作进一步规范,明确规定每个县级以上(含县级)法定行政区划原则上只能设置一个土地储备机构,并要求土地储备工作只能由纳入名录管理的土地储备机构承担,各类城投公司等其他机构一律不得再从事新增土地储备工作。城投公司在2016年2月2日以后可以作为开发商或施工单位参与土地一级开发的工作。

四、土地一级开发按运作方式划分

(一)政府主导运作模式

政府主导运作模式,是指通过成立隶属于土地主管部门的事业单位或者职能处室,由政府控制土地的供应计划,由事业单位或职能部门负责一级开发工作的手续办理和资金筹措等,进行土地一级开发。

目前,主要由政府建立的土地储备机构或者国有控股、参股企业进行土地一级开发;土地储备机构也可以将基础设施建设等工作委托专门企业负责。《北京市土地储备和一级开发暂行办法》规定:由土地储备机构负责实施开发、土地储备机构自筹资金、通过招标方式选择开发企业具体开发的,开发企业的管理费不高于土地储备开发成本的2%。

(二)完全市场运作模式

完全市场运作模式是指政府把纳入土地储备计划范围内的生地或毛地出让给土地开发企业。由土地开发企业进行征地、拆迁等工作,并进行市政建设,待开发的土地达到熟地条件后,由土地一级开发企业对外转让土地或者自行开发。在土地储备制度已经逐步建立并完善的情况下,该种方式已经较少采用。

(三)政府主导的市场化运作模式

政府主导的市场化运作模式,由政府通过招标方式选择开发企业实施土地开发，开发企业负责筹措资金、办理规划、项目核准、征地拆迁和大市政建设等手续并组织实施。通过招标方式确定开发企业后，土地储备机构与中标开发企业签订土地一级开发委托协议。实施这一模式的主要是北京市，2005年9月和2006年5月，北京市国土房管局出台了《北京市土地储备和一级开发暂行办法》和《北京市土地一级开发项目招投标暂行办法》，上述规定中确认：土地储备开发坚持以政府主导、市场化运作的原则，可以由土地储备机构承担或者通过招标方式选择有相应资质等级的房地产开发企业承担，并且限制土地一级开发企业的利润率。通过招标方式选择开发企业实施土地开发，企业负责资金筹措并负责办理相关手续的，利润率不高于预计成本的8%。

政府主导的市场化运作模式，一级开发的权利主体为土地资源管理部门或者是土地储备机构，而土地储备机构应通过招投标的方式将上述一级开发项目委托给相关企业实施。

五、土地一级开发盈利模式及适用文件

（一）购买服务+固定收益的模式

购买服务+固定收益的模式，是由政府统一支付固定的一级开发利润，保证增值收益底线，开发商仅从土地一级开发本身获利。

在该模式下的土地一级开发，开发商主要参与储备土地的前期开发，如"三通一平""七通一平"等基础设施建设。合作成果是无形资产——政府收储的土地使用权，并不形成固定资产。因此，该模式开发商与政府合作过程中，不适用《政府投资条例》，仅适用国家土地储备的有关文件。

该模式有三种具体形式：①土地一级开发由土地储备机构主导，负责筹措资金、办理规划、项目核准、征地拆迁及大市政建设等手续并组织实施。开发企业仅仅作为土地储备机构的受托人，具体执行一级开发相关事务，开发企业的管理费（利润率）为开发成本的2%；②开发企业自行负责筹措资

金、办理规划、项目核准、征地拆迁和大市政建设等手续并组织实施的，利润率为开发成本的8%。③政府承诺收益保底，政府承诺开发企业投入土地一级开发资金每年将获得最低收益（通常为12%～15%），所提取的收益不足开发总成本的5%时，政府将补足差额。

（二）项目合作＋出让分成的模式

项目合作＋出让分成的模式，即政府与开发商共同出资设立项目公司，合作双方按出资比例分配土地出让金。2007年以后，这种模式被文件禁止。

合作成果是无形资产——政府收储的土地使用权，并不形成固定资产。在该模式下的土地一级开发，开发商仅参与储备土地的前期开发。因此，该模式开发商与政府合作过程中，不适用《政府投资条例》，而适用国家土地储备的有关文件。

项目合作＋出让分成的模式，一般是指一级开发企业与项目所在地政府联手，按照双方商议确定的一定比例进行直接的土地出让金分成，以此获取一级开发企业的合法收益。常见的有两种具体操作方法：

（1）企业与政府签订《土地一级开发委托协议》，协议中明确双方土地出让金分成比例，企业凭借合法协议获得土地出让金的分成权。

（2）企业与政府合资成立项目公司，企业凭借在合资公司中股权的占比而获得土地出让金的分成权。但分享土地出让金的模式也有一定的局限性，由于我国土地的全民属性，为避免国有资产流失，土地出让金分成模式要求参与合作的一级开发企业性质必须是国有企业，而且从采取此类盈利模式的一些案例来看，一级开发企业的背景一般均为项目所在地政府的平台公司。

项目合作＋出让分成的模式，尽管不符合《土地储备管理办法》（国土资发〔2007〕277号）、《国务院关于加强国有土地资产管理的通知》（国发〔2001〕15号）、《国务院办公厅关于规范国有土地使用权出让收支管理的通知》（国办发〔2006〕100号）的规定，但是这三个文件不属于法律、行政法规，如果以案涉协议违反上述规范性文件为理由主张合同无效，法院不一定会给予支持，争议风险是比较大的。

（三）一二级联动＋开发代建综合收入的模式

一级二级联动指储备土地前期开发＋代建基础设施项目，综合收入指开发服务费＋出让金分成。开发商只承办开发服务事项和代建服务事项，不提供建筑施工服务。

合作成果有两类：一是无形资产——政府收储的土地使用权，二是政府固定资产——基础设施项目，如河道、景观等通路以外的基础设施项目。因此，该模式下开发商与政府的合作过程，既适用《政府投资条例》，又适用国家土地储备的有关文件。

一级二级联动＋综合收入的模式是指一级开发企业除获得土地一级开发成本补偿部分外，还可以与政府商定按一定比例分享土地出让金增值收益。分享土地增值收益，在实务操作中，已经演变为一级开发与投资政府基础设施的联动过程，在这个过程中一要取得开发补偿，二要获取增值收益。

当开发企业完成一级开发之后，由政府进行招拍挂出让，出让所得减去开发成本（项目前期费用、征地拆迁补偿费用、市政基础设施建设费用、工程建设其他费用、相关税费等构成）以及政府提取的各项费用（土地收益基金、失地农民保障金等）后，在政府和企业之间按照约定的比例进行分成，获得属于自己的那部分土地出让增值收益。分配比例通常跟土地一级开发的难度大小有关，一些拆迁难度比较大或者是地理位置相对较偏的地块，土地一级开发商的分成通常要高一些。

实现一级开发与投资政府基础设施的盈利模式，有三个前提：①当地政府的分享机制；②一级开发中的授权范围；③分批出让计划的安排。授权范围，可以在"土地一级开发委托协议"中约定。

在土地一二级联动开发中，政府为了尽快实现土地增值，既委托开发商承办土地储备前期开发业务，又委托开发商承办土地储备职能无关的业务。如投资环境景观，本质是通过提高生态效益来实现经济效益，其方式包括改造旧河道、变废为宝，加强景观和园林的规划建设、美化环境等；又如投资公共配套设施，本质是通过提高社会效益来实现经济效益，其方式包括配套制冷及热力供应、地下综合商城、停车场等。

《关于规范土地储备和资金管理等相关问题的通知》（财综〔2016〕4号）第二条规定："土地储备机构不得在土地储备职能之外，承担与土地储备职能无关的事务，包括城市基础设施建设、城镇保障性安居工程建设等事务，已经承担的上述事务应当按照本通知第一条规定限期剥离和划转。"2016年2月2日以后，土地储备机构没有资格与开发商签订城市基础设施建设、城镇保障性安居工程建设等事务的协议。如果签了此协议，则属于违反强制性规定的协议。之前签订的属于应清理的协议。

（四）一二级联动＋开发公建配套设施服务综合收入的模式

一二级联动＋开发公建配套设施服务综合收入的模式内容如下。一二级联动：储备土地前期开发＋代建公共配套设施；综合收入：开发服务费＋公建配套设施物业服务。合作成果有两类：一是无形资产——政府收储的土地使用权，二是政府固定资产——公共配套设施。因此，该模式开发商与政府合作的过程中，既适用《政府投资条例》，又适用国家土地储备的有关文件。

持有优质公建配套设施模式，是指政府授权土地一级开发主体可以投资公共配套设施，开发商则可以通过持有优质公建物业，提供公共配套服务而获得长期现金流。该盈利模式的本质是政府允许土地一级开发主体进行部分配套的二级开发建设，这取决于土地一级开发主体与政府的沟通和协调。与当地政府投资的企业共同投资公共配套设施，会有利于促成此事。

《关于规范土地储备和资金管理等相关问题的通知》（财综〔2016〕4号）第二条规定："土地储备机构不得在土地储备职能之外，承担与土地储备职能无关的事务，包括城市基础设施建设、城镇保障性安居工程建设等事务，已经承担的上述事务应当按照本通知第一条规定限期剥离和划转。"2016年2月2日以后，土地储备机构没有资格与开发商签订城市基础设施建设、城镇保障性安居工程建设等事务的协议。如果签了这个协议，属于违反强制性规定的协议。之前签订的属于应清理的协议。

（五）一级开发风险投资模式

开发商作为投资方与地方政府合作，投资企业搬迁、危房拆除、土地平整等土地整理工作这类政府土地改造项目。土地拆迁、安置及补偿工作,由施工企业、拆迁企业承办,投资方负责按计划支付土地整理所需资金。投资方作为建设方与规划设计单位、施工单位签订合同,协助地方政府完成土地规划设计、场地平整、地块周边绿化等工作,并直接向规划设计单位和施工单位支付设计费和工程款。

当该地块符合国家土地出让条件时,地方政府将该地块进行挂牌出让,若成交价低于投资方投入的所有资金,亏损由投资方自行承担;若成交价超过投资方投入的所有资金,则所获收益归投资方。

六、土地一级开发流程与证据链设计

土地一级开发的实物流、资金流、发票流(或称收据流)等有关证据链,应根据土地一级开发流程进行设计。因此,纳税风险评估应注意了解相关的业务流程,并设计证据资料清单。

与政府相关的业务监管流程,主要有四点:"进哪个门""办什么事""找哪个人""拿什么文"。关于"拿什么文",一是开发商提交什么资料,二是政府出具什么文书文件。开发商提交的资料、政府出具的文书文件,都属于证据清单的范围,都是确认一级开发的证据。

土地一级开发流程主要包括八个环节:项目预审、编制开发方案、项目会审、确定开发商、项目审批、征收土地、实施开发、储备土地入库。

七、土地拆迁制度向国家征收制度的演变

(一)《拆迁条例》与《征收补偿条例》的衔接

2011年颁布的《国有土地上房屋征收与补偿条例》(以下简称《征收补偿条例》)彻底改变了以往的拆迁制度,拆迁制度改为国家征收制度。《征收补偿条例》作为行政法规明确规范了国有土地上房屋征收与补偿行为,明确了如何维护公共利益和保障被征收房屋所有权人的合法权益,并废止了

《城市房屋拆迁管理条例》(以下简称《拆迁条例》)。

1992年以后,我国确立了建立社会主义市场经济体制的方针,房地产业迅速崛起,进而旧城改造速度大大加快。随着经济的发展和法制的健全,1991年3月颁布的《拆迁条例》以及2001年6月颁布的新《拆迁条例》都已不适应当前社会的发展而被废止。《征收补偿条例》已由国务院于2011年1月21日颁布施行。

(二)将拆迁制度改为国家征收制度

在2011年《征收与补偿条例》颁布以前,当企事业单位需要使用某一块国有土地时便可根据《拆迁条例》向市、县人民政府房屋拆迁管理部门提交申请,经批准后成为拆迁人,自行对原地上房屋所有权人(即被拆迁人)实施拆迁,并且可以根据该条例的规则取得相关部门和法院的支持,甚至可以对被拆迁人实施强拆。《拆迁条例》的规定使拆迁人获得了以国家强制力从而达到拆迁目的的能力,这种原本是平等主体之间的法律行为因为法律程序的原因变得严重不平等了,造成了大量的拆迁人与被拆迁人之间的强烈矛盾,从而带来了大量的社会问题。《征收与补偿条例》实施后,拆迁制度不复存在,取而代之的是有偿的国家征收制度。征收的主体是代表国家的市、县级人民政府,企业不能作为拆迁的主体,不能以拆迁人的身份来实施拆迁。

(三)征收的原因只能是为了公共利益的需要

原《拆迁条例》对于拆迁的原因没有明确的规定,仅在第一条中提到制定该条例的目的是保障建设项目顺利进行,于是,工业企业建设厂房、房地产开发企业进行房地产开发、政府进行市政建设、旧城改造或者在旧城改造时引入企业进行商业开发等原因都可能进行拆迁。《征收与补偿条例》中对于征收的原因作出了明确的规范:目的是保障国家安全、促进国民经济和社会发展等公共利益的需要,除了此目的外,均不得以征收的方式剥夺房屋所有权人对房屋和土地的相关权利。而且《征收与补偿条例》以列举的方式对六种可以实施征收的情形作了明确的说明:一是国防和外交的需要,二是由政府组织实施的能源、交通、水利等基础设施建设的需要,三是由政府组织实施的科技、教育、文化、卫生、体育、环境和资源保护、防灾减灾、文物保护、社会福利、市政公用等公共事业的需要，四是由政府组织实施的保障性安居工程建设的需要，五是由政府依照城乡规划法有关规定组织实施的对危房集中、基础设施落后等地段进行旧城区改建的需要，六是法律、行政法规规定的其他公共利益的需要；其中第六项虽然没有明确具体的内容，但对目的的要求很明确，即必须是为了满足公共利益的需要。

（四）补偿方式由拆迁人对被拆迁人进行补偿改为由市、县人民政府对被拆迁人进行补偿

特别是房地产开发商作为拆迁人的时候，因为其经营的特性，就决定了拆迁人在主观上有尽量降低补偿支出的意图，与被拆迁人尽量多获得赔偿的想法相互矛盾，所以拆迁人和被拆迁人的冲突基本上都集中在补偿的数量上，从而造成了大量的社会矛盾。《征收与补偿条例》取消了拆迁人的拆迁行为，因而补偿就只能是政府所进行的行政补偿，政府的征收行为是基于公益目的而进行的，没有盈利的意图，因而被征收人的利益相对来说就更有保障。

（五）取消了由政府有关部门实施强制拆迁的权力，强制拆迁只能由法院来执行。

《拆迁条例》规定被拆迁人或者房屋承租人在裁决规定的搬迁期限内未搬迁的，由房屋所在地的市、县人民政府责成有关部门强制拆迁，或者由房屋拆迁管理部门依法申请人民法院强制拆迁，赋予了政府相关部门强制拆迁的决定权和执行权，而这些相关部门为了经济利益或者政绩的需要，任意地决定对被拆迁人的房屋进行强制拆迁，虽然拆迁人和被拆迁人的矛盾基本上都集中在补偿的数量上，但这种矛盾暴露在公众面前并引发公众关注的事件，一般来说都是由于强制拆迁所导致的各种事端。《征收与补偿条例》实施后，政府只能向人民法院申请，人民法院对申请进行司法审查后由人民法院来实施强制搬迁。这种严格的司法程序，较之以前，会极大地保护被征收人的合法利益。

（六）城市房地产开发活动中土地的取得制度发生了根本性的改变。

国有土地的开发建设者建所需土地，要么从地方政府的出让方式取得，要么就只能与原国有土地使用权人平等协商，签署国有土地使用权及其地上建筑物的所有权有偿转让协议，向原使用权人支付报酬，原使用权人交付国有土地的使用权及地上建筑物的所有权并到相关部门进行权属变更登记，开发建设者成为权利人后拆迁就成为开发商自己的事了，不再与原使用权人发生法律上的关系。在这种制度下，国有土地上的房屋所有者就只会面临为了社会公共利益征收这一种被动失去原房屋的情形，不会再遇到"拆迁"这样不情愿但又无可奈何的情况。

国有土地上房屋征收制度的确立，使我国的经济建设和城市发展得到了进一步规范，即应该由市场调节的企业建设、房地产开发等行为由企业自行以市场的方式来解决，政府只在法律法规所规范的国防外交、基础设施建设、公共事业、保障性安居工程建设、旧城区改建以及其他公共利益需要等领域实施相应的行政行为，使我国的法制化进程迈上了一个新的台阶，同时也使得我国市场经济的发展变得更加公平有序。

（七）明确了市场价格作为房屋拆迁补偿标准

《拆迁条例》第二十四条规定："货币补偿的金额，根据被拆迁房屋的区位、用途、建筑面积等因素，以房地产市场评估价格确定。"该条规定从两个方面规定了如何确认货币补偿金额，一是货币补偿金额要考虑的因素，二是货币补偿金额的确认依据是评估价。该条存在两个缺陷：一是没有规定拆迁补偿的标准，应按市场价确定，而是规定按评估价确定；二是没有规定评估的补偿标准的基准日。客观上造成了补偿标准选择的争议不断，加剧了拆迁的社会矛盾。

《征收与补偿条例》第十九条规定："对被征收房屋价值的补偿，不得低于房屋征收决定公告之日被征收房屋类似房地产的市场价格。被征收房屋的价值，由具有相应资质的房地产价格评估机构按照房屋征收评估办法评估确定。"该条规定有三层意思：一是明确规定了拆迁补偿标准市场价确定；

二是规定了市场价的底线;三是规定被征收房屋的价值按评估价确定。

将两个文件进行比较不难看出,共同点是被征收房屋的价值按评估价确定;区别:一是拆迁补偿标准不同,拆迁条例以评估价为标准,征收条例是以市场价为标准;二是评估标准基准日不同,拆迁条例未作规定,征收条例明确规定补偿标准基准日为房屋征收决定公告之日。

产权调换的实物补偿标准。按照被拆除房屋的建筑面积计算,即采取产权调换方式的补偿标准是被拆除房屋的建筑面积。其中,偿还面积与原面积相等的部分,按重置价格计算结构差价;偿还面积超过原面积的部分,按商品房价格结算;偿还面积不足原面积的部分,按重置价格结合成新度结算。

拆迁的货币补偿标准。按照被拆除房屋的建筑面积的重置价格结合成新度计算。实行货币补偿的,应由房屋所在地房地产管理部门或法定评估机构对被拆除房屋进行评估,以评估价格作为计算依据。

八、土地储备项目是否属于固定资产投资项目

财政部和自然资源部在2019年5月印发了《土地储备项目预算管理办法(试行)》(财预〔2019〕89号),其中第四条规定,土地储备项目从拟收储到供应涉及的收入、支出必须全部纳入财政预算。在地方政府进行土地储备的过程一般有两个环节,一是土地征收环节,土地储备机构依法征收土地,支付征收拆迁相关各项费用、土地报批相关费用等。二是土地平整环节,土地储备机构对征收的土地进行平整,使其达到土地出让的基本条件。全过程往往涉及较大的资金投入,要求全部纳入预算。也就是说,土地储备项目均需使用预算资金。这符合《政府投资条例》规定的政府投资的资金来源要素要求。

根据我国《土地管理法》的规定,国有土地只能出让使用权,因此,土地并非固定资产,而是计为无形资产。国家统计局在统计口径中,对于土地拆迁补偿费、单纯的土地平整开发项目均不列为固定资产投资统计范围。但是土地在完成储备、出让使用权后,在土地上进行开发,会以建设用地费的名目计入固定资产投资额。因此,单纯的土地储备项目与《政府

投资条例》规定的固定资产投资建设不相合,应当不在《政府投资条例》的适用范围内。

对于土地储备的项目管理,当前主要依据《国务院办公厅关于规范国有土地使用权出让收支管理的通知》(国办发〔2006〕100号),财政部、自然资源部、中国人民银行、银监会于2016年2月2日发布的《关于规范土地储备和资金管理等相关问题的通知》(财综〔2016〕4号),由自然资源部、财政部、中国人民银行、中国银行业监督管理委员会于2018年1月3日印发的《土地储备管理办法》(国土资规〔2017〕17号),由财政部、自然资源部于2018年1月17日印发的《土地储备资金财务管理办法》(财综〔2018〕8号),由财政部和自然资源部2019年5月20日印发的《土地储备项目预算管理办法(试行)》(财预〔2019〕89号)等规范性文件进行。土地储备项目的全流程与一般的固定资产投资项目比较,有较大的差异性,同时也已经有了比较系统的规范性文件规制,因此,不宜将土地储备项目纳入《政府投资条例》的适用范围,实务中更有利于土地储备项目的实施与管理。

九、国有划拨土地收回程序

(一)对划拨国有土地使用权的处置

以划拨方式取得的国有土地使用权不是使用单位的财产,而是国家财产(见国土资函〔2001〕407号),使用单位对其使用的以划拨方式取得的国有土地使用权无处分权。

《土地管理法》第五十八条第一款第(四)项规定,因单位撤销、迁移等原因,停止使用原划拨的国有土地的,由有关人民政府土地主管部门报经原批准用地的人民政府或者有批准权的人民政府批准,可以收回国有土地使用权,对土地使用权人不予补偿;《城镇国有土地使用权出让和转让暂行条例》第四十七条第一款、第二款规定,无偿取得划拨土地使用权的土地使用者,因迁移、解散、撤销、破产或者其他原因而停止使用土地的,市、县人民政府应当无偿收回其划拨土地使用权,并可依照本条例的规定予以出让。

对划拨土地使用权，市、县人民政府根据城市建设发展需要和城市规划的要求，可以无偿收回，并可依照本条例的规定予以出让。

根据法律法规的规定，使用划拨国有土地的单位，在迁移、解散、撤销、破产或者其他原因而停止使用划拨国有土地时，原国有划拨土地使用权由人民政府予以无偿收回，作为政府储备土地依法处置。

（二）收回国有划拨土地使用权的方式

收回国有划拨土地使用权的方式有两种，一是政府直接收回，也就是经原批准用地的人民政府或者有批准权的人民政府批准，下达收回国有土地使用权决定，依法无偿收回停止使用原划拨土地使用权，然后由市、县人民政府土地行政主管部门依法组织出让。二是政府间接收回，即经原批准用地的人民政府或者有批准权的人民政府批准，将应收回的划拨国有土地使用权连同地上建筑物、其他附着物一并收回后，委托中介机构进行公开拍卖，出让土地使用权，再从拍卖所得的价款中扣除应缴纳的土地使用权出让金。之后，原划拨土地使用权人再按照法律规定办理土地使用权出让手续。

（三）补缴土地使用权出让金的标准

根据《城市房地产管理法》第五十一条规定，拍卖以划拨方式取得的国有土地使用权的房地产时，从拍卖所得的价款中缴纳相当于应缴纳的土地使用权出让金的款额。

扣缴土地使用权出让金的标准，原国家土地管理局颁布的《划拨土地使用权管理暂行办法》第二十六条作了明确规定，即按不低于标定地价的40%（或不低于评估地价的40%）的标准，收回土地使用权出让金。

（四）划拨土地使用权处置方式

虽然划拨土地使用权不是使用单位的财产，使用单位无权对其使用的以划拨方式取得的国有土地使用权进行处分，但使用单位建在划拨土地上建筑的厂房等建筑物或其他附着物与划拨土地使用权不能分割。根据《城市房地产管理法》第二十七条："依法取得的土地使用权，可以依照本法和有关法律、行政法规的规定，作价入股，合资、合作开发经营房地产。"和《公司法》第二十七条，股东可以用货币出资，也可以用实物、知识产权、土地使用权等作价出资的规定，国家也可以在收回划拨土地使用权后再进行作价出资或者入股，国家成为新企业的股东。同样，原土地使用权人在补缴土地使用权出让金办理土地使用权出让手续后，而成为新土地使用权单位的股东；原土地使用权人也可分割出与企业净负债额相当的土地转为出让土地，参与企业整体拍卖和兼并。

原国家土地管理局颁布的《国有企业改革中划拨土地使用权管理暂行规定》（1998年2月17日）对处置土地使用权程序作了明确规定。自然资源部《关于加强土地资产管理促进国有企业改革和发展的若干意见》对行业（企业）根据改革的需要，采取什么样的方式处置土地资产，第三条规定："土地资产处置时，要考虑划拨土地使用权的平均取得和开发投入成本，合理确定土地作价水平。采用授权经营、作价出资（入股）方式处置土地资产的，按政府应收取的土地出让金额计作国家资本金或股本金。"

（五）国有土地使用权的拍卖

需要指出的是，《中华人民共和国拍卖法》（以下简称《拍卖法》）中所指的拍卖在其含义、性质、范围等方面均与国有土地使用权出让的拍卖有明显不同。土地既是资源又是资产的双重属性，决定了国有土地使用权的拍卖不同于一般意义上的拍卖，不能完全照搬一般意义拍卖的程序。《中华人民共和国宪法》第十条第四款和《土地管理法》第二条第三款明确规定，任何组织或者个人不得买卖土地，《拍卖法》第七条规定："法律、行政法规禁止买卖的物品或者财产权利，不得作为拍卖标的。"因此，土地使用权拍卖出让不适用《拍卖法》，《拍卖法》只适用于中华人民共和国境内拍卖企业进行的拍卖活动。

根据《城市房地产管理法》《土地管理法》和《城镇国有土地使用权出让和转让暂行条例》等法律、法规的有关规定，土地使用权出让由市、县人民政府土地管理部门具体组织实施。采取拍卖方式出让国有土地使用权的，经有批准权的人民政府批准后，由市、县人民政府土地管理部门具体组织进行。

第二节 收储土地开发项目纳税风险管理的内容与方法

一、土地一级开发项目纳税风险管理的内容

土地一级开发项目纳税风险管理的内容,可以从签约主体、合作方式、开发项目、合同义务、纳税义务四个维度展开,主要有以下四个方面:

(1)土地一级开发项目签约主体、开发项目、合作方式确认。

(2)土地一级开发项目合同义务确认。

(3)土地一级开发项目纳税义务确认。

(4)一级开发重要事项确认,如:①委托合同合法性评价;②土地一级开发服务方式;③开发商取得土地成本的确认。

二、土地一级开发项目纳税风险管理的方法

土地一级开发项目纳税风险管理的方法主要有:①多维分析法;②信息比对法;③是非判断法。

（一）多维分析法

土地一级开发项目的多维分析法，主要考虑四个方面：一是项目主体身份，是否属于项目协议的签约主体？二是合作方式。三是项目代建还是合作开发？四是合同义务，即项目开发提供了的服务，如开发服务、管理服务、投资服务。五是纳税义务，根据税法判断有关合同义务的纳税义务。

（二）信息比对法

信息比对法主要考虑三个方面：一是建立项目代建处理模板，选择项：受托方，内容项：人、财、地、资质。二是调查事项，选择项：委托方、受托方，内容项：人、财、地、资质。三是判断标准：受托方项目公司出人、不出钱、不出地。

（三）是非判断法

是非判断法主要考虑三个方面：一是待判断事项，二是判断标准，三是判断结果项。待判断事项，如代建方是否为受托方项目公司？又如受托方项目公司是否只出人？再如项目公司移交代建项目是否视同销售不动产？判断标准，借鉴多维分析法和信息对比法。判断结果，是被评估单位判断选择的结论。

三、土地一级开发的委托主体合法性确认

（一）方法提示

一级开发的委托主体确认，主要运用是非判断法，应关注待判断事项、判断标准、判断结果。

待判断事项：根据一级开发委托事项，如土地储备项目、基础设施项目、商品房项目。

判断标准：在2011年1月21日之前，政府委托一级开发不合法，之后合

法。或2011年1月21日之前，不需要接受政府委托；在2011年1月21日之后，只有接受政府委托才能从事一级开发。

判断结果：一级开发委托合同是否合法。

（二）政策法规提示

《征收与补偿条例》取消了房地产开发商拆迁人的资格，禁止开发商以土地使用人的身份进行拆迁。因此，补偿就只能是政府所进行的行政补偿，政府的征收行为是基于公益目的而进行的。

四、土地一级开发项目签约主体、开发项目、合作方式确认

（一）方法提示

对于土地一级开发项目签约主体、开发项目、合作方式确认，如果在拿项目阶段，则应考虑使用多维分析法、信息比对法；如果在完工阶段，则应考虑使用是非判断法，主要考虑是否有政府部门文件资料能够证明交易方式。对待判断事项、判断标准的设计时，要关注市场监管的政策节点。

本章讨论的是完工阶段的土地一级开发项目签约主体及合作方式确认问题，可以考虑使用多维分析法、是非判断法，应关注待判断事项、判断标准、判断结果。用多维分析法设计待判断事项，对每个待判断事项设计判断标准，然后运用是非判断法确认结果。

土地一级开发合作方式确认，主要运用是非判断法，应关注待判断事项、判断标准、判断结果。

待判断事项：①合同主体确认，根据合同确认政府签约部门（委托方、发包方）、签约的项目公司（受托方、承包方）。②开发项目，根据合同关于开发项目的约定，确定一份合同所约定的合作项目类型，如土地一级开发、商品房建设、保障性住房建设、公共基础设施建设等。③合作方式判

断，片区项目是一二级联动还是单纯的一级开发、单纯的二级开发。片区内包括的开发项目是合作开发项目、项目代建、独立开发项目，还是PPP项目。重点是看合同。④风控工具选择，选择代建风控工具、独立开发风控工具，还是PPP项目风控工具。要按已经证明的合作方式选择风控工具。⑤土地一级开发项目业务节点，一是在2011年1月21日之前的，开发商可以从事六个待判断事项的一二级联动开发；二是2011年1月21日—2016年2月2日，未经政府委托开发商不得从事五个待判断事项的一级开发；三是2016年2月2日以后，土地储备部门只能委托土地储备前期开发（多通一平）、一级开发风险投资等两项一级开发，不得委托二级开发事项。

判断标准：①只提供代建土地一级开发服务，不共享利润、不共担风险。②代建方项目公司不拥有一级开发土地的占有权、使用权、收益权、处置权等全部所有权。

判断结果：是否属于代建方式土地一级开发。

（二）政策法规提示

《征收与补偿条例》取消了房地产开发商拆迁人的资格，禁止开发商以土地使用人的身份进行拆迁。因此，补偿就只能是政府所进行的行政补偿，政府的征收行为是基于公益目的而进行的。

《关于规范土地储备和资金管理等相关问题的通知》（财综〔2016〕4号）第二条规定："土地储备机构不得在土地储备职能之外，承担与土地储备职能无关的事务，包括城市基础设施建设、城镇保障性安居工程建设等事务，已经承担的上述事务应当按照本通知第一条规定限期剥离和划转。"2016年2月2日以后，土地储备机构没有资格与开发商签订城市基础设施建设、城镇保障性安居工程建设等事务的协议。如果签了此协议，则属于违反强制性规定的协议。之前签订的属于应清理的协议。

《土地储备管理办法》（国土资规〔2017〕17号）的"一、总体要求"规定："（二）土地储备是指县级（含）以上国土资源主管部门为调控土地市场、促进土地资源合理利用，依法取得土地，组织前期开发、储存以备供应的行为。"该项规定有三项业务活动：①依法取得土地，是征地拆迁与安置补偿，将土地收归国有；②组织前期开发，是三通五通七通一平等土地一级开发；③储存以备供应，是土储机构收储。

需要注意的是，搜索项目所在地的地方政府关于土地储备一级开发管理文件。

五、土地一级开发项目合同义务、交易方式、合同收入确认

（一）方法提示

土地一级开发项目的合同义务、交易方式、合同收入确认，主要运用是非判断法，应关注待判断事项、判断标准、判断结果。

待判断事项：①土地一级开发项目合同义务，如项目的开发专业服务、项目管理服务等。②交易方式确认，如代建服务、投资服务等。③土地一级开发项目合同收入，是履行合同义务取得的价款。

判断标准：①合同义务的判断标准：合同是否有约定。②交易方式的判断标准：是否只提供服务，不共享利润、不共担风险。③合同收入的判断标准：是否取得交易补偿。

判断结果：是或否。

（二）政策法规提示

（1）2011年1月21日实施的《征收与补偿条例》，取消了企业作为拆迁人的拆迁行为，因而补偿就只能是政府所进行的行政补偿。剥夺了土地使用方的拆迁人资格，开发商不再是拆迁人。供应土地状况：由毛地变为净地。

（2）《关于规范土地储备和资金管理等相关问题的通知》（财综〔2016〕4号）。

六、土地一级开发项目纳税义务确认

（一）方法提示

土地一级开发项目纳税义务确认，主要运用是非判断法，应关注待判断事项、判断标准、判断结果。

待判断事项：已发生交易方式的纳税义务确认，如增值税、印花税、土地增值税、企业所得税。

判断标准：依据税法是否发生纳税义务？

判断结果：是或否。

（二）政策法规提示

（1）《中华人民共和国增值税暂行条例》（国务院令第691号）第一条规定，在中华人民共和国境内销售货物或者加工、修理修配劳务（以下简称劳务），销售服务、无形资产、不动产以及进口货物的单位和个人，为增值税的纳税人，应当依照本条例缴纳增值税。

（2）《营业税改征增值税试点实施办法》（财税〔2016〕36号附件1）第一条规定，在中华人民共和国境内销售服务、无形资产或者不动产的单位和个人，为增值税纳税人，应当按照本办法缴纳增值税，不缴纳营业税。

单位，是指企业、行政单位、事业单位、军事单位、社会团体及其他单位。

个人，是指个体工商户和其他个人。

（3）《中华人民共和国印花税暂行条例》第一条规定，在中华人民共和国境内书立、领受本条例所列举凭证的单位和个人，都是印花税的纳税义务人，应当按照本条例规定缴纳印花税。

（4）《中华人民共和国土地增值税暂行条例》第二条规定，转让国有土地使用权、地上的建筑物及其附着物并取得收入的单位和个人，为土地增值税的纳税义务人，应当依照本条例缴纳土地增值税。

（5）《中华人民共和国企业所得税法》第一条第一款规定，在中华人民共和国境内,企业和其他取得收入的组织为企业所得税的纳税人,应当依照本法的规定缴纳企业所得税。

七、一级开发的税目选择与收入性质的判断

(一)方法提示

开发商取得土地成本归集的确认,主要运用是非判断法,应关注待判断事项、判断标准、判断结果。

待判断事项:服务内容、合作方式、销售不动产、现代服务(代建服务、开发专业服务、物业运营服务、投资服务)、建筑服务。

判断标准:《营业税改征增值税试点有关事项的规定》(财税〔2016〕36号附件2)第一条第(三)项之四点。

判断结果:是否符合《营业税改征增值税试点有关事项的规定》(财税〔2016〕36号附件2)第一条第(三)项之四点规定。

(二)政策法规提示

《营业税改征增值税试点有关事项的规定》(财税〔2016〕36号附件2)第一条第(三)项之四点规定:"经纪代理服务,以取得的全部价款和价外费用,扣除向委托方收取并代为支付的政府性基金或者行政事业性收费后的余额为销售额。"

第三节 收储土地开发项目纳税风险管理的范例

| 案例一 |

罗庄区棚户区改造项目收储土地开发的纳税义务确认

一、罗庄区棚户区改造项目收储土地一级开发调查情况

（一）合作各方及签署文件

（1）政府方：齐鲁市罗庄区城市建设投资开发有限公司。

（2）社会资本方：北京A房地产开发有限公司。

（3）项目公司：齐鲁A房地产开发有限公司。

（4）齐鲁市土地储备中心与项目公司签订的"罗庄区城中村棚户区土地一级开发协议"约定政府方为齐鲁市罗庄区城市建设投资开发有限公司，社会资本方为北京A房地产开发有限公司，一级开发商为齐鲁A房地产开发有限公司。

（二）收储土地开发项目规模及周期

罗庄区城中村棚户区改造项目收储土地开发，包括改造区域内的地上物拆迁及土地"七通一平"。投资额25亿元，2007年2月开工，2008年2月移交土地储备部门。

（三）收储土地开发投资回报

（1）一级开发固定回报。齐鲁市罗庄区城市建设投资开发有限公司一级土地开发，以总成本25亿元扣除竹林小区项目、东方花园商品房项目两个项目用地一级开发成本5亿元后的余额20亿元为基数，按10%给予齐鲁A房地产开发有限公司综合服务费2亿元，其中支付给北京A房地产开发有限公司0.8亿元利息，支付给齐鲁A房地产开发有限公司1.2亿元开发服务费。

（2）一级开发风险回报。由于开发商已取得了竹林小区项目、东方花园商品房项目两块项目用地，风险回报为零。

二、罗庄区棚户区改造项目收储土地开发有关各方、合作项目、合作方式确认

（一）有关各方及合作项目

（1）政府方：齐鲁市罗庄区城市建设投资开发有限公司。

（2）社会资本方：北京A房地产开发有限公司。

（3）项目公司：齐鲁A房地产开发有限公司。

（4）合作项目：罗庄区城中村棚户区改造项目收储土地一级开发。投资额25亿元，2007年2月开工，2008年2月移交土地储备部门。

（二）收储土地开发的合作方式确认

收储土地开发为代建方式。事实根据：项目公司，出钱、出力、不出地。判断证据：与政府签订的"罗庄区城中村棚户区土地一级开发协议"。

很显然，收储土地开发的项目公司是只提供服务、不共享利润、共担风险的房地产开发，属于代建开发方式。

（三）风控工具选择

收储土地开发，选择代建开发风控工具。

三、罗庄区棚户区改造项目收储土地开发的合同义务、交易方式、合同收入确认

（一）合同义务事项

齐鲁A房地产开发有限公司合同义务事项有：融资、开发、移交。

项目投资方北京A房地产开发有限公司合同义务事项是投资。

判断证据："罗庄区城中村棚户区土地一级开发协议"中，关于收储土地开发的有关条款。

（二）交易方式确认

齐鲁A房地产开发有限公司为收储土地开发建设提供融资、项目管理服务（项目有关各方组织协调服务、审批备案服务）、项目开发专业服务（融资、开发、移交），应确认为销售专业服务方式。

由于齐鲁A房地产开发有限公司仅拥有收储土地开发项目的占有权，不拥有使用权、收益权、处置权。项目公司向政府移交收储土地开发项目不动产时，仅是占有权的转移，而不是使用权、收益权、处置权的转移，不属于不动产转让行为。

投资方北京A房地产开发有限公司交易方式是债权投资的金融服务方式。

提示：建筑施工服务属于齐鲁A房地产开发有限公司采购事项，有关支出计入项目成本，不属于收储土地开发项目回报内容。

（三）合同收入事项

齐鲁A房地产开发有限公司合同收入是开发服务收入1.2亿元。投资方北京A房地产开发有限公司合同收入是利息收入0.8亿元。

判断证据："罗庄区城中村棚户区土地一级开发协议"中，回报方式的有关条款。

四、罗庄区棚户区改造项目收储土地开发的纳税义务确认

齐鲁A房地产开发有限公司（项目公司）仅拥有收储土地开发项目的占有权，不拥有使用权、收益权、处置权。项目公司向政府移交收储土地开发项目不动产时，仅是占有权的转移，而不是生使用权、收益权、处置权的转移，不属于不动产转让行为，不产生不动产转让收入。因此，在移交环节不发生营业税、印花税、土地增值税、企业所得税的纳税义务。

齐鲁A房地产开发有限公司合同收入1.2亿元，是销售服务收入，按开发服务缴纳营业税。

投资方北京A房地产开发有限公司合同收入是利息收入0.8亿元，按贷款业务缴纳营业税、印花税。

| 案例二 |

高铁站收储土地开发项目的纳税义务确认

一、高铁站收储土地项目调查情况

（一）合作各方及签署文件

（1）政府部门：淮河经济技术开发区管理委员会。

（2）社会资本方：燕山A建设有限公司。

（3）项目公司：淮河经高项目建设公司（淮河经济技术开发区管理委员会与燕山A建设有限公司共同组建）。

（4）签署文件：淮河经济技术开发区管理委员会与淮河经高项目建设公司于2013年2月签订"高铁站收储土地一级开发协议"，约定由淮河经高项目建设公司负责承办高铁站收储土地一级开发事宜。

（二）开发周期和投资规模

收储土地一级开发项目开发周期为2013年3月开工，2014年3月项目

竣工并交付收储部门；还约定收储土地一级开发投资20亿元。

（三）投资回报

以收储土地一级开发20亿元为基数，按10%给予淮河经高项目建设公司综合服务费2亿元，其中支付给燕山A建设有限公司0.8亿元利息，支付给淮河经高项目建设公司1.2亿元开发服务费。

二、收储土地一级开发有关各方、合作项目、合作方式确认

（一）有关各方及合作项目

（1）政府部门：淮河市人民政府。

（2）社会资本方：燕山A建设有限公司。

（3）项目公司：淮河经高项目建设公司。

（4）合作项目：高铁站收储土地一级开发项目。

（二）收储土地一级开发合作方式确认

收储土地一级开发为代建合作方式。事实根据：项目公司，出钱、出力、不出地。2011年1月21日实施的《征收与补偿条例》，取消了企业作为拆迁人的拆迁行为，因而补偿就只能是政府所进行的行政补偿。判断证据：与政府签订的"淮河经济技术开发区高铁站片区开发项目合作协议"及补充协议、《征收与补偿条例》。根据《中共国土资源部党组关于国土资源系统开展"两整治一改革"专项行动的通知》（国土资党发〔2010〕45号）文件规定，禁止土地储备部门直接进行土地一级开发，土地前期开发必须按规定通过招标方式选择工程实施单位。因此，土地一级开发的主体是通过招标方式选择工程实施单位，如建筑公司、房地产开发企业。

（三）风控工具的选择

收储土地一级开发，选择代建风控工具。

三、一级开发项目的交易方式、合同义务、合同收入确认

（一）合同义务事项

项目公司合同义务事项：土地一级开发代建服务。

合同乙方燕山A建设有限公司合同义务事项是投资20亿元。

判断证据：淮河经济技术开发区高铁站片区开发项目合作协议、高铁站收储土地一级开发协议中，关于项目公司组建及项目公司责任的有关条款。

（二）交易方式确认

结论：根据土地一级开发代建协议确认2013年3月—2014年3月，项目公司提供了土地一级开发代建服务。

合同乙方燕山A建设有限公司交易方式是债权投资20亿元。

由于项目公司仅拥有一级开发土地的占有权，不拥有使用权、收益权、处置权。项目公司向政府移交土地时，仅是占有权的转移，而不发生使用权、收益权、处置权的转移，不属于不动产转让行为。

（三）合同收入事项

项目公司取得土地一级开发项目合同收入1.2亿元。合同乙方燕山A建设有限公司取得利息收入0.8亿元。

判断证据：淮河经济技术开发区高铁站片区开发项目合作协议、高铁站收储土地一级开发协议中，关于土地一级开发的有关条款。项目公司根据土地一级开发代建协议确认2013年3月—2014年3月收入情况。

四、一级开发项目的纳税义务确认

项目公司2013年3月—2014年3月土地开发代建收入1.2亿元，适用其他现代服务税目。

由于项目公司仅拥有一级开发土地的占有权，不拥有使用权、收益权、处置权。项目公司向政府移交土地时，仅是占有权的转移，而不是使用权、收益权、处置权的转移，不属于不动产转让行为，不产生不动产转让收入。因此，在移交土地环节不发生增值税、印花税、土地增值税、企业所得税的纳税义务。

合同乙方燕山A建设有限公司合同收入是利息收入0.8亿元，按贷款业务缴纳增值税、印花税。

| 案例三 |

开发商负责筹集资金、完成土地的整理拆迁、分享土地出让收益的合同有效

（一）争议情况

1. 约定情况

于洪管委会与顺丰公司签订协议书及相关补充协议，约定：由顺丰公司对于洪新城段浑河滩地地块进行土地整理，顺丰公司负担筹集资金完成整理拆迁等义务；如果案涉土地将来挂牌交易由顺丰公司取得，则顺丰公司仅支付土地出让金不再支付其他费用；如果案涉土地将来挂牌交易由其他主体取得，则顺丰公司有权取得实际拍卖成交价与土地出让金的差额部分。

2. 企业主张

于洪区政府以市政府决定为由暂停案涉土地的拆迁工作，顺丰公司遂起诉至辽宁高院，主张于洪区政府单方撕毁合同，属根本违约，请求判令：继续履行案涉的相关协议；于洪区政府及于洪管委会连带赔偿投入开发成本损失363 788 778.89元、可得利益损失982 014 160元、违约金980万元。之后，顺丰公司表示在合同继续履行的情况下，可以放弃其他诉讼请求。

3. 政府主张

于洪管委会答辩称，土地整理协议有关土地出让价款收支的约定，违反《国务院办公厅关于规范国有土地使用权出让收支管理的通知》第一条、第二条等规定，应认定无效。

（二）判决要点

政府部门与企业签订土地整理合同，约定企业负责筹集资金、完成土地的整理拆迁等义务，如果土地将来挂牌交易由该企业取得，则该企业仅支付土地出让金不再支付其他费用；如果由其他主体取得，则该企

业有权取得实际拍卖成交价与土地出让金的差额部分。该约定不属于以合法形式掩盖非法目的、损害国家利益的情形，应认定合法有效。

最高法院认为：首先，《国务院关于加强国有土地资产管理的通知》（国发〔2001〕15号）、《国务院办公厅关于规范国有土地使用权出让收支管理的通知》（国办发〔2006〕100号）等国家有关部门发布的规范性文件，不属于法律、行政法规，不能依据上述规范性文件认定合同无效；其次，从案涉协议的内容来看，顺丰公司的收益数额存在着不确定性，案涉协议并非土地使用权转让合同，并未侵害公共利益。因此，案涉协议应认定为合法有效的合同。

（三）案件来源

最高人民法院（2013）民一终字第72号。

（四）判决意见

（1）辽宁高院判决：顺丰公司与于洪管委会签订的协议书及补充协议合法有效，继续履行。

（2）于洪管委会不服，上诉至最高法院，主张案涉协议的实质内容是为了保证顺丰公司获取超出土地出让金的十几亿元人民币的土地收益，显然会造成国有资产流失，请求改判于洪管委会与顺丰公司签订的协议书以及相关补充协议均属于无效协议。最高法院判决：驳回上诉，维持原判。

（3）最高人民法院判决书中"本院认为"的论述：

第一，于洪管委会、于洪区政府在诉讼中主张的《土地储备管理办法》（国土资发〔2007〕277号）、《国务院关于加强国有土地资产管理的通知》（国发〔2001〕15号）、《国务院办公厅关于规范国有土地使用权出让收支管理的通知》（国办发〔2006〕100号）等国家有关部门发布的规范性文件，不属于法律、行政法规，于洪管委会、于洪区政府以案涉协议违反上述规范性文件为理由主张合同无效，不能成立，本院不予支持。

第二，关于协议书和补充协议书（之一）是否因违反《中华人民共和国招标投标法》的强制性规定而无效的问题,本院认为,案涉合同为土地整理合同,不属于《中华人民共和国招标投标法》第三条规定的必须招投标的合同范围。另外,从案涉协议书的内容来看,作为一方当事人的于洪管委会利用顺丰公司投入的前期资金完成土地整理工作,一方面节省了于洪管委会土地整理的前期投入,另一方面顺丰公司的收益确定方式如下,如果未来顺丰公司通过合法程序取得案涉土地的使用权,则无须支付除土地出让金之外的其他费用;如果未来由其他主体取得案涉土地的使用权,则顺丰公司取得土地综合地价与土地出让金之间的差价。从该受益方式看,顺丰公司的收益数额也存在着不确定性。因此,从合同的内容来看,案涉协议也并未侵害公共利益。基于上述理由,本院认为,案涉协议并未违反招标投标法的强制性规定,应认定为合法有效的合同。

第三,根据协议书、于洪新城浑河滩地拆迁工作协议、补充协议书(之一)及沈阳市于洪区财政局于2007年9月11日向顺丰公司出具的信函,顺丰公司负担筹集资金完成案涉土地的整理拆迁等义务,顺丰公司的权利则为,如果案涉土地将来挂牌交易由顺丰公司取得,则顺丰公司仅支付土地出让金不再支付其他费用;如果案涉土地将来挂牌交易由其他主体取得,则顺丰公司有权取得实际拍卖成交价与土地出让金的差额部分。从上述协议的内容来看,于洪管委会与顺丰公司之间并非土地使用权转让合同。于洪管委会认为案涉协议以合法形式掩盖非法目的、损害国家利益从而无效的主张不能成立。

(五)税务处理

法院判决认定,开发商负责筹集资金、完成土地的整理拆迁、分享土地出让收益的合同有效。开发商应对分享土地出让收益按增值税税目"现代服务"确认纳税义务。

(六)相关案例

1.开发商出借资金在挂牌竞拍中根据成交价格获得不特定回报的合同无效

裁判规则:政府部门与企业签订土地整理合同约定由企业先出资完

成土地整理，再根据土地竞拍成交价格获得不特定的回报，该约定损害了国家利益和社会公共利益，应当认定无效。

例1 江苏亿佳房地产开发有限公司与淮安市清河城市资产经营有限公司、淮安市清河区人民政府合资、合作开发房地产合同纠纷二审民事判决书"江苏省高级人民法院（2015）苏民终字第00244号"认为，"简而言之，'西安路合作协议'就是亿佳公司向资产公司出借3 000万元供其完成土地整理，而亿佳公司在该土地挂牌竞拍中根据成交价格获得不特定的回报。'西安路合作协议'约定的'奖励'源自土地出让收益，2012年3月29日'协议书'中约定的2 997万元奖励款也正是应由国家获得的该地块的土地出让收益。这种变相减免土地出让金、挤占挪用土地收益的行为明显损害了国家利益和社会公共利益，不应得到法律的支持，因此，西安路合作协议、协议书均应认定无效，亿佳公司上诉认为协议有效，本院不予支持。"

例2 淮安市清江浦城市资产经营有限公司与江苏和润置业有限公司破产债权确认纠纷二审民事判决书［江苏省高级人民法院（2017）苏民终668号］认为，"案涉'框架协议'约定案涉地块的拆迁安置工作由资产公司负责，和润公司向资产公司提供土地前期整理资金3 000万元，而和润公司根据案涉地块挂牌竞拍情况获得不特定的奖励或补偿。'框架协议'约定资产公司同意将返回到区财政的土地出让金首先用于拆迁补偿安置，如有结余，结余部分的80%奖励给和润公司，作为对项目建设的奖励和支持，即将土地出让金全部用于土地拆迁补偿安置，如有余额奖励给和润公司，'框架协议'约定的奖励源自土地出让收益，系变相减免土地出让金、挤占挪用土地收益的行为，明显损害了国家利益和社会公共利益，不应得到法律的支持，因此，案涉'框架协议'应认定无效，资产公司关于'框架协议'合法有效的上诉理由，本院不予采信。"

2.政府与他人以固定收益加分成模式进行土地一级开发所签订的投资协议合法有效

例3 四川千易投资有限公司与郫县安德镇人民政府合同纠纷申诉、

第七章　收储土地开发的纳税风险管理

申请民事裁定书［最高人民法院（2016）最高法民申2548号］认为，"原审判决认定本案双方签订的'土地整理协议'和'投资协议'是双方当事人的真实意思表示，不违反法律、行政法规的强制性规定，双方并不存在恶意串通，损害国家、集体或第三人利益的情形，也不存在《合同法》第五十二条规定的其他导致合同无效的情形，认为该两份协议合法有效，并无不当。从两份协议的性质分析，双方签订的'土地整理协议'和'投资协议'，性质应为投资协议。名义上是土地整理，实际上是千易公司与镇政府之间约定固定收益加分成模式的土地一级开发市场的投资模式。"

案例四

征收拆迁与征收补偿不宜村民自治形式进行

（一）争议情况

贾十一系河北省石家庄市裕华区宋营镇东仰陵村村民。2017年8月，石家庄市南二环东延工程建设项目启动，该项目经裕华区宋营镇东仰陵村，该村位于南二环东延工程范围内的房屋需要拆除，贾十一涉案房屋在拆除范围之内。2017年8月14日，裕华区宋营镇东仰陵村村民代表大会通过了"石家庄市高新区宋营镇东仰陵村拆迁补偿安置方案"，该方案第三条规定："东仰陵村委会为改造范围内的拆迁人，改造范围内的房屋所有人为被拆迁人。"第六条规定："根据拆迁工作需要，成立东仰陵村拆迁改造工作领导小组，设立指挥部及各种相关机构"。2017年11月1日，东仰陵村委会对贾十一下达了拆迁通知，通知的基本内容为："贾十一逾期未签订拆迁协议，限期2天内自行拆除，否则依法予以强制拆除。"在此期间，贾十一的房屋被强行拆除。贾十一认为其房屋是一审被告高新开发区管委会、宋营镇政府组织、实施拆除的，诉请确认强制拆除房屋行为违法。贾十一还一并提供了一审被告工作人员在拆除现场的照片。一审被告认为其工作人员在场是履行监督职责，并主张拆除贾十一房屋并非其所为，而是东仰陵村委会组织实施的。东仰陵村委会在一、二审期间也承认其是拆迁主体。

原一、二审法院认为，贾十一的诉讼请求是要求确认高新开发区管委会、宋营镇政府强制拆除房屋行为违法。而贾十一所提供的拆除房屋现场的照片，只是证明高新开发区管委会、宋营镇政府相关工作人员在拆除现场，但不能证明强行拆除其房屋的行为是高新开发区管委会、宋营镇政府所为。高新开发区管委会、宋营镇政府提供的证据以及在庭审时陈述的事实，能够证实拆迁主体是东仰陵村委会，且东仰陵村委会也承认是其实施拆除，故贾十一请求确认高新开发区管委会、宋营镇政府强制拆除房屋行为违法的诉讼请求缺乏事实根据。一、二审法院分别裁定驳回其起诉和上诉。

贾十一向最高人民法院申请再审。

（二）判决要点

道路工程建设项目的用地与征收拆迁工作应当根据土地性质的不同，分别依照《土地管理法》或《国有土地上房屋征收与补偿条例》规定的条件和程序进行；征收拆迁与征收补偿事宜均属公权力职权范畴，职权之所在，即义务之所在，也即责任之所在，并不宜假村民自治形式进行。即使对因历史原因形成的城中村的改造，村民会议或村民代表会议可以在《中华人民共和国村民委员会组织法》规定的权限范围内议决涉及村民利益的相关事项，村民也应遵照执行；但是，村民会议或者村民代表会议决定不得与宪法、法律、法规和国家政策相抵触，不得侵犯村民的人身权利和财产权利。在现行土地和房屋征收补偿法律法规框架内，基于"旧城改造""村改居"或者"新城镇建设"等实际需要，村民会议或者村民代表会议可以在符合规定前提下，通过村民自治方式决定建设项目和补偿事项,并可通过签订协议等方式解决补偿安置问题;但在未经协商一致的情况下村民委员会等自治组织即单方采取强制拆除等方式则涉嫌违法。《中华人民共和国行政强制法》《土地管理法》《国有土地上房屋征收与补偿条例》等法律法规,对强制搬迁合法房屋的步骤、程序和方式有具体明确的规定,并未规定村民委员会等自治组织有权实施强制搬迁和强制拆除。

(三)案件来源

中华人民共和国最高人民法院行政裁定书(2019)最高法行申3784号。

(四)判决意见

本院认为:对贾十一房屋的拆迁系石家庄市南二环东延工程建设项目需要,贾十一房屋所占土地也被用于南二环东延工程建设。此类项目的用地与征收拆迁工作应当根据土地性质的不同,分别依照《土地管理法》或《国有土地上房屋征收与补偿条例》规定的条件和程序进行;征收拆迁与征收补偿事宜均属公权力职权范畴,职权之所在,即义务之所在,也即责任之所在,并不宜假村民自治形式进行。即使对因历史原因形成的城中村的改造,村民会议或村民代表会议可以在《中华人民共和国村民委员会组织法》规定的权限范围内议决涉及村民利益的相关事项,村民也应遵照执行;但是,村民会议或者村民代表会议决定不得与宪法、法律、法规和国家政策相抵触,不得侵犯村民的人身权利和财产权利。在现行土地和房屋征收补偿法律法规框架内,基于"旧城改造""村改居"或者"新城镇建设"等实际需要,村民会议或者村民代表会议可以在符合上位法规定前提下,通过村民自治方式决定建设项目和补偿事项,并可通过签订协议等方式解决补偿安置问题;但在未经协商一致的情况下村民委员会等自治组织即单方采取强制拆除等方式则涉嫌违法。《中华人民共和国行政强制法》《土地管理法》《国有土地上房屋征收与补偿条例》等法律法规,对强制搬迁合法房屋的步骤、程序和方式有具体明确的规定,并未规定村民委员会等自治组织有权实施强制搬迁和强制拆除。东仰陵村委会在原审期间虽承认系其自行实施强制拆除，但各方对高新开发区管委会主要领导主持召开拆迁动员大会，参与组织南二环东延东仰陵村段拆迁工作的事实并无异议；高新开发区管委会还曾就限期完成该地段征地拆迁工作，专门向宋营镇政府下达"督办函"；东仰陵村委会在房屋于2017年10月31日被强拆后送达的落款为2017年11月1日的《通知》也明确，拆迁系为保障南二环东延工程顺利进行，要求贾十一自行拆除并到村委会办理拆迁补偿手续，否则将按照法律程序依法予以强制拆除；宋营镇政府工作人员也曾在强制拆除前到贾十一家中做说服动员工作；且高新开发区管委会、宋营镇政府工作人员也出现在强制拆除现场。因此，结合法律规定和全部在案证据以及土地的最终用途等情况综合判断，对贾十一房屋的强制拆除，不应当认定系东仰陵村委会自主实施，而应当认定系职权主体与非职权主体在市政项目征收拆迁中基于共同意思联络、共同参与下实施的强制拆除。被诉强制拆除行为虽然形式上表现为东仰陵村委会实施，但村民委员会等自治组织仅系行政机关的行政助手和行政辅助者，犹如其"延长之手"。一、二审法院在贾十一已经提供初步证据证明强制拆除行为虽以东仰陵村委会名义实施，但显然系法定的职权主体基于征收职权组织、命令实施的情况下，仅以东仰陵村委会自认实施强制拆除为由，否定高新开发区管委会、宋营镇政府为适格被告，系对法律规定的错误理解，也有违职权法定原则，依法应予纠正。《中华人民共和国行政诉讼法》第二十六条第一款规定，作出行政行为的行政机关是被告；第五款规定，行政机关委托的组织所作的行政行为，委托的行政机关是被告。《最高人民法院关于适用〈中华人民共和国行政诉讼法〉的解释》第二十四条第二款规定，当事人对村民委员会、居民委员会受行政机关委托作出的行为不服提起诉讼的，以委托的行政机关为被告。鉴于双方至今未能通过签订补偿安置协议方式解决贾十一被拆除房屋的补偿安置问题，本案应以高新开发区管委会、宋营镇政府和东仰陵村委会为共同被告，共同承担侵权赔偿责任。

第七章　收储土地开发的纳税风险管理

综上，贾十一的再审申请符合《中华人民共和国行政诉讼法》第九十一条第一项规定的情形，依照《中华人民共和国行政诉讼法》第九十二条第二款之规定，裁定如下：一、本案指令河北省高级人民法院再审；二、再审期间，中止原裁定的执行。

| 案例五 |

一级开发项目支付拆迁补偿费用不需要开具增值税发票

（一）交易情况

2012年，甲开发公司办理黄河市一级开发项目拆迁过程中，被拆迁企业A企业与甲开发公司签订拆迁补偿协议，协议中约定拆迁补偿费、停业补偿、搬家费用，A企业对于协议中的拆迁补偿费可以开具流转税发票，对于停业补偿、搬家费用不属于流转税征税范围，无法开具发票。甲开发公司担心在以后的审计中，对未开具发票的停业补偿、搬家费用不予认可，例如：经济责任审计、税务审计、开发成本决算等审计。所以，甲开发公司建议，A企业先开具发票，然后再去办理退税，A企业同意到税务机关去开票，结果税务机关不给开具，认为不属于开具发票范围。

（二）纳税问题

由于无法取得发票，如果A企业只给甲开发公司开具收据，甲开发公司以协议、银行的付款记录、A企业的收据入账，在以后经济责任审计、税务审计、开发成本决算等审计中能否认可？

（三）纳税方案

甲开发公司在办理黄河市一级开发项目拆迁过程中，支付给A企业停业补偿（停业损失）、搬家费用，不属于增值税、营业税的征税范围，不属于应开具发票的情形。原因如下：

（1）根据增值税征收范围的规定，A企业在未销售货物或者提供加工、修理修配劳务、未提供应税劳务的情况下，收取的停业补偿（停业损失）、搬家费用，不属于增值税的征税范围，不缴纳增值税。

（2）《发票管理办法》规定，在没有发生购销商品、提供或者接受服务以及从事其他经营活动的情况下，不属于企业的生产经营活动，不属于开具发票的范围。A企业取得的停业补偿、搬家费用，不属于生产经营活动，所以也不属于开具发票的范围。

被拆迁企业取得的搬迁补偿收入与征收土地时发生的，政府向土地使用者支付土地及其相关有形动产、不动产补偿费的性质不同。搬迁补偿收入不属于增值税应税收入，企业取得的土地及其相关有形动产、不动产补偿费收入属于增值税的应税收入，享受免征增值税优惠。

《财政部税务总局关于明确无偿转让股票等增值税政策的公告》（财政部税务总局公告2020年第40号）第三条规定："土地所有者依法征收土地，并向土地使用者支付土地及其相关有形动产、不动产补偿费的行为，属于《营业税改征增值税试点过渡政策的规定》（财税〔2016〕36号印发）第一条第（三十七）项规定的土地使用者将土地使用权归还给土地所有者的情形。"

（四）搬迁补偿企业所得税申报资料

支付搬迁费的企业，在企业所得税汇算清缴时应提交的主要资料有：①产权证、购置单证等产权资料；②经营自用单证、厂房场地租赁协议、投资合作协议等不动产使用资料；③收回厂房场地交割单；④银行划款单证；⑤承租方开具的收款收据。

第八章

自主开发项目纳税风险管理的承办准备

第一节 承办准备阶段的应知应会事项

一、自行开发项目的合作方式

《房地产开发企业销售自行开发的房地产项目增值税征收管理暂行办法》（国家税务总局公告2016年第18号）第二条第二款规定："自行开发，是指在依法取得土地使用权的土地上进行基础设施和房屋建设。"按照提供开发要素资源的标准，自行开发项目可以分为三类：一是独立方式自行开发，二是代建方式自行开发，三是合作方式自行开发。

二、项目纳税风险管理准备阶段风险提示

（一）风险事项处理程序

对于开发项目在准备阶段的风险分析识别和处理，可以选择四步程序，第一步需要专家团队列出主要风险点清单，第二步根据具体项目确认可能存在的风险点，第三步按适用方法分类，第四步按多维分析法设计调查工具、确认工具、报告工具。下面列示部分主要风险供参考。

（二）适用多维分析法、调查取证法、模板分析比对法的风险事项

（1）自行开发项目确认。

（2）被管理项目开发商确认。

（3）开发项目合作方式确认。

（三）适用是非判断法的风险事项

（1）房地产开发市场知识准备是否充分，是否熟悉开发业务流程。

（2）房地产开发项目市场监管信息是否充分了解，是否熟悉监管流程。

（3）管理程序、管理工具研发是否充足，是否有能力满足项目管理需要。

（4）房地产开发业务重大交易税务处理信息准备是否充足。如勘察业务、设计业务、施工业务、监理业务、融资业务等税务处理实务。

（5）项目开发取证是否充分，开发情况认定是否有证据证明。

（6）是否存在不属于自行开发的情形。如受托代建项目、土地整理项目、PPP房地产项目、受托代建回迁安置房。

（7）特殊合作方式的纳税争议风险点是否关注。

第二节 承办准备阶段纳税风险管理的评估方法

一、项目纳税风险管理项目承办准备的内容

自行开发项目纳税风险管理项目承办准备，核心问题是如何判断什么是自行开发。至少应关注下列三项内容：

（1）开发主体确认。

（2）开发方式确认。

（3）风控工具选择

二、开发主体确认

（一）方法提示

开发主体确认，主要运用调查取证法。应关注判断事项、判断标准、判断结果。

判断事项：工商登记和资质证书登记的开发公司名称、立项批复确认的开发主体名称。

判断标准：开发商营业执照单位名称、立项批复主体名称比对一致。

判断结果：是否是开发主体。

自行开发项目判断的基本方法是：一是名称比对。项目开发单位工商登记名称与项目立项批复申请单位名称比对，名称一致，属于房地产自行开发项目；如果不一致，则不属于房地产自行开发项目，应终止承办纳税风险评估。二是项目排除。对于法定自行开发项目以外的项目，不属于纳税风险评估业务范围，应终止房地产开发项目纳税风险评估委托。如某项目现在没有取得、未来又不能取得预售许可或销售许可，不能在房地产二级市场销售，不属于商品房的范围，就属于应排除的项目。这类项目有很多，如代建项目、土地整理项目、PPP房产（安置房、回迁安置房）等不属于法定自行开发项目范围。三是是否能够取得销售许可或预售许可有关证件。

（二）政策法规提示

《房地产开发企业销售自行开发的房地产项目增值税征收管理暂行办法》（国家税务总局公告2016年第18号）第二条第二款规定："自行开发，是指在依法取得土地使用权的土地上进行基础设施和房屋建设。"

国家税务总局公告2016年第18号第三条规定："房地产开发企业以接盘等形式购入未完工的房地产项目继续开发后，以自己的名义立项销售的，属于本办法规定的销售自行开发的房地产项目。"

三、开发方式确认

（一）方法提示

自行开发确认，主要运用调查取证法，应关注待判断事项、判断标准、判断结果。

待判断事项：资质提供方、土地提供方。

判断标准：两项资源均由立项主体独家提供。

判断结果：是否属于自行开发。

> 提示：自行开发项目的开发主体、销售主体、纳税主体，必须是资质、土地两项资源的提供方。如果在自行开发项目中仅提供资金、开发服务两项资源的企业，是自行开发项目的合作方，而不是开发主体和销售主体。自行开发包括独立方式自行开发、代建方式自行开发、合作方式自行开发三种方式。无论采取哪种方式自行开发房地产项目，项目的开发主体需至少提供资质、土地两项资源。

（二）政策法规提示

《房地产开发企业销售自行开发的房地产项目增值税征收管理暂行办法》（国家税务总局公告2016年第18号）第二条第二款规定："自行开发，是指在依法取得土地使用权的土地上进行基础设施和房屋建设。"

国家税务总局公告2016年第18号第三条规定："房地产开发企业以接盘等形式购入未完工的房地产项目继续开发后，以自己的名义立项销售的，属于本办法规定的销售自行开发的房地产项目。"

四、风控工具选择

房地产开发项目风控工具选择，根据所涉及开发阶段的进度，可以分为四阶段工具模板、三阶段工具模板。作为一个开发商至少应经历三个阶段：开发建设、完工销售、项目清算。如果既不经历拿地立项阶段，又不经历开发建设阶段，而是仅经历完工销售、项目清算两个阶段，这已经不是房地产开发项目，而是完工商品房买断销售业务。

（1）四阶段模板，主要适用直接拿地或间接拿地的四阶段开发项目。如招拍挂取得土地合作方式、协议受让土地合作方式、土地入股合作方式、一级二级联动开发、挂靠合作方式、代建项目合作方式等开发项目。

（2）三阶段模板，主要适用从开发建设阶段参与的开发项目。如接盘收购在开发项目。

（3）在项目风险管理协议中，应当明确承办项目从哪个阶段开始到哪个阶段结束。对于开始的确认，应注意除接盘项目是从开发建设阶段开始，其他项目一般都从拿地立项阶段开始。对于结束点的确认，应根据承办项目实际进行的阶段进行确认，如果所承办项目进行到开发建设阶段，所承办项目的终点是开发建设阶段，分界点是开发产品完工前。

第三节 东方花园项目自行开发合作方式确认

一、东方花园项目开发情况介绍

(一) 东方花园项目内容、开发周期

根据"罗庄区城中村棚户区开发项目合作协议"及补充协议约定,罗庄区城中村棚户区开发项目采取连片开发方式,项目内容包括:凤城壹号棚户区安置房、凤城公路项目、一级开发项目、东方花园商品房项目。

齐鲁A房地产开发有限公司通过招拍挂取得东方花园商品房项目用地,用地现状为净地,并按规定办理立项批复及五证。

项目开发周期:2008年3月—2019年12月。

齐鲁A房地产开发有限公司对东方花园项目采取连片分期开发方式,共分第一期、第二期、第三期、第四期。第一期、第二期在2008年3月开工,2015年12月31日以前交付使用。第三期在2010年3月开工,2017年12月31日以前交付使用。第四期在2012年3月开工,2019年12月31日以前交付使用。

（二）开发主体信息

开发主体：齐鲁A房地产开发有限公司，统一社会信用代码：AX3706117582723XX9。

证据：营业执照、房地产开发企业资质证书。

（三）项目批复许可信息

（1）项目名称：东方花园。

（2）项目地址：福山区福海路东侧。

（3）开发项目类型：住宅、商业、会所。

（4）占地面积：196 479.00（平方米）。

（四）证据资料

（1）立项批复。2008年3月取得齐鲁市发改委关于东方花园商品房项目立项批复文件。

（2）《建设用地规划许可证》批准文号：鲁XXX12007齐规地字第00251号、地字第XXX611200800218号。

（3）出让合同、土地使用证。第一期、第二期用地于2008年3月签订土地出让合同并在当月交付使用，《国有土地使用证》齐国有（2010）第30032号；一期占地面积5.94万平方米、二期占地面积5.94万平方米。第三期、第四期用地于2008年3月签订土地出让合同并在当月交付使用，《国有土地使用证》齐国有（2013）第30044号和30045号；三期占地面积5.13万平方米，2013年签订的"土地出让合同"，取得第四期项目用地，占地面积9.99万平方米。

> 提示：采集土地信息，应关注出让合同约定的交付时间、项目各期占地面积。

（4）工程规划。第一期、第二期《建设工程规划许可证》批准文号：建字第XXX611200800095号、建字第XXX611200800096号、建字第XXX611200800344号、建字第XXX611200800345号、建字第XXX611200800346号、建字第XXX611200900182号；第三期、第四期《建设工程规划许可证》批准文号：建字第XXX611201200070号、建字第XXX611201200071号、建字第XXX611201710090、建字第XXX611201710091号、建字第XXX611201710092号、建字第XXX611201710093号、建字第XXX611201710128号、建字第XXX611201710129号。

（5）《建设工程施工许可证》批准文号：第一期和第二期齐福建施字2008第102—103号，第三期齐福建施字2012第065号，第四期齐福建施字2012第054号。

（6）《预售许可证》批准文号：第一期齐房预许字2010第102号，第二期齐房预许字2010第112号、齐房预许字2012第111号，第三期齐房预许字2017第198号，第四期齐房预许字2018第098号。

（五）纳税风险评估期间

齐鲁A房地产开发有限公司在2020年10月与中介机构签订的"东方花园项目纳税风险评估合同"约定的评估期为2008年3月1日—2019年12月31日。

二、东方花园项目开发主体确认

营业执照和资质证书登记的公司名称为齐鲁A房地产开发有限公司。

东方花园项目立项批复确认的开发主体名称为齐鲁A房地产开发有限公司。

公司名称与开发主体名称一致，可以确认齐鲁A房地产开发有限公司为东方花园项目的开发主体。

证据：营业执照、房地产开发企业资质证书、立项批复。

三、东方花园项目的开发方式确认

东方花园项目自行开发确认，主要运用风险事项调查取证法，应关注判断事项、判断标准、判断结果。

判断事项：东方花园项目的资质提供方、土地提供方，均为齐鲁A房地产开发有限公司。证据：房地产开发企业资质证书、《建设用地规划许可证》《国有土地使用证》。

判断标准：两项资源均由立项主体独家提供。

判断结果：东方花园项目属于独家自行开发项目。

四、东方花园项目风控工具的选择

东方花园项目风控工具，应选择自行开发项目的风控工具。参见本书第八章至第十二章。

第九章

自主开发项目的拿地立项阶段纳税风险管理

第一节 拿地立项阶段的应知应会事项

一、拿地立项阶段的主要业务事项和业务节点

拿地立项阶段的主要业务事项有：申请立项批复、用地审批、土地规划审批。

拿地立项业务，是发生在建设前期准备的土地开发有关事项，包括取得项目用地、拆迁、多通一平。拿地立项阶段的起点是取得立项批复之日，终点是完成项目用地多通一平之日。

强调以完成项目用地多通一平之日为拿地立项阶段的终点，是为了正确划分房地产一级开发与二级开发，避免将一级开发成本错误地确认为开发项目的开发成本。

2011年1月21日实施的《征收与补偿条例》取消了开发商的拆迁资格，2020年1月1日以后，农村集体建设用地进入市场，拿地立项阶段与开发建设阶段划分的业务节点，按照开发项目形象进度及适用文件时间节点，可以分别定位于三种情形：①2011年1月21日以前，项目用地完成多通一平；②2011年1月21日以后，取得出让用地；③2020年1月1日以后，受让农村集体建设用地完成多通一平。

二、开发项目土地成本确认的适用文件节点

《企业产品成本核算制度（试行）》（财会〔2013〕17号）第二十六条规定："房地产企业一般设置土地征用及拆迁补偿费、前期工程费、建筑安装工程费、基础设施建设费、公共配套设施费、开发间接费、借款费用等成本项目。"该条中的七个成本项目，只有土地征用及拆迁补偿费一个成本项目属于土地成本，其他六个成本项目属于工程建设成本。

土地征用及拆迁补偿，是指为取得土地开发使用权（或开发权）而发生的各项费用。具体有十二项：①土地买价或出让金；②大市政配套费；③契税；④耕地占用税；⑤土地使用费；⑥土地闲置费；⑦农作物补偿费；⑧危房补偿费；⑨土地变更用途和超面积补交的地价及相关税费；⑩拆迁补偿费用；⑪安置及动迁费用；⑫回迁安置房建造费用。这十二项中，属于开发商直接支付给政府的费用有三项：土地买价或出让金、大市政配套费、契税；属于土地一级开发的支出有九项：耕地占用税、土地使用费、土地闲置费、农作物补偿费、危房补偿费、土地变更用途和超面积补交的地价及相关税费、拆迁补偿费用、安置及动迁费用、回迁安置房建造费用。

2011年1月21日实施的《征收与补偿条例》，取消了拆迁人的拆迁行为，因而补偿就只能是政府所进行的行政补偿。剥夺了土地使用方的拆迁人资格，开发商不再是拆迁人。供应土地状况，由毛地变为净地。

2011年1月21日以前，财会〔2013〕17号文第二十六条规定的十二项取得土地开发使用权（或开发权）而发生的各项费用，可以直接计入取得土地成本。因为，政府是毛地出让，拆迁及赔偿事宜由开发商承办，有关拆迁费用计入开发商的土地成本。

2011年1月21日以后，财会〔2013〕17号文第二十六条规定的十二项取得土地开发使用权（或开发权）而发生的各项费用，一般情况下，只有土地买价或出让金、大市政配套费、契税这三项可以直接计入取得土地成本，其他九项不能计入土地成本。因为，政府由毛地出让改为净地出让，开发商被剥夺了拆迁和赔偿的权利，有关拆迁费用计入政府的土地储备成本，不允许计入开发商的土地成本。开发商接受土地储备部门委托，承办三通一平、七通

一平等土地储备项目前期开发业务属于代建项目,开发商取得的代建服务费属于现代服务收入事项。如果在拿地环节,当地政府明文规定由开发商承担有关拆迁赔偿费用的,开发商应提交政府文件,证明拆迁赔偿费用计入项目成本的合法性。

2020年1月1日以后,农村集体建设用地进入市场,不需要经过国家征收、储备、出让的程序。现行规定中,没有禁止开发商作为拆迁人,没有禁止开发商对地上物进行拆迁、对被拆迁人进行补偿。因此,开发商取得农村集体建设用地,发生的第二十六条规定的十二项取得土地开发使用权(或开发权)而发生的各项费用,可以直接计入取得土地成本。

三、开发项目的成本对象确认

开发项目成本核算,是开发商对项目投入的料、工、费信息的分配和归集。从业务流程上讲,可以说成本核算是将业务装进单据,再将单据变成会计语言。结果是将业务原始信息输入会计单证,大数据的表格二维化,形成账、证、表。

《企业产品成本核算制度(试行)》(财会〔2013〕17号)第十三条规定:"房地产企业一般按照开发项目、综合开发期数并兼顾产品类型等确定成本核算对象。"开发项目成本核算,适用品种法,以一个项目或项目分期为一个品种,作为成本计算对象来归集开发经营费用、计算开发项目完工产品成本。

开发项目成本核算的处理过程:①确定成本对象→确定成本项目→设置明细账→收集确定各种消耗→归集费用;②计算开发项目成本和单位成本→结转产品销售成本。开发项目成本核算,不需要按批计算成本,也不需要按步骤来计算半成品成本。开发成本的计算期间,是从拿地到开发产品完工的一个生产周期。当中不需要按月、按季、按年结转成本。

四、项目用地拆迁补偿费是否缴纳契税的时间节点

《财政部 国家税务总局关于国有土地使用权出让等有关契税问题的通

知》(财税〔2004〕134号)第一条规定:"一、出让国有土地使用权的,其契税计税价格为承受人为取得该土地使用权而支付的全部经济利益。(一)以协议方式出让的,其契税计税价格为成交价格。成交价格包括土地出让金、土地补偿费、安置补助费、地上附着物和青苗补偿费、拆迁补偿费、市政建设配套费等承受者应支付的货币、实物、无形资产及其他经济利益。没有成交价格或者成交价格明显偏低的,征收机关可依次按下列两种方式确定:1.评估价格:由政府批准设立的房地产评估机构根据相同地段、同类房地产进行综合评定,并经当地税务机关确认的价格。2.土地基准地价:由县以上人民政府公示的土地基准地价。(二)以竞价方式出让的,其契税计税价格,一般应确定为竞价的成交价格,土地出让金、市政建设配套费以及各种补偿费用应包括在内。"

理解财税〔2004〕134号文第一条的规定,应当注意以协议方式出让,是政府与开发商的交易,不包括企业协议方式转让土地的交易。因为,只有政府才能作为国有土地的出让方。

根据财税〔2004〕134号文第一条的规定,针对政府出让土地规定的两种情形,一是以协议方式出让,契税计税价格为成交价格,包括三个要素:土地出让金、拆迁补偿、市政建设配套费;二是以竞价方式出让,契税计税价格为成交价格,包括三个要素:土地出让金、市政建设配套费、各种补偿费用。对比两种方式的要素可以看出,拆迁费是两种方式都包括的价格要素。

2011年1月21日实施的《征收与补偿条例》,取消了拆迁人的拆迁行为,因而补偿就只能是政府所进行的行政补偿。剥夺了土地使用方的拆迁人资格,开发商不再是拆迁人。供应土地状况,由毛地变为净地。

因此,项目用地拆迁补偿费是否缴纳契税,应以2011年1月21日为时间节点,区别对待。

2011年1月21日以前,因为政府是毛地出让,拆迁及赔偿事宜都由开发商承办,项目用地拆迁补偿费应计入项目用地成交价,作为契税的计税价格组成部分。

2011年1月21日以后,因为政府由毛地出让改为净地出让,开发商被剥夺了拆迁和赔偿的权利,有关拆迁费用计入政府的土地储备成本,项目用地成交价根据政府拍卖成交价确认。开发商受让土地后发生的项目用地补偿费用，与受让土地无关，不需要计入受让项目用地成交价。

五、土地供应制度的演变

2004年8月31日以前，房地产开发项目用地，可以通过协议方式取得。自然资源部于2002年5月发布第11号令，颁布实施《招标拍卖挂牌出让国有土地使用权规定》，明确规定包括商业、旅游、娱乐、商品住宅用地的经营性用地必须通过招拍挂方式出让。2004年，自然资源部颁布第71令，《关于继续开展经营性土地使用权招标拍卖挂牌出让情况执法监察工作的通知》规定，2004年8月31日以后所有经营性用地出让全部实行招拍挂制度，即所谓的"831"大限。

2016年停止发放国有土地使用证，在不动产登记部门办理《不动产权证书》。

2018年根据国务院政府职能改革规定，规划部门与土地部门合并，土地审批核准事项移交住建部门。另外，省级规划部门与土地部门于2016年已经合并完成。

2020年1月1日以前，国家通过其指定的政府部门将城镇国有土地或将农村集体土地征用为国有土地后出让给使用者的市场。房地产一级市场是由国家垄断的市场。2020年1月1日以后，集体经营性建设用地入市，取消了多年来集体建设用地不能直接进入市场流转的二元体制。

2020年1月1日起实施的《土地管理法》破除了农村集体建设用地进入市场的法律障碍。农村"三块地"（农用地、集体经营性建设用地、宅基地）中，农村集体建设用地在符合规划、依法登记，并经三分之二以上集体经济组织成员同意的情况下，可以通过出让、出租等方式交由农村集体经济组织以外的单位或个人直接使用，同时使用者在取得农村集体建设用地之后还可以通过转让、互换、抵押的方式进行再次转让。这是土地管理一个重大制度创新，取消了多年来集体建设用地不能直接进入市场流转的二元体制，为城乡一体化发展扫除了制度性的障碍。

六、土地增值税清算单位与分期的确认方法

（一）开发项目立项文件

《国家税务总局关于房地产开发企业土地增值税清算管理有关问题的通知》（国税发〔2006〕187号）的第一条"土地增值税的清算单位"明确，土地增值税以国家有关部门审批的房地产开发项目为单位进行清算，对于分期开发的项目，以分期项目为单位清算。

立项批复国家有关部门主要有：计划委员会（后改为发展改革部门）、履行项目备案职能的经信委。

例如，国地税合并后的江西省税务局，在《国家税务总局江西省税务局关于土地增值税若干征管问题的公告》（国家税务总局江西省税务局公告2018年第16号）第一条"土地增值税清算单位的确定"规定，房地产开发项目的土地增值税清算单位应依据发展和改革委员会审批或核准的项目文件确定。

2014年6月13日，河北省地方税务局发布的《河北省地方税务局关于对地方税有关业务问题的解答》第二条"国税发〔2006〕187号第一条中'国家有关部门'具体指哪个部门？依据哪个部门规定确定分期？"明确：一般应以发改部门发放的"河北省固定资产投资项目备案证"或"河北省固定资产投资项目核准证"所载内容为依据，如证书中标注不详细或备注中明确"以规划部门最终审批条件为准"的，则应结合规划部门审批的"建设用地规划许可证"和"建设工程规划许可证"来确定清算单位和项目分期。

（二）工程规划许可证

《重庆市地方税务局关于土地增值税若干政策执行问题的公告》（重庆市地方税务局公告2014年第9号）第一条第（一）款规定，房地产开发以规划主管部门审批的用地规划项目为清算单位。用地规划项目实施开发工程规划分期的，可选择以工程规划项目（分期）为清算单位。

《国家税务总局福建省税务局关于土地增值税若干政策问题的公告》（国家税务总局福建省税务局公告2018年第21号）第三条规定，房地产开发

企业应当自取得"建设工程规划许可证"的次月15日前,向主管税务机关申报备案"建设工程规划许可证"所载的建设项目名称等基础信息,并以申报备案的建设项目为单位进行土地增值税清算。

《厦门市土地增值税清算管理办法》(厦门市地方税务局2016年第7号公告)第二十五条规定,2011年1月1日以后采取分期方式开发、销售的房地产项目,可按政府规划主管部门颁发的"建设工程规划许可证"作为分期标准,以分期项目为单位进行清算。

(三)许可证结合

山东省引入了建设用地规划许可证。《山东省地方税务局土地增值税"三控一促"管理办法》(山东省地方税务局公告2017年第5号)第五条规定,主管地税机关应当依据国家有关部门审批、备案的项目,结合"建设用地规划许可证""建设工程规划许可证"确定项目管理单位,对于分期开发的项目,应当以分期项目为单位进行管理。

《青岛市地方税务局关于贯彻落实〈山东省地方税务局土地增值税"三控一促"管理办法〉若干问题的公告》(青岛市地方税务局公告2018年第4号)第一条规定,土地增值税以国家有关部门审批、备案的房地产开发项目为单位进行清算,对于分期开发的项目,以分期项目为单位进行清算。具体清算单位原则上由主管税务机关以政府规划部门颁发的"建设用地规划许可证"确认的项目来确定;属于分期开发的项目,参照政府相关部门颁发的"建设工程规划许可证""建筑工程施工许可证""商品房(销售)预售许可证"及竣工验收交付、预售资金回笼情况来确定。

《安徽省土地增值税清算管理办法》(安徽省地方税务局公2017年第6号)第十条规定,依据"建设工程规划许可证"难以确认分期开发项目的,纳税人应于取得"建设工程规划许可证"之日起30日内向主管地税机关报告,主管地税机关应依据"建设用地规划许可证""建设工程规划许可证"以及相关"建筑工程施工许可证""预售许可证"及预售资金回笼等情况,经调查核实、集体审议,综合认定分期开发项目。主管地税机关认定分期开发项目,应当于纳税人报送分期项目最后一个"预售许可证"之日起15日内书面告知纳税人。

（四）认定同期开发项目

《安徽省土地增值税清算管理办法》（安徽省地方税务局公2017年第6号）第十一条规定，房地产开发项目中，符合下列情形的，应当认定为同一分期开发项目：

（1）取得多个"建设工程规划许可证"，只取得一个"建筑工程施工许可证"的。

（2）取得多个"建设工程规划许可证"，且由若干个"建筑工程施工许可证"确定组织施工，经主管地税机关调查核实该多个"建设工程规划许可证"所确定的项目未利用本分期项目回笼资金开工建造的。

（五）成本对象+税局核定+备案

《土地增值税暂行条例实施细则》第八条规定，土地增值税以纳税人房地产成本核算的最基本的核算项目或核算对象为单位计算。

《大连市地方税务局关于土地增值税征收管理若干问题的公告》（大连市地方税务局公告2014年第1号）第一条规定，土地增值税应以国家有关部门审批、备案的房地产开发项目为单位进行清算。对于分期开发的项目，应以住建部门或国土规划部门下发的"建设工程规划许可证"确定的分期建设项目作为清算单位。

《深圳市地方税务局关于发布土地增值税征管工作规程[试行]的公告》（深圳市地方税务局公告2015年第1号）第十六条规定，房地产开发项目以项目登记为单位进行清算。对开发期超过3年的项目，纳税人可以根据其开发进度，选择会计核算相对独立的部分进行分期清算，并将分期计划报送主管税务机关。

七、房地产项目实行备案制

2016年12月12日开始取消固定资产投资项目审批制度，实行核准备案制度。《政府核准的投资项目目录（2016年本）》（国发〔2016〕72号）明列12类项目实行核准制，之外的实行备案制。

房地产开发项目不再实行核准制明列12类项目目录，2016年12月12日以

后的项目不需要取得"固定资产投资许可证"。

八、资产置换方式政策性搬迁的土地成本

资产置换也就是"以物易物"的非货币性交易。在会计上,非货币性交易不具有商业实质,不确认收入。但在企业所得税上,一般来说,非货币性交易视同以公允价值销售、以公允价值购买两笔业务处理。但对政策性搬迁采取"以物易物"方式有所区别。根据《企业政策性搬迁所得税管理办法》(国家税务总局公告2012年第40号)第十三条明确,企业搬迁中被征用的土地,采取土地置换的,换入土地的计税成本按被征用土地的净值,以及该换入土地投入使用前所发生的各项费用支出,为该换入土地的计税成本,在该换入土地投入使用后,按《企业所得税法》及其实施条例规定年限摊销。《企业政策性搬迁所得税管理办法》(国家税务总局公告2012年第40号)第十三条要求,按原计税基础加新增费用作为新换入资产的计税成本,对原土地不用确认转让收入,这种处理方式实际上与会计中不符合商业实质的非货币性资产交换的处理类似。

《国家税务总局关于企业政策性搬迁所得税有关问题的公告》(国家税务总局公告〔2013〕11号)第二条规定,企业政策性搬迁被征用的资产,采取资产置换的,其换入资产的计税成本按被征用资产的净值,加上换入资产所支付的税费(涉及补价,还应加上补价款)计算确定。根据该项规定,政策性搬迁采取资产置换方式扩大了优惠的范围,从土地扩大到全部资产。即政策性搬迁采取资产置换方式的,不确认资产转让利得。

九、拿地立项重要风险事项提示

(一)风险事项处理程序

对于开发项目在拿地立项阶段的风险分析识别和处理,可以选择四步程序,第一步专家团队列出主要风险点清单,第二步根据具体项目确认可能存

在的风险点,第三步按适用方法分类,第四步按多维分析法设计调查工具、确认工具、报告工具。下面列示出部分主要风险供参考。

(二)适用多维分析法、调查取证法、模板分析比对法的风险事项

(1)占地面积、建筑面积的确认。

(2)受让取得土地总金额的确认。

(3)开发项目成本对象确认。

(4)开发项目的土地成本归集的确认。

(5)拿地立项土地使用税纳税义务确认。

(三)适用是非判断法的风险事项

(1)土地整理收入款是否冲抵取得土地款。

(2)拆迁合同是否造假虚增赔偿成本。

(3)拆迁赔偿是否未按规定取得合法凭证。

(4)支付赔偿款资金流证据是否不充分。

(5)人防工程车位、仓位等是否确认为可售。

(6)规划许可证是否超过有效期限。

(7)政府返还土地出让金是否冲减开发成本。

(8)拆迁实物补偿是否未确认成本。

(9)小规模纳税人是否未及时认定一般纳税人。

(10)契税是否未按规定计入土地成本。

(11)土地受让合同是否未缴纳印花税。

(12)是否未报送"土地增值税项目登记表"。

(13)是否未按规定办理进项税额申报事项。

(14)是否存在虚签动迁合同,虚构拆迁补偿交易,虚增开发成本。

第二节 拿地立项阶段纳税风险管理的评估方法

一、拿地立项阶段纳税风险管理的主要事项

项目组根据专家团队列出主要风险清单，确认评估项目的风险点（或称风险评估事项）后，应编制项目风险事项清单。下面列示部分主要风险事项供参考。

（1）占地面积、建筑面积的确认。
（2）受让取得土地总金额的确认。
（3）开发项目成本对象确认。
（4）开发项目成本归集的确认。
（5）项目土地间接成本分摊确认。
（6）拿地立项土地使用税纳税义务确认。

二、占地面积、建筑面积的确认

（一）方法提示

占地面积、建筑面积的确认，主要运用调查取证法。应关注判断事项、判断标准、判断结果。

判断事项：总建筑面积、土地占地面积。

> 提示：开发项目的成本对象是在拿地立项环节确认的，与成本对象确认相关的总建筑面积、土地占地面积的真实性，应在拿地立项环节确认。

判断标准：比对信息一致。

判断结果：比对信息是否一致，是否存在占地面积、建筑面积的真实性风险。

证据：政府部门项目批复、土地规划许可、不动产登记证/国有土地使用权证、工程规划许可、施工许可。

（二）政策法规提示

《房地产税收一体化管理业务规程》（国税发〔2007〕114号）规定："房地产税收包括土地使用权取得和房地产开发、交易、保有等环节涉及的营业税、城市维护建设税、教育费附加、企业所得税、个人所得税、土地增值税、城镇土地使用税、房产税、城市房地产税、印花税、耕地占用税、契税等税种。实施房地产税收一体化管理，是以各税种日常管理为基础，通过涉税信息的传递与共享，开展信息比对，强化纳税评估，提高总体征管质量和水平。"

三、受让取得土地总金额的确认

（一）方法提示

受让取得土地总金额确认，主要运用调查取证法。应关注判断事项、判断标准、判断结果。

判断事项：土地出让/转让合同的总价格/总金额，土地出让金收据/发票的总价格/总金额。

判断标准：比对信息一致。

判断结果：比对信息是否一致。是否存在受让取得土地总金额的真实性风险。

证据：土地出让/转让合同、土地出让金收据/发票。

（二）政策法规提示

关于土地使用权转让的方式，《城镇国有土地使用权出让和转让暂行条例》第十九条规定，土地使用权转让包括出售、交换和赠与三种方式。《中华人民共和国城市房地产管理法》第十三条规定，土地使用权出让，可以采取拍卖、招标或者双方协议的方式。

《财政部国家税务总局关于明确金融房地产开发教育辅助服务等增值税政策的通知》（财税〔2016〕140号）第七条第一款规定：《营业税改征增值税试点有关事项的规定》（财税〔2016〕36号）第一条第（三）项第10点中"向政府部门支付的土地价款"，包括土地受让人向政府部门支付的征地和拆迁补偿费用、土地前期开发费用和土地出让收益等。

四、开发项目成本对象确认（成本账户设置）

（一）方法提示

开发项目成本对象确认，主要运用是非判断法，应关注判断事项、判断标准、判断结果。

判断事项：成本对象的账户设置、成本项目的账户设置。

如连片分期开发的判断事项：①商品房项目是否分期开发；②分期情况，×××项目一期开发、×××项目二期开发、×××项目三期开发；③分期设置项目的成本对象账户（一级产品成本账）；④每个成本对象的成本项目设置（二级产品成本账）。

判断标准：《企业产品成本核算制度（试行）》（财会〔2013〕17号）第十三条规定。

判断结果：是否符合《企业产品成本核算制度（试行）》（财会〔2013〕17号）第十三条规定。

（二）政策法规提示

《企业产品成本核算制度（试行）》（财会〔2013〕17号）第十三条规定："房地产企业一般按照开发项目、综合开发期数并兼顾产品类型等确定成本核算对象。"

五、开发项目的土地成本归集的确认

（一）方法提示

开发项目成本归集的确认，主要运用信息比对法。应关注判断事项、判断标准、判断结果。

判断事项：土地征用费用、拆迁补偿费。

判断标准：（1）计入土地成本的支出，符合《土地管理法》《征收与补偿条例》《土地储备管理办法》（国土资规〔2017〕17号）、《企业产品成本核算制度（试行）》（财会〔2013〕17号）第二十六条规定。（2）2011年1月21日以后发生的计入成本的拆迁补偿费用能够提供政府部门关于开发商负担项目拆迁补偿费用的相关文件。

判断结果：①计入土地成本的支出，是否符合规定。②2011年1月21日以后发生的计入成本的拆迁补偿费用是否能够提供政府部门关于开发商负担项目拆迁补偿费用的相关文件。

提示：①政府出让的适用文件时间节点为2011年1月21日；②企业转让的适用文件时间节点为2004年8月31日；③储备用地前期开发的适用文

件时间节点为2016年2月2日；④农村集体建设用地进入市场的适用文件时间节点为2020年1月1日；⑤2011年1月21日以后，开发商没有拆迁权利，直接支付的土地储备前期开发有关的拆迁补偿费用不得计入取得土地成本。开发项目如果发生拆迁补偿费用，应提供政府部门关于开发商负担项目拆迁补偿费用的相关文件。

（二）政策法规提示

《征收与补偿条例》取消了房地产开发商拆迁人的资格，禁止开发商以土地使用人的身份进行拆迁。因此，补偿就只能是政府所进行的行政补偿，政府的征收行为是基于公益目的而进行的。

《企业产品成本核算制度（试行）》（财会〔2013〕17号）第二十六条规定："土地征用及拆迁补偿费，是指为取得土地开发使用权（或开发权）而发生的各项费用，包括土地买价或出让金、大市政配套费、契税、耕地占用税、土地使用费、土地闲置费、农作物补偿费、危房补偿费、土地变更用途和超面积补交的地价及相关税费、拆迁补偿费用、安置及动迁费用、回迁安置房建造费用等。"

2020年1月1日起实施的《土地管理法》破除了农村集体建设用地进入市场的法律障碍。

六、拿地立项土地使用税纳税义务确认

（一）方法提示

受拿地立项土地使用税纳税事项确认，主要运用证件资料调查分析法，应关注信息来源、比对事项、比对标准、比对结果。

比对事项：出让合同约定的占用土地面积、土地交付时间，城镇土地使用税税源明细表登记的占用土地面积、土地交付时间，合同与明细表比对确认结果。

比对标准：比对一致。

比对结果：比对是否一致。

证据：土地出让合同\转让合同、城镇土地使用税税源明细表。

（二）政策法规提示

财税〔2006〕186号第二条规定，以出让或转让方式有偿取得土地使用权的，应由受让方从合同约定交付土地时间的次月起缴纳城镇土地使用税；合同未约定交付土地时间的，由受让方从合同签订的次月起缴纳城镇土地使用税。

第三节 拿地立项阶段纳税风险管理的范例

| 案例一 |

东方花园项目拿地立项的纳税义务确认

一、东方花园项目开发情况介绍

（一）开发主体信息

开发主体：齐鲁A房地产开发有限公司，统一社会信用代码：AX3706117582723XX9。

证据：营业执照、房地产开发企业资质证书。

（二）拿地立项及项目用地信息

东方花园项目是根据"罗庄区城中村棚户区开发项目合作协议"及补充协议约定的一二级联动开发项目中的一个商品房项目。东方花园项目用地，取得的是净地不是毛地，除出让合同价款外，未发生拆迁补偿费用。

2008—2013年，取得立项批复及用地规划许可、土地使用权证。

批复用地确认的项目容积率2.0，项目用地面积27万平方米，建筑面积54万平方米；用地规划许可、土地使用权证、工程规划许可、施工许可确认的项目用地面积27万平方米，建筑面积54万平方米。

（三）受让取得土地总金额

东方花园项目取得土地支出总金额52 008万元。土地成本有关账户反映，东方花园项目总成本52 008万元，其中一期土地成本11 401万元、二期土地成本11 277万元、三期土地成本9 738万元、四期土地成本19 592万元。

（四）项目用地的成本账户设置情况

齐鲁A房地产开发有限公司对东方花园项目的用地，以每期为成本对象，分别设置了一期开发成本、二期开发成本、三期开发成本、四期开发成本四个项目开发成本一级科目，分别核算四个子项目的商品房开发总成本。

已经分期办理土地增值税项目登记申报，并确认以每一期为项目清算单位。东方花园项目在土地增值税清算时，对一期、二期、三期、四期分别进行清算，分别纳税。

（五）项目用地的成本账户记录情况

土地成本有关账户反映，"东方花园"项目总成本52 008万元，其中一期土地成本11 401万元；二期土地成本11 277万元；三期土地成本9 738万元；四期土地成本19 592万元。

（六）土地使用税纳税申报情况

2010年签订的土地出让合同，约定出让17.01万平方米，在2010年12月交付土地；齐鲁A房地产开发有限公司对该宗土地在2011年1月开始申报缴纳土地使用税。

2013年签订的土地出让合同，约定出让9.99万平方米，在2013年6月交付土地；齐鲁A房地产开发有限公司对该宗土地在2013年7月开始申报缴纳土地使用税。

（七）证据资料

（1）立项批复。2008年3月取得齐鲁市发改委关于东方花园商品房项目立项批复文件。

（2）《建设用地规划许可证》批准文号：鲁XXX12007齐规地字第00251号、地字第XXX611200800218号。

（3）出让合同、土地使用证。第一期、第二期用地于2008年3月签订土地出让合同并在当月交付使用，"国有土地使用证"齐国有（2010）第30032号；一期占地面积5.94万平方米、二期占地面积5.94万平方米。第三期、第四期用地于2008年3月签订土地出让合同并在当月交付使用，"国有土地使用证"齐国有（2013）第30044—45号；三期占地面积5.13万平方米，2013年签订的"土地出让合同"，取得第四期项目用地，占地面积9.99万平方米。

提示：采集土地信息，应关注出让合同约定的交付时间、项目各期占地面积。

（4）工程规划。第一期、第二期"建设工程规划许可证"批准文号：建字第XXX611200800095号、建字第XXX611200800096号、建字第XXX611200800344号、建字第XXX611200800345号、建字第XXX611200800346号、建字第XXX611200900182号；第三期、第四期"建设工程规划许可证"批准文号：建字第XXX611201200070号、建字第XXX611201200071号、建字第XXX611201710090号、建字第XXX611201710091号、建字第XXX611201710092号、建字第XXX611201710093号、建字第XXX611201710128号、建字第XXX611201710129号。

（5）"建设工程施工许可证"批准文号：第一期和第二期齐福建施

字2008第102号和103号，第三期齐福建施字2012第065号，第四期齐福建施字2012第054号。

二、占地面积、建筑面积的确认

（1）立项批复信息。立项批复确认的项目用地面积27万平方米，其中一期占地面积5.94万平方米，二期占地面积5.94万平方米，三期占地面积5.13万平方米，四期占地面积9.99万平方米；建筑面积53.6万平方米，其中一期建筑面积11.7万平方米，二期建筑面积11.6万平方米，三期建筑面积10平方米，四期建筑面积20.3平方米。

（2）项目许可四证信息。用地规划许可、土地使用权证、工程规划许可、施工许可确认的项目用地面积27万平方米，建筑面积54万平方米。

（3）判断结果：立项批复信息与项目许可四证信息比对一致，未发现占地面积、建筑面积的真实性风险。

三、受让取得土地总金额的确认

（1）土地出让合同约定土地出让总价款为52 008万元，其中一期土地价款11 401万元，二期土地价款11 277万元，三期土地价款9 738万元，四期土地价款19 592万元。

（2）土地出让收据总金额为52 008万元。

（3）判断结果：土地出让合同金额与土地出让收据金额比对信息一致。不存在受让取得土地总金额的真实性风险。

证据：土地出让合同、土地出让收据。

四、开发项目成本对象确认

东方花园项目采取分期开发方式，共分一期、二期、三期、四期。

东方花园项目成本对象确认（或称成本账户设置），分别按一期、二期、三期、四期设置每期的一级成本对象账户（单件产品成本账户）、二级成本项目账户，符合《企业产品成本核算制度（试行）》（财会〔2013〕17号）第十三条规定。未发现成本账户设置的违法风险。

证据：东方花园项目土地成本总账、明细账的设置、记录有关资料。

五、开发项目的土地成本归集的确认

（1）判断事项。东方花园项目采取分期开发方式，共分一期、二期、三期、四期。开发项目的土地成本归集的确认，应关注土地成本核算是否分期归集，计入成本的拆迁补偿费用是否包括2011年1月21日以后发生的支出。

（2）判断结果。东方花园项目土地成本，分别按一期、二期、三期、四期设置一级成本对象账户、二级成本项目账户，分别按一级成本对象账户、二级成本项目账户归集土地（或称成本账户记录）。土地成本总账明细账记录情况：土地成本总额为52 008万元，其中一期土地成本11 401万元，二期土地成本11 277万元，三期土地成本9 738万元，四期土地成本19 592万元。取得东方花园项目用地现状为净地，未发生拆迁补偿费用，土地成本会计核算账户中没有记录拆迁补偿费有关事项。土地成本会计处理符合《企业产品成本核算制度（试行）》（财会〔2013〕17号）第十三条规定。未发现土地成本核算账实不符的风险。

证据：东方花园项目土地成本总账、明细账的记录有关资料。

六、拿地立项土地使用税纳税义务确认（核实占地面积）

土地出让合同约定东方花园项目用地占地面积27万平方米，土地部门分别按合同约定，第一期、第二期、第三期用地在2008年12月交付17.01万平方米，第四期用地在2013年6月交付9.99万平方米。

齐鲁A房地产开发有限公司在2009年1月申报"城镇土地使用税税源明细表"中登记的土地面积为17.01万平方米，在2013年7月申报"城镇土地使用税税源明细表"中登记的土地面积为9.99万平方米。

比对结果：土地出让合同与城镇土地使用税税源明细表比对结果一致。未发现申报不实的风险。

证据：土地出让合同\转让合同、城镇土地使用税税源明细表。

| 案例二 |

企业合并取得土地的土地增值税扣除问题

（一）背景介绍

甲企业与乙企业签订"购并协议"，双方同意由甲企业以吸收合并方式购并乙企业，即甲企业收购乙企业的全部净资产，通过收购实现甲企业与乙企业的合并，乙企业在收到甲企业支付的净资产的收购价款后，向乙企业的股东进行清算分配，乙企业的资产全部转入兼并方甲企业，乙企业法人地位消失并依法注销。

购并后，乙企业的原有债权、债务由甲企业享有和承担。管理基准日前的收益归乙企业原股东所有，管理基准日后的乙企业的收益归甲企业享有。

（二）有关税务的处理

关于企业所得税，根据财税〔2009〕59号文件规定，被合并企业视为按公允价值转让处置全部资产，计算资产转让所得，并且依法缴纳了企业所得税。这样，乙企业在并入甲企业时，按照管理后的资产的价值作为转让价，计算了资产转让的所得。

现乙企业并入甲企业的资产是按照管理后的价值作为计税价值，计算折旧摊销土地的价值。

（三）过户环节的税收问题

甲企业并入乙企业的资产中，有土地使用权，该土地使用权管理后的价值比取得时的历史成本价增值额约为4 000万元。现该企业用并入企业的土地进行了房地产开发，该企业在开发销售后，对土地成本的计价是否可以按照购并时的管理价作为土地增值税的扣除项目金额。在土地过户环节，对于并入乙企业的土地，根据财税〔2009〕21号文件规定不享受免税待遇，应缴纳土地增值税。

（四）开发后房屋销售的纳税问题

《土地增值税暂行条例实施细则》规定："取得土地使用权所支付的金额，是指纳税人为取得土地使用权所支付的地价款和按国家统一规定交纳的有关费用。"

通过企业合并方式取得土地的"取得土地使用权所支付的金额"，是指企业合并时购买、换取资产的一方支付对价中所含的土地权对价金额。通俗地说，是交易双方根据管理增值后价格约定的合并时实际土地使用权交易金额。

审核合并方式取得使用权所支付的金额，应取得下列证据：

（1）在产权交易中心备案的交易合同。

（2）合并时的财产交割清单。

（3）支付对价的结算单证。

（4）合并取得土地使用权的产权证书。

（5）并入财产的会计核算资料。

| 案例三 |

不同的分摊方法造成扣除项目存在差异

计算分摊扣除项目金额的方法不同，而造成清算扣除的土地出让金存在差异，从而造成清算税款存在差异。

（一）背景介绍

某房地产开发公司在一块10 000万平方米的土地上进行房地产开发，其取得该土地使用权所支付的出让金为1 000万元。该房地产公司在这块土地上建了两幢楼，一幢为写字楼，占地面积（包括周围的道路及绿地等）4 000平方米，建筑面积15 000平方米；一幢为公寓，占地面积

（包括周围的道路及绿地等）6 000平方米，建筑面积16 000平方米。公寓的公共配套设施当中有游泳池占地面积100平方米、建筑面积500平方米，开发商改变为对外开放的经营性质的设施。公寓已出售90%，写字楼尚未转让。

（二）按占地面积分摊土地出让金

1.公寓应分摊的土地出让金

按转让土地使用权的面积分摊，公寓应分摊的土地出让金的计算方法如下：

公寓应分摊的土地出让金＝公寓占地面积6 000平方米×（项目支付土地出让金总额1 000万元÷项目总占地面积10 000平方米）＝600（万元）

2.按可售与不可售面积确认应分摊的土地出让金

（1）公寓不可售占地面积应负担的出让金。公寓总占地面积6 000平方米，其中不可售面积的游泳池占地100平方米，应负担土地出让金计算方法如下：

不可售面积应负担的土地出让金＝不可售占地面积100平方米×（项目支付土地出让金总额1 000万元÷项目总占地面积10 000平方米）＝10（万元）

（2）公寓可售面积应分摊的土地出让金。

公寓可售面积应分摊的土地出让金＝公寓应分摊的土地出让金600万元－不可售面积应负担的土地出让金10万元＝590（万元）

3.本次清算应负担的土地出让金

本次清算应负担的土地出让金＝公寓可售面积应分摊的土地出让金590万元×已出售比例90%＝531（万元）

（三）按建筑面积分摊土地出让金

1.公寓应分摊的土地出让金

（1）总建筑面积＝写字楼建筑面积15 000平方米＋公寓建筑面积16 000平方米＝31 000（平方米）

（2）公寓应分摊的土地出让金＝公寓建筑面积16 000平方米×（出让金总额1 000万元÷总建筑面积31 000平方米）＝516（万元）

2.按可售与不可售面积确认应分摊的土地出让金

（1）公寓不可售占地面积应负担的出让金。不可售面积应负担的土地出让金＝不可售建筑面积500平方米×（项目支付土地出让金总额1 000万元÷项目总建筑面积31 000平方米）＝16（万元）

（2）公寓可售面积应分摊的土地出让金。公寓可售面积应分摊的土地出让金＝公寓应分摊的土地出让金516万元－不可售面积应负担的土地出让金16万元＝500（万元）

3.本次清算应负担的土地出让金

本次清算应负担的土地出让金＝公寓可售面积应分摊的土地出让金500万元×已出售比例90%＝450（万元）

（四）案件启示

通过这个案例可以看出，按占地面积分摊土地出让金本次清算应负担的土地出让金为531万元，较按建筑面积分摊土地出让金本次清算应负担的土地出让金（450万元）多81万元。由于分摊方法的不同，对清算结果会造成巨大的影响。

（五）文件依据

《房地产开发经营业务企业所得税处理办法》（国税发〔2009〕31号）第三十条规定："企业下列成本应按以下方法进行分配：（一）土地成本，一般按占地面积法进行分配。如果确需结合其他方法进行分配的，应商税务机关同意。土地开发同时联结房地产开发的，属于一次性取得土地分期开发房地产的情况，其土地开发成本经商税务机关同意后可先按土地整体预算成本进行分配，待土地整体开发完毕再行调整。（二）单独作为过渡性成本对象核算的公共配套设施开发成本，应按建筑面积法进行分配。（三）借款费用属于不同成本对象共同负担的，按直接成本法或按预算造价法进行分配。（四）其他成本项目的分配法由企业自行确定。"

第九章 自主开发项目的拿地立项阶段纳税风险管理

| 案例四 |

土地入股方式取得开发项目用地的成本确认

一、交易描述

2002年4月,A投资公司将持有的开发用地作价1亿元股权入股B房地产开发公司,并完成了土地使用权变更登记手续。双方合作开发项目为桃花园项目,已经在2010年完成土地增值税、企业所得税清算申报。

由于2002年对于土地作价入股行为,不归于营业税的征收范围,A投资公司不作销售无形资产处理,不开具营业税发票。

该项目已经取得了下列资料:

(1)立项批复及五证。

(2)出资入股协议、土地使用权评估报告及有关工商登记资料。

(3)完工产品销售收入、销售成本会计资料。

(4)土地增值税、企业所得税纳税申报资料。

二、纳税争议描述

2013年税务审查时,B房地产开发公司不能提交受让土地支付款项的收付款凭证、银行划款单证,不能证明发生了土地增值税条例规定的"取得土地使用权所支付的金额",对B房地产开发公司按接受土地入股1亿元确认的土地成本,不允许作为土地增值税扣除项目。

三、项目开发情况调查与确认

经调查确认,本开发项目资源合作方式与常见的开发项目资源合作方式,仅是对价方式存在区别,其他交易事项是相同的。

本项目开发商取得土地的对价方式:换出本公司股权,取得土地使用权;常见的开发项目开发商取得土地的对价方式:支付现金、银行存款等货币资产,取得土地使用权。

四、纳税争议分析

争议的焦点:接受土地股权投资,是否属于受让项目用地。具体表现以下两个方面。

本案争议点：①交易处理。B房地产开发公司换出本公司股权，取得土地使用权的接受土地入股交易中，以本公司股权作为非货币性资产对价，是否属于土地增值税条例规定的"取得土地使用权所支付的金额"。②税务处理。B房地产开发公司按接受土地入股1亿元确认的土地成本，是否允许作为土地增值税扣除项目。

五、交易处理

房地产开发企业以接受股权投资的方式取得开发用地土地使用权，属于非货币交易形式的转让方式取得土地，房地产开发企业受让土地时是以本企业股权为取得土地的价款。

《城市房地产管理法》第三十七条规定："房地产转让，是指房地产权利人通过买卖、赠与或者其他合法方式将其房地产转移给他人的行为。"

《城市房地产转让管理规定》（中华人民共和国建设部令第96号）第三条规定："本规定所称房地产转让，是指房地产权利人通过买卖、赠与或者其他合法方式将其房地产转移给他人的行为。前款所称其他合法方式，主要包括下列行为：（一）以房地产作价入股、与他人成立企业法人，房地产权属发生变更的；（二）一方提供土地使用权，另一方或者多方提供资金，合资、合作开发经营房地产，而使房地产权属发生变更的；（三）因企业被收购、兼并或合并，房地产权属随之转移的；（四）以房地产抵债的；（五）法律、法规规定的其他情形。"

因此，本案B房地产开发公司换出本公司股权，取得土地使用权的接受土地入股交易中，以本公司股权作为非货币性资产对价，符合《城市房地产管理法》第三十六条、《城市房地产转让管理规定》第三条的规定，属于法定的取得土地对价方式，应确认为土地增值税条例规定的"取得土地使用权"。

六、会计处理

《企业会计准则第6号——无形资产》第十四条规定："投资者投入

的无形资产,应当按照投资合同或协议约定的价值作为成本,但合同或协议约定价值不公允的除外。"

本案B房地产开发公司换出本公司股权,取得土地使用权的接受土地入股交易中,交易双方、土地登记部门、税务审查部门对评估报告的公允性没有争议,对出资协议的合法性不存在争议。

因此,可以得出结论:有关各方对出资协议约定价值是否公允,不存在争议。还可以进一步得出结论:B房地产开发公司接受入股取得土地"应当按照投资合同或协议约定的价值作为成本"。

七、税务处理

审查部门对B房地产开发公司按接受土地入股1亿元确认的土地成本,不允许作为土地增值税扣除项目的主张是错误的,一是事实认定不清,二是违法。本案B房地产开发公司换出本公司股权,取得土地使用权的接受土地入股交易中,以本公司股权作为非货币性资产对价金额,是根据出资协议约定的价值作为入股土地成本,符合会计准则关于初始计价的规定,应确认为土地增值税条例规定的"取得土地使用权所支付的金额"。

《中华人民共和国土地增值税暂行条例实施细则》规定:"取得土地使用权所支付的金额,是指纳税人为取得土地使用权所支付的地价款和按国家统一规定交纳的有关费用。"

国税函发〔1995〕110号文件第五条"(一)"规定:"取得土地使用权所支付的金额。包括纳税人为取得土地使用权所支付的地价款和按国家统一规定交纳的有关费用。具体为:以出让方式取得土地使用权的,为支付的土地出让金;以行政划拨方式取得土地使用权的,为转让土地使用权时按规定补交的出让金;以转让方式取得土地使用权的,为支付的地价款。"

八、审查处理意见合法性分析

(一)事实认定不清、取证错误

对B房地产开发公司换出本公司股权,取得土地使用权的接受土地入股交易，没有确认为是非货币性交易，而是认定为货币交易。

B房地产开发公司取得土地支付的对价方式，不是现金或银行存款等形式的货币性资产，而是股权形式的非货币性资产。在本案中，是土地使用权与股权的权利交换，是非货币性资产置换交易，不是用现金或银行存款购买土地使用权，根本不发生现金或银行存款等形式的资金流。因此，B房地产开发公司不可能提交受让土地支付款项的收付款凭证、银行划款单证。本案B房地产开发公司支付对价的证据应当是股权出资工商登记资料。

（二）适用依据错误

审查的交易处理违反《城市房地产管理法》第三十六条、《城市房地产转让管理规定》第三条的规定，会计处理违反《企业会计准则第6号——无形资产》第十四条的规定，该项处理决定应当撤销。

九、纳税风险管理作业启示

通过本案的争议分析、交易分析，在作业流程、作业技术两方面至少有六点提示。

（1）多维分析是纳税评估的重要流程。委托方决定启动开发项目的纳税风险管理程序后，根据项目立项批复、五证等形式条件，很容易确认项目是否属于自主开发项目；重点是如何根据项目合作方式确认本项目的特殊风险点。

（2）多维调查方法。多维调查至少关注开发主体、项目三流、项目合作四要素、项目对价方式、项目完工产品等十个维度的交易事项。

（3）特殊风险点确认方法。通过多维分析，确认本项目的一般性主要风险。通过合作要素分析、项目对价分析，确认本项目特殊风险点。

（4）风险点描述。风险点要素：一级调查事项+二级调查事项。如取得土地对价比对差异形成的交易处理风险点，表述为：常见取得土地对价方式是支付现金、银行存款，本案取得土地对价方式是换出股权。

（5）风险点推理方法。根据交易处理风险，推理会计处理风险、税务处理风险。如在土地入股风险推理过程中，①交易风险是取得土地对价风险,具体表现为常见取得土地对价方式是支付现金、银行存款,本案取得土地对价方式是换出股权。②会计处理土地成本计价风险。③税务处理土地增值税扣除项目、企业所得税扣除项目的风险。

(6)关注市场监管文件。承办开发项目的纳税风险管理业务,仅关注税收文件是不够的,必须重视市场监管文件的学习。因为税收文件一般只规定两项内容,即适用文件条件、如何进行处理,而没有规定如何确认适用条件。涉及交易处理的税收文件适用条件,是由市场监管文件规定的,如本案开发商受让土地方式的确认问题,是由《城市房地产管理法》《城市房地产转让管理规定》等文件规定的。

第十章

自主开发项目的开发建设阶段纳税风险管理

第一节 开发建设阶段的应知应会事项

一、开发建设阶段的主要业务事项和业务节点

开发建设阶段的业务事项,是发生在拿地立项之后的项目工程建筑有关业务的开发事项,包括:前期工程、建筑安装工程、基础设施建设、公共配套设施等工程事项。开发建设阶段的起点是:完成项目用地多通一平(一级开发)之日,其终点是:开发产品具备完工条件之日。

根据《房地产开发经营业务企业所得税处理办法》的规定,应确认为开发产品完工。在开发产品完工之前收到的商品房预售款项不确认销售收入,在开发产品完工的次月起,收到的商品房预售款项应全部确认销售收入,对之前收到的预收款应结转收入。

《房地产开发经营业务企业所得税处理办法》(国税发〔2009〕31号)第三条规定:"企业房地产开发经营业务包括土地的开发,建造、销售住宅、商业用房以及其他建筑物、附着物、配套设施等开发产品。除土地开发之外,其他开发产品符合下列条件之一的,应视为已经完工:(一)开发产品竣工证明材料已报房地产管理部门备案。(二)开发产品已开始投入使用。(三)开发产品已取得了初始产权证明。"

二、开发建设阶段的成本项目确认

《企业产品成本核算制度（试行）》（财会〔2013〕17号）第二十六条规定："房地产企业一般设置土地征用及拆迁补偿费、前期工程费、建筑安装工程费、基础设施建设费、公共配套设施费、开发间接费、借款费用等成本项目。"该条中的七个成本项目，只有土地征用及拆迁补偿费一个成本项目属于土地成本，其他六个成本项目属于工程建设成本。工程建设成本的六个成本项目核算范围如下。

（1）前期工程费，是指项目开发前期发生的政府许可规费、招标代理费、临时设施费以及水文地质勘查、测绘、规划、设计、可行性研究、咨询论证费、筹建、场地通平等前期费用。

（2）建筑安装工程费，是指开发项目开发过程中发生的各项主体建筑的建筑工程费、安装工程费及精装修费等。

（3）基础设施建设费，是指开发项目在开发过程中发生的道路、供水、供电、供气、供暖、排污、排洪、消防、通讯、照明、有线电视、宽带网络、智能化等社区管网工程费和环境卫生、园林绿化等园林、景观环境工程费用等。

（4）公共配套设施费，是指开发项目内发生的、独立的、非营利性的且产权属于全体业主的，或无偿赠与地方政府、政府公共事业单位的公共配套设施费用等。

（5）开发间接费，指企业为直接组织和管理开发项目所发生的，且不能将其直接归属于成本核算对象的工程监理费、造价审核费、结算审核费、工程保险费等。为业主代扣代缴的公共维修基金等不得计入产品成本。

（6）借款费用，是指符合资本化条件的借款费用。

房地产企业自行进行基础设施、建筑安装等工程建设的，可以比照建筑企业设置有关成本项目。

三、开发项目公共配套设施确认

《企业产品成本核算制度（试行）》（财会〔2013〕17号）第二十六条

规定："公共配套设施费，是指开发项目内发生的、独立的、非营利性的且产权属于全体业主的，或无偿赠与地方政府、政府公共事业单位的公共配套设施费用等。"现行的企业所得税、土地增值税有关文件中，没有关于公共配套设施定义和范围的明确规定。对于第二十六条中公共配套设施的定义和范围，应根据建设部门的有关文件进行确认。

《城市居住区规划设计标准》（住房和城乡建设部公告2018第142号）"2.9配套设施"规定："对应居住区分级配套规划建设，并与居住人口规模或住宅建筑面积规模相匹配的生活服务设施；主要包括基层公共管理与公共服务设施、商业服务业设施、市政公用设施、交通场站及社区服务设施、便民服务设施。"《成都市公建配套设施规划导则》（2010年版）2.2.2中将公建配套设施按照建设实施主体分为两类：第一类为政府主导实施的公建配套设施，包括行政管理、社区服务、教育、医疗卫生、文化、体育、交通市政、绿地广场八类设施和农贸市场；第二类为以市场推动为主的公建配套设施，主要为商业服务业设施（不含农贸市场）。

配套公建（住宅区配套公共建筑），指开发商按照国家及地方有关规定在住宅区土地范围内与商品住宅配套修建的各种公用建筑，一般包括教育、医疗卫生、文化体育、商业服务、金融邮电、社区服务、市政公用、行政管理及其他八类公用建筑，但各住宅区具体配建项目因住宅区情况的不同会有所区别。

非经营性公建仅指不用于经营的公共建筑，如广场上的值班室。经营性公建即收费的公共建筑，是以盈利为目的的公共建筑。

四、建设工程实际竣工日期的争议处理

《最高人民法院关于审理建设工程施工合同纠纷案件适用法律问题的解释》第十四条规定："当事人对建设工程实际竣工日期有争议的，按照以下情形分别处理：（一）建设工程经竣工验收合格的，以竣工验收合格之日为竣工日期；（二）承包人已经提交竣工验收报告，发包人拖延验收的，以承包人提交验收报告之日为竣工日期；（三）建设工程未经竣工验收，发包人

擅自使用的,以转移占有建设工程之日为竣工日期。"该条规定有三层含义:一是最常规的规定;二是为了防止发包人拖延验收而做的规定;三是对于在建设工程未经竣工验收的前提下发包人擅自使用的情形所做的规定。下文通过几个案例说明竣工日期争议的审判情况。

最高人民法院(2018)最高法民终231号民事判决认为,在本案中,结合涉案工程没有竣工验收,圣奥置业于2015年12月1日为购房者办理了入住手续交付房屋的事实,依据上述司法解释规定,应认定2015年12月1日为涉案工程竣工日期。

最高人民法院(2017)最高法民再229号民事裁定认为,元成龙在起诉书中明确陈述案涉房屋于2010年10月交付航北公司使用,航北公司对此予以认可。原审也认定案涉工程自2010年10月交付使用。因此,尽管双方对案涉工程何时实际使用存在争议,但对2010年10月案涉工程已经由元成龙交付航北公司的事实并无异议。根据上述司法解释规定,原审以该房屋转移占有之日作为竣工之日,认定元成龙主张优先受偿权已经超过法定期间,并无不当。

最高人民法院(2017)最高法民终552号民事判决认为,本案中,双方签字确认的"移交证明表""初验报审表"可以证明苏南公司已于2014年5月26日将工程全部交给同鑫公司验收,同鑫公司也认可案涉工程已部分交付购房户。据上述规定,应以该时点作为案涉工程竣工日期。故原判决将2014年5月26日视为工程竣工移交时间,并无不妥。

最高人民法院(2017)最高法民申1503号民事裁定认为,一审判决查明,案涉梅苑城邦酒店、梅苑城邦1#商住楼地基基础工程及主体结构工程的质量均办理了竣工验收备案或予以验收。二审判决认定,梅苑城邦酒店(科研中心)、梅苑城邦1#商住楼均已实际对外营业或公开销售。伊隆达公司对前述判决认定的事实未提出异议。对外营业属于已经使用的情形,故原判决依据《建设工程合同纠纷司法解释》第二条判决伊隆达公司支付工程款不属于适用法律依据错误。

最高人民法院(2016)最高法民再425号民事裁定认为,在安厦公司撤出工地后,黄河建工未对已完成工程量进行证据保全就继续施工,现工程已经

整体交付使用,则水管站使用案涉工程之日,应当视为竣工之日。

最高人民法院(2017)最高法民申705号民事裁定认为,本案即属于双方因未办理书面完工交付手续导致竣工时间有争议的情形,可以适用前述司法解释认定竣工日期。原审已查明,双方于2011年4月8日就案涉工程进行了竣工验收,因此原判决认定该时间为竣工时间并以此计算工程逾期时间,有事实和法律依据。

五、商品房项目施工发包方式的演变

民营投资商品房项目的发包方式,在政策演变的过程中经历了全面招投标、试点自主选择发包方式、全面探索自主发包方式三个阶段。

(一)全面招投标阶段

我国自2000年开始实施《招标投标法》《工程建设项目招标范围和规模标准规定》,其将商品房住宅列为"必须招投标"的范畴。

国家发展计划委员会(现为国家发展和改革委员会)2000年5月1日开始实施《工程建设项目招标范围和规模标准规定》(国家计委3号令),其中第三条规定:"关系社会公共利益、公众安全的公用事业项目的范围包括:(五)商品住宅,包括经济适用住房。"

(二)试点自主选择发包方式阶段

2014年5月4日,住房城乡建设部发布《关于开展建筑业改革发展试点工作的通知》规定:"一、试点内容(一)建筑市场监管综合试点:试点地区是吉林、广东、江苏、安徽省。通过进一步开放建筑市场,强化对建设单位行为监管,改革招标投标监管方式……"

2014年7月1日,住房城乡建设部发布《关于推进建筑业发展和改革的若干意见》规定:"(五)改革招标投标监管方式。调整非国有资金投资项目发包方式,试行非国有资金投资项目建设单位自主决定是否进行招标发包,是否进入有形市场开展工程交易活动,并由建设单位对选择的设计、施工等单位承担相应的责任。"

（三）全面探索自主发包方式阶段

2017年2月24日，国务院办公厅发布《关于促进建筑业持续健康发展的意见》（国办发〔2017〕19号），指出"缩小并严格界定必须进行招标的工程建设项目范围，放宽有关规模标准，防止工程建设项目实行招标'一刀切'，在民间投资的房屋建筑工程中，探索由建设单位自主决定发包方式。"文件要求，争取在全国范围内探索民间投资建设单位自主决定发包方式，不将其限定为必须招标投标的项目。

（四）取消商品住宅项目招标

2018年3月27日，国家发展改革委印发《必须招标的工程项目规定》（国家发展改革委令第16号），2018年6月6日，国家发展改革委会印发《必须招标的基础设施和公用事业项目范围规定》（发改法规规〔2018〕843号），根据这两个文件，民营投资的科技、教育等事业及社会福利、商品住宅项目均不再属于强制招标的范围。

六、施工许可制度的演变

（一）2018年5月18日以前的施工许可程序

《建筑工程施工许可管理办法》（住房和城乡建设部令第42号）第五条规定："申请办理施工许可证，应当按照下列程序进行：（一）建设单位向发证机关领取《建筑工程施工许可证申请表》。（二）建设单位持加盖单位及法定代表人印鉴的《建筑工程施工许可证申请表》，并附本办法第四条规定的证明文件，向发证机关提出申请。（三）发证机关在收到建设单位报送的《建筑工程施工许可证申请表》和所附证明文件后，对于符合条件的，应当自收到申请之日起七日内颁发施工许可证；对于证明文件不齐全或者失效的，应当当场或者五日内一次告知建设单位需要补正的全部内容，审批时间

可以自证明文件补正齐全后作相应顺延；对于不符合条件的，应当自收到申请之日起七日内书面通知建设单位，并说明理由。建筑工程在施工过程中，建设单位或者施工单位发生变更的，应当重新申请领取施工许可证。"

（二）2018年5月18日以后的施工许可程序

2018年5月18日，国务院办公厅正式公布《国务院办公厅关于开展工程建设项目审批制度改革试点的通知》（国办发〔2018〕33号），将大大精简审批环节，主要包括：①取消施工合同备案、建筑节能设计审查备案等事项。社会投资的房屋建筑工程，建设单位可以自主决定发包方式。②将消防设计审核、人防设计审查等技术审查并入施工图设计文件审查，相关部门不再进行技术审查。③将工程质量安全监督手续与施工许可证合并办理。规划、国土、消防、人防、档案、市政公用等部门和单位实行限时联合验收，统一竣工验收图纸和验收标准，统一出具验收意见。对于验收涉及的测量工作，实行"一次委托、统一测绘、成果共享"。④建设工程规划许可证核发时一并进行设计方案审查，由发证部门征求相关部门和单位意见，其他部门不再对设计方案进行单独审查。推行由政府统一组织对地震安全性评价、地质灾害危险性评估、环境影响评价、节能评价等事项实行区域评估。⑤落实取消下放行政审批事项有关要求，环境影响评价、节能评价、地震安全性评价等评价事项不作为项目审批或核准条件，地震安全性评价在工程设计前完成即可，其他评价事项在施工许可前完成即可。⑥可以将用地预审意见作为使用土地证明文件申请办理建设工程规划许可证，用地批准手续在施工许可前完成即可。⑦将供水、供电、燃气、热力、排水、通信等市政公用基础设施报装提前到施工许可证核发后办理，在工程施工阶段完成相关设施建设，竣工验收后直接办理接入事宜。⑧对通过事中事后监管能够纠正不符合审批条件的行为且不会产生严重后果的审批事项，实行告知承诺制。

2018年5月，为推进工程建设项目审批制度改革，住建部下发《关于修改有关文件的通知》。其中，修改《建筑工程方案设计招标投标管理办法》（建市〔2008〕63号），删除第十八条中"招标人和招标代理机构应将加盖

第十章 自主开发项目的开发建设阶段纳税风险管理

单位公章的招标公告或投标邀请函及招标文件,报项目所在地建设主管部门备案",意味着工程方案设计招标备案正式取消。在修改《住房城乡建设部关于进一步加强建筑市场监管工作的意见》(建市〔2011〕86号)中,删除"(八)推行合同备案制度。合同双方要按照有关规定,将合同报项目所在地建设主管部门备案。工程项目的规模标准、使用功能、结构形式、基础处理等方面发生重大变更的,合同双方要及时签订变更协议并报送原备案机关备案。在解决合同争议时,应当以备案合同为依据",意味着正式取消建设工程合同备案。

七、竣工验收制度的演变

2018年3月19日,李克强总理签署第698号国务院令,公布《国务院关于修改和废止部分行政法规的决定》规定,竣工验收由《开发经营条例》《建设工程质量管理条例》(以下简称《质量管理条例》)"二元管理模式",改为《质量管理条例》"一元管理模式"。政府监管部门退出建筑工程验收市场,交给企业办理,房地产开发主管部门、工程质量监督、规划、消防、人防等有关部门不是竣工验收的法律主体。竣工验收的五个企业主体是建设单位、勘察单位、设计单位、施工单位、工程监理单位。

根据《建设工程消防设计审查验收管理暂行规定》(城乡建设部第51号令)自2020年6月1日起建设工程消防设计审核验收。不实行工程建设监理实行自我管理模式的房地产开发项目,验收主体没有工程监理单位。截至2020年4月2日,广州、北京、成都、天津、上海、厦门、山西等地,已开始不实行工程建设监理的试点。如山西省按照《建设工程监理范围和规模标准规定》,必须实行监理的建设工程包括:国家重点建设工程、总投资额在3 000万元以上的大中型公用事业工程、关系社会公共利益、公众安全的基础设施及学校、影剧院、体育场馆项目,建设规模5万平方米以上的住宅建设工程、利用外国政府或者国际组织贷款、援助资金的工程等,其他项目可不实行工程建设监理,建设单位可通过配备具有相应执业能力的专业技术人员和管理人员履行监理职责,实行自我管理。又如《北京市住房和城乡建设委员会关

于进一步改善和优化本市工程监理工作的通知》（京建发〔2018〕186号）文件规定，自2018年6月1日起，对于总投资3 000万元以下的公用事业工程（不含学校、影剧院、体育场馆项目），建设规模5万平方米以下成片开发的住宅小区工程，无国有投资成分且不使用银行贷款的房地产开发项目，建设单位有类似项目管理经验和技术人员，能够保证独立承担工程安全质量责任的，可以不实行工程建设监理，实行自我管理模式。鼓励建设单位选择全过程工程咨询服务等创新管理模式。

八、开发项目总承包方式的演变

开发项目总承包方式的演变，是与建筑行业资质管理同步进行的。始于20世纪80年代，历经五次改革，面对市场、技术、管理的剧烈变化。自2020年3月1日起施行的《房屋建筑和市政基础设施项目工程总承包管理办法》，标志着第五次改革正式启动。

第一次改革：建筑业内再分工。20世纪80年代初期，建筑行业作为新兴的朝阳产业，对国家经济发展的贡献，已经锋芒初露。国家首次针对建筑行业进一步分工。建筑行业主要划分为：房屋建筑、土木工程建筑设备安装、机械化建筑。仔细研读，确切说应该是划分了两个，工业建筑与民用建筑，也就是后来大家都熟悉的工民建。

第二次改革：划分总包和专包，领域细分。20世纪80年代末期，国家发现只划分"工业和民用"还不行，因为不管民用建筑还是工业建筑，其中都还有着复杂的分工，尤其是随着建筑技术的提升，细分领域逐步增多，一个企业很难具备工程建设的所有需求，于是21个类别、42个专业就此诞生。针对类别和专业，国家又对建筑企业实施了施工总承包和专业承包的界定，建筑行业分工进一步明确。

第三次改革：实行级别管理。20世纪90年代初期，建筑行业正式步入基建兴起的第一个高潮，工程类别和规模的巨大差异，迫切需要对企业实力进行排队，以便规范市场秩序。国家将建筑企业划分为五级，一级企业、二级企业、三级企业、四级企业、五级企业，类似于现在的特一二三的序列管理。

第四次改革：总包、专包、劳务分包，奠定未来方向。2001年，针对建筑行业出现的各种问题，总结前几次改革经验，国家对建筑企业实行了第四次改革，也是最健全的一次改革，一举奠定了建筑企业发展的方向，影响深远。

此次改革首次将建筑行业承包划分为：施工总承包、专业承包和劳务承包。施工总承包划分为13个类别，专业承包划分为60个类别，劳务承包也实行资质管理，并且在人员、业绩、企业资产、经营效益等方面都作了相应的要求。格局初现，影响了建筑行业未来十几年的发展。

第五次改革：由做加法改为做减法。工程总承包取代施工总承包、专业承包取代劳务承包、总包资质与专业资质，减法合并处理。

前四次改革的特点：①细分业内分工；②细分领域；③细分级别；④细分管理。前四次改革，其实一直在"做加法"，资质的级别、专业的划分、管理的模式都是在细化。

第五次改革的方向：①工程总承包取代施工总承包。施工总承包上行，逐步过渡到工程总承包序列，由纯粹的施工管理，逐步过渡到项目咨询、设计、施工、服务的全寿命周期管理，建筑行业逐步由第二产业向第三产业转移。②专业承包取代劳务承包。目前劳务资质已经取消，专业承包做减法也已开始，未来专业承包会逐步过渡到专业施工的领域，尤其是未来建筑的装配式发展方向，更具工业化特点，专业的产业工人出现势在必行，而专业承包企业未来就是要解决这个痛点，一方面有专业技术，一方面有专业工人。③总包资质与专业资质，减法合并处理。目前总包资质有12个类别，专包资质有36个类别。未来资质合并处理势在必行，初步估计，12个总包资质，减少到5个类别。改革后主要有：房屋住宅建筑、工业建设备安装、农业水利、市政城市服务、特种工程5个类别。专业承包合并劳务承包，36个类别减少到10个左右，并且具有技术特殊性、专业性、唯一性的特点。

九、红线外项目的税务处理

"红线外支出"是指在房地产开发企业项目建设用地边界外，即有关部门审批的项目规划外承建道路、公园、学校、绿化等设施发生支出。"红线外支出"主要体现为两种情况：第一种是政府强行要求房地产企业在红线外为政府建设公共设施或其他工程作为招拍挂拿地时的附带条件（以下简称"第一种红线外支出"）；第二种是开发商为了提升红线内楼盘的品质及售价，在红线外自行建造道路、公园、学校、绿化等设施无偿移交给当地政府而发生的支出（以下简称"第二种红线外支出"）。

根据《东莞市人民政府办公室关于印发进一步鼓励城市更新促进固定资产投资若干政策的通知》（东府办〔2019〕61号）第三条规定，红线外项目实施主体因承担上述责任而实际发生并完成支付的相关支出，在取得合法有效凭证的前提下，可视为符合出让合同约定或政府文件要求的项目规划用地外建设的公共设施或其他工程实际发生的支出。根据该条规定，合法有效凭证包括：①出让合同约定或单元划定图则、"1+N"总体实施方案（或改造方案）。②实施监管协议等文件中予以明确。③镇人民政府（街道办事处）出具确认函件。④实际发生支出凭证。该条还规定："税务机关可根据土地出让合同、镇人民政府（街道办事处）确认函等前述资料和相关合同、协议及合法有效凭证，确认实施主体为取得土地使用权所支付的金额。"

《湖北省地方税务局关于进一步规范土地增值税征管工作的若干意见》（鄂地税发〔2013〕44号）的"七、关于审批项目规划外所建设施发生支出的扣除问题"规定："房地产开发企业在项目建设用地边界外（国家有关部门审批的项目规划外，即'红线'外）承诺为政府或其他单位建设公共设施或其他工程所发生的支出，能提供与本项目存在关联关系的直接依据的，可以计入本项目扣除项目金额；不能提供或所提供依据不足的（如与建设项目开发无直接关联，仅为开发产品销售提升环境品质的支出，不得计入本项目扣除金额），不得计入本项目扣除金额。"

《广西壮族自治区地方税务局关于明确土地增值税清算若干政策问题的通知》（桂地税发〔2008〕44号）的"五、关于当地政府要求房地产开发商建设道路、桥梁等公共设施所产生的成本费用，可否扣除的问题"规定："房地产开发商按照当地政府要求建设的道路、桥梁等公共设施所产生的成本费用，凡属于房地产开发项目立项时所确定的各类设施投资，可据实扣除；与开发项目立项无关的，则不予扣除。"

《江苏省地方税务局关于土地增值税有关业务问题的公告》（苏地税规〔2012〕1号）中"五、关于房地产开发成本、费用的扣除"的"（二）公共配套设施成本费用的扣除"规定："项目规划范围之外的，其开发成本、费用一律不予扣除。人防工程的使用权和收益权未无偿移交给全体业主的，其相关成本、费用不予扣除。"

十、开发建设阶段风险提示

（一）风险事项处理程序

对于开发项目在开发建设阶段的风险分析识别和处理，可以选择四步程序，第一步需要专家团队列出主要风险点清单，第二步根据具体项目确认可能存在的风险点，第三步按适用方法分类，第四步按多维分析法设计调查工具、确认工具、报告工具。下文列示部分主要风险供参考。

（二）适用多维分析法、调查取证法、模板分析比对法的风险事项

（1）开发建设产品成本确认。

（2）开发项目成本归集的确认。

（3）四项成本信息确认。

（4）预收账款增值税、土地增值税、企业所得税纳税申报确认。

（5）接盘项目合同发票总金额比对确认。

（三）适用是非判断法的风险事项

（1）审查开发项目的计税成本，是否按照房地产开发经营业务征收企业所得税的有关规定进行处理。

（2）是否存在虚开建安发票，提高建安成本。

第二节 开发建设阶段纳税风险管理的评估方法

一、开发建设阶段纳税风险管理的主要事项

项目组根据专家团队列出主要风险清单,确认评估项目的(风险点或称风险评估事项)后,应编制项目风险事项清单。下文列示开发建设阶段部分主要风险事项供参考。

(1)开发建设产品成本确认。
(2)开发项目成本归集的确认。
(3)四项成本信息确认。
(4)预收账款增值税、土地增值税、企业所得税纳税申报确认。
(5)接盘项目合同发票总金额比对确认。

二、开发建设产品成本项目确认(产品成本账户设置)

1.方法提示

开发建设产品成本确认,主要运用信息比对法。应关注判断事项、判断

第十章 自主开发项目的开发建设阶段纳税风险管理

标准、判断结果。

判断事项：成本对象的账户设置、成本项目的账户设置。

> 提示：开发建设成本项目包括前期工程费、建筑安装工程费、基础设施建设费、公共配套设施费、开发间接费。

判断标准：开发建成本的成本对象、成本项目有关账户设置符合《企业产品成本核算制度（试行）》（财会〔2013〕17号）第二十六条规定。

判断结果：是否符合《企业产品成本核算制度（试行）》（财会〔2013〕17号）第二十六条规定。

2.政策法规提示

（1）《土地增值税清算管理规程》（国税发〔2009〕91号）第十七条规定："清算审核时，应审核房地产开发项目是否以国家有关部门审批、备案的项目为单位进行清算；对于分期开发的项目，是否以分期项目为单位清算；对不同类型房地产是否分别计算增值额、增值率，缴纳土地增值税。"

第二十一条规定："审核扣除项目是否符合下列要求：（一）在土地增值税清算中，计算扣除项目金额时，其实际发生的支出应当取得但未取得合法凭据的不得扣除。（二）扣除项目金额中所归集的各项成本和费用，必须是实际发生的。（三）扣除项目金额应当准确地在各扣除项目中分别归集，不得混淆。（四）扣除项目金额中所归集的各项成本和费用必须是在清算项目开发中直接发生的或应当分摊的。（五）纳税人分期开发项目或者同时开发多个项目的，或者同一项目中建造不同类型房地产的，应按照受益对象，采用合理的分配方法，分摊共同的成本费用。（六）对同一类事项，应当采取相同的会计政策或处理方法。会计核算与税务处理规定不一致的，以税务处理规定为准。"

（2）《房地产开发经营业务企业所得税处理办法》（国税发〔2009〕31

号）第三十条规定："企业下列成本应按以下方法进行分配：（一）土地成本，一般按占地面积法进行分配。如果确需结合其他方法进行分配的，应商税务机关同意。土地开发同时联结房地产开发的，属于一次性取得土地分期开发房地产的情况，其土地开发成本经商税务机关同意后可先按土地整体预算成本进行分配，待土地整体开发完毕再行调整。（二）单独作为过渡性成本对象核算的公共配套设施开发成本，应按建筑面积法进行分配。（三）借款费用属于不同成本对象共同负担的，按直接成本法或按预算造价法进行分配。（四）其他成本项目的分配法由企业自行确定。"

（3）《企业产品成本核算制度（试行）》（财会〔2013〕17号）第八条规定："企业应当根据生产经营特点和管理要求，确定成本核算对象，归集成本费用，计算产品的生产成本。"

第十三条规定："房地产企业一般按照开发项目、综合开发期数并兼顾产品类型等确定成本核算对象。"

第二十一条规定："企业应当根据生产经营特点和管理要求，按照成本的经济用途和生产要素内容相结合的原则或者成本性态等设置成本项目。"

第二十六条规定："房地产企业一般设置土地征用及拆迁补偿费、前期工程费、建筑安装工程费、基础设施建设费、公共配套设施费、开发间接费、借款费用等成本项目。土地征用及拆迁补偿费，是指为取得土地开发使用权（或开发权）而发生的各项费用，包括土地买价或出让金、大市政配套费、契税、耕地占用税、土地使用费、土地闲置费、农作物补偿费、危房补偿费、土地变更用途和超面积补交的地价及相关税费、拆迁补偿费用、安置及动迁费用、回迁安置房建造费用等。前期工程费，是指项目开发前期发生的政府许可规费、招标代理费、临时设施费以及水文地质勘查、测绘、规划、设计、可行性研究、咨询论证费、筹建、场地通平等前期费用。建筑安装工程费，是指开发项目开发过程中发生的各项主体建筑的建筑工程费、安装工程费及精装修费等。基础设施建设费，是指开发项目在开发过程中发生的道路、供水、供电、供气、供暖、排污、排洪、消防、通讯、照明、有线电视、宽带网络、智能化等社区管网工程费和环境卫生、园林绿化等园林、景观环境工程费用等。公共配套设施费，是指开发项目内发生的、独立的、非营利性的且产权属于全体业主的，或无偿赠与地方政府、政府公共事业单位的公共配套设施费用等。开发间接费，指企业为直接组织和管理开发项目所发生的，且不能将其直接归属于成本核算对象的工程监理费、造价审核费、结算审核费、工程保险费等。为业主代扣代缴的公共维修基金等不得计入产品成本。借款费用，是指符合资本化条件的借款费用。房地产企业自行进行基础设施、建筑安装等工程建设的，可以比照建筑企业设置有关成本项目。"

第四十三条规定："房地产企业发生的有关费用，由某一成本核算对象负担的，应当直接计入成本核算对象成本；由几个成本核算对象共同负担的，应当选择占地面积比例、预算造价比例、建筑面积比例等合理的分配标准，分配计入成本核算对象成本。"

三、开发项目成本归集的确认

（一）方法提示

项目土地间接成本分摊确认，主要运用信息比对法。应关注确认事项、比对事项、判断标准、判断结果。

确认事项：×××项目一期开发成本、×××项目二期开发成本、×××项目三期开发成本。

比对事项：直接成本法、间接成本法。

判断标准：比对一致。

判断结果：比对是否一致。

（二）政策法规提示

《企业产品成本核算制度（试行）》（财会〔2013〕17号）第三十四条规定："企业所发生的费用，能确定由某一成本核算对象负担的，应当按照所对应的产品成本项目类别，直接计入产品成本核算对象的生产成本；由几个成本核算对象共同负担的,应当选择合理的分配标准分配计入。企业应当根据生产经营特点,以正常生产能力水平为基础,按照资源耗费方式确定合理的分配标准。企业应当按照权责发生制的原则,根据产品的生产特点和管理要求结转成本。"

第四十三条规定:"房地产企业发生的有关费用,由某一成本核算对象负担的,应当直接计入成本核算对象成本;由几个成本核算对象共同负担的,应当选择占地面积比例、预算造价比例、建筑面积比例等合理的分配标准,分配计入成本核算对象成本。"

四、四项成本信息确认

1.方法提示

四项成本信息确认,主要运用信息比对法。应关注判断事项、判断标准、判断结果。

判断事项:①采集四项成本(建筑安装工程费)、施工许可证总建筑面积、单位四项成本、地方政府公布的单位建筑面积成本四项信息;②开发项目的单位四项成本、地方政府公布的单位建筑面积成本的信息比对。

判断标准:比对相近。

判断结果:比对是否存在异常。

> 提示:四项成本=前期工程费+建安工程费+基础设施费+开发间接费,单位四项成本=四项成本÷工程规划许可建筑面积。

2.政策法规提示

(1)《土地增值税清算管理规程》(国税发〔2009〕91号)第二十五条(三)项规定:"参照当地当期同类开发项目单位平均建安成本或当地建设部门公布的单位定额成本,验证建筑安装工程费支出是否存在异常。"

第十章　自主开发项目的开发建设阶段纳税风险管理

（2）《关于房地产开发企业土地增值税清算管理有关问题的通知》（国税发〔2006〕187号）第四条（二）项规定："房地产开发企业办理土地增值税清算所附送的前期工程费、建筑安装工程费、基础设施费、开发间接费用的凭证或资料不符合清算要求或不实的，地方税务机关可参照当地建设工程造价管理部门公布的建安造价定额资料，结合房屋结构、用途、区位等因素，核定上述四项开发成本的单位面积金额标准，并据以计算扣除。具体核定方法由省税务机关确定。"

> 提示："凭证或资料不符合清算要求或不实的"中的凭证"不符合清算要求或不实"，是指违反（国税发〔2006〕187号）"四、土地增值税的扣除项目"的"（一）"中规定的"须提供合法有效凭证；不能提供合法有效凭证的，不予扣除。"
>
> "凭证或资料不符合清算要求或不实的"中的资料"不符合清算要求或不实"，是指违反（国税发〔2006〕187号）"五、土地增值税清算应报送的资料"的规定。

五、预收账款增值税、土地增值税、企业所得税纳税申报确认

1.方法提示

预收账款增值税、土地增值税、企业所得税纳税申报确认，主要运用信息比对法。应关注判断事项、判断标准、判断结果。

判断事项：每期的增值税应预缴与实际预缴金额、土地增值税应预缴与实际预缴金额、企业所得税应预缴与实际预缴金额。

判断标准：比对一致。

判断结果：比对是否一致。

2.政策提示

（1）《房地产开发企业销售自行开发的房地产项目增值税征收管理暂行办法》（国家税务总局公告2016年第18号）第十条规定："一般纳税人采取预收款方式销售自行开发的房地产项目，应在收到预收款时按照3%的预征率预缴增值税。"

第十九条规定："房地产开发企业中的小规模纳税人（以下简称小规模纳税人）采取预收款方式销售自行开发的房地产项目，应在收到预收款时按照3%的预征率预缴增值税。"

（2）《土地增值税宣传提纲》（国税函发〔1995〕110号）第十二条第（二）项规定："对纳税人在项目全部竣工结算前转让房地产取得的收入，税务机关可以预征土地增值税。纳税人应按照税务机关规定的期限和税额预缴土地增值税。"

（3）《房地产开发经营业务企业所得税处理办法》（国税发〔2009〕31号）第六条第（二）项规定："采取分期收款方式销售开发产品的，应按销售合同或协议约定的价款和付款日确认收入的实现。付款方提前付款的，在实际付款日确认收入的实现。"

第九条规定："企业销售未完工开发产品取得的收入，应先按预计计税毛利率分季（或月）计算出预计毛利额，计入当期应纳税所得额。开发产品完工后，企业应及时结算其计税成本并计算此前销售收入的实际毛利额，同时将其实际毛利额与其对应的预计毛利额之间的差额，计入当年年度企业本项目与其他项目合并计算的应纳税所得额。在年度纳税申报时，企业须出具对该项开发产品实际毛利额与预计毛利额之间差异调整情况的报告以及税务机关需要的其他相关资料。"

六、接盘项目合同发票总金额比对确认

1.方法提示

接盘项目合同发票总金额比对确认，主要运用信息比对法。应关注确认事项、比对事项、判断标准、判断结果。

确认事项：接盘合同、发票。

比对事项：取得总价格/总金额。

判断标准：比对一致。

判断结果：比对是否一致。

2.政策法规提示

国家税务总局公告2016年第18号第三条规定："房地产开发企业以接盘等形式购入未完工的房地产项目继续开发后，以自己的名义立项销售的，属于本办法规定的销售自行开发的房地产项目。"

接盘原值中应包括契税和预售合同交的印花税。《财政部、国家税务总局关于房产税、城镇土地使用税有关问题的通知》（财税〔2008〕152号）第一条规定，对依照房产原值计税的房产，无论是否记载在会计账簿固定资产科目中，均应按照房屋原价计算缴纳房产税。房屋原价应根据国家有关会计制度规定进行核算。对纳税人未按国家会计制度规定核算并记载的，应按规定予以调整或重新评估。《企业会计准则第4号——固定资产》第八条规定，外购固定资产的成本，包括购买价款、相关税费、使固定资产达到预定可使用状态前所发生的可归属于该项资产的运输费、装卸费、安装费和专业人员服务费等。

第三节 开发建设阶段纳税风险管理的范例

| 案例一 |

东方花园项目开发建设的纳税义务确认

一、东方花园项目开发情况介绍

(一)开发主体信息

开发主体:齐鲁A房地产开发有限公司,统一社会信用代码:AX3706117582723XX9。

证据:营业执照、房地产开发企业资质证书。

(二)项目施工许可信息

(1)出让合同、土地使用证。第一期、第二期用地于2008年3月签订土地出让合同并在当月交付使用,"国有土地使用证"齐国有(2010)第30032号;一期占地面积5.94万平方米、二期占地面积5.94万平方米。第三期、第四期用地于2008年3月签订土地出让合同并在当月交付使用,"国有土地使用证"齐国有(2013)第30044和30045号;三期占地面积5.13万平方米，2013年签订"土地出让合同"，取得第四期项目用地，占地面积9.99万平方米。

（2）工程规划。第一期、第二期"建设工程规划许可证"批准文号：建字第XXX611200800095、建字第XXX611200800096号、建字第XXX611200800344号、建字第XXX611200800345号、建字第XXX611200800346号、建字第XXX611200900182号；第三期、第四期"建设工程规划许可证"批准文号：建字第XXX611201200070号、建字第XXX611201200071号、建字第XXX611201710090号、建字第XXX611201710091号、建字第XXX611201710092号、建字第XXX611201710093号、建字第XXX611201710128号、建字第XXX611201710129号。

（3）"建设工程施工许可证"批准文号。第一期和第二期齐福建施字2008第102和103号，第三期齐福建施字2012第065号，第四期齐福建施字2012第054号。

（三）项目用地的成本账户设置情况

齐鲁A房地产开发有限公司对东方花园项目的用地，以每期为成本对象，分别设置了一期开发成本、二期开发成本、三期开发成本、四期开发成本四个项目开发成本一级科目，分别核算四个子项目的商品房开发总成本。

（四）项目用地的成本账户记录情况

建设成本有关账户反映，"东方花园"项目总成本172 275万元，其中一期建设成本34 535万元；二期建设成本32 084万元；三期建设成本38 318万元；四期建设成本67 337万元。

每期开发成本，均按《企业产品成本核算制度（试行）》（财会〔2013〕17号）规定设置成本项目账户，并进行记账。

（五）四项成本信息确认

（1）每期四项成本合计。东方花园项目2014年一期四项成本30 708

万元，2015年二期四项成本30 005万元，2016年三期四项成本28 528万元，2017年四期四项成本50 294万元。

（2）每期总建筑面积。东方花园项目一期施工许可证总建筑面积11.7万平方米；项目二期施工许可证总建筑面积11.6万平方米；项目三期施工许可证总建筑面积10万平方米；项目四期施工许可证总建筑面积20.3万平方米。

（3）每期单位成本。东方花园项目2014年一期单位成本2 624.58元，2015年二期单位成本2 586.64元，2016年三期单位成本2 852.76元，2017年四期单位成本2 477.54元。

（4）地方政府公布的单位建筑面积成本。2014年一期单位建筑面积成本2 600元，2015年二期单位建筑面积成本2 600元，2016年三期单位建筑面积成本2 800元，2017年四期单位建筑面积成本2 800元。

（六）预收账款增值税、土地增值税、企业所得税纳税申报情况

（1）一期预缴。截至2017年12月31日，东方花园项目一期按照实现销售收入确认应缴营业税及附加、增值税及附加、土地增值税、企业所得税共计3 900万元，实缴税款2 800万元，应补交税款1 100万元。

（2）二期预缴。截至2017年12月31日，东方花园项目二期按照实现销售收入确认应缴增值税及附加、土地增值税、企业所得税共计3 900万元，实缴税款3 700万元，应补交税款200万元。

（3）三期预缴。截至2017年12月31日，东方花园项目三期按照实现销售收入确认应缴增值税及附加、土地增值税、企业所得税共计1 300万元，实缴税款200万元，应补交税款1 100万元。

（4）四期预缴。截至2017年12月31日，东方花园项目四期未实现销售收入，未发生增值税及附加、土地增值税、企业所得税的纳税义务。

二、开发建设成本项目确认（产品成本账户设置）

东方花园项目采取分期开发方式，共分一期、二期、三期、四期。

东方花园项目建设成本对象确认（或称成本账户设置），分别按一期、二期、三期、四期设置每期的一级成本对象账户（单件产品成本账户），每期开发成本，均按《企业产品成本核算制度（试行）》（财会〔2013〕17号）规定设置二级成本项目账户。未发现成本账户设置的违法风险。

　　证据：东方花园项目建设成本总账、明细账的设置、记录有关资料。

　　三、开发项目建设成本归集的确认

　　（一）判断事项

　　东方花园项目采取分期开发方式，共分一期、二期、三期、四期。开发项目的建设成本归集的确认，应关注：一级成本对象账户建设成本核算、二级成本项目账户建设成本核算。

　　（二）判断结果

　　东方花园项目建设成本，分别按一级成本对象账户、二级成本项目账户进行归集核算，符合《企业产品成本核算制度（试行）》（财会〔2013〕17号）第十三条规定。未发现建设成本核算账实不符的风险。

　　证据：东方花园项目建设成本总账、明细账的记录有关资料。

　　四、四项建设成本信息确认

　　（一）判断事项

　　（1）每期单位成本。东方花园项目2014年一期单位成本2 624.58元，2015年二期单位成本2 586.64元，2016年三期单位成本2 852.76元，2017年四期单位成本2 477.54元。

　　（2）地方政府公布的单位建筑面积成本。2014年单位建筑面积成本2 600元，2015年单位建筑面积成本2 600元，2016年单位建筑面积成本2 800元，2017年单位建筑面积成本2 800元。

　　（二）判断结果

　　东方花园项目第一期、第二期、第三期四项建设成本比对未发现异常，第四期四项建设成本比对存在异常。

> 提示：审核第四期建设成本是否存在应计未计成本风险。

（三）证据

建设成本会计核算资料，政府公布单位建筑面积成本的文件。

五、预收账款增值税、土地增值税、企业所得税纳税申报确认

（一）判断事项

（1）一期预缴。截至2017年12月31日，东方花园项目一期按照实现销售收入确认应缴营业税及附加、增值税及附加、土地增值税、企业所得税共计3 900万元，实缴税款2 800万元，应补交税款1 100万元。

（2）二期预缴。截至2017年12月31日，东方花园项目二期按照实现销售收入确认应缴增值税及附加、土地增值税、企业所得税共计3 900万元，实缴税款3 700万元，应补缴税款200万元。

（3）三期预缴。截至2017年12月31日，东方花园项目三期按照实现销售收入确认应缴增值税及附加、土地增值税、企业所得税共计1 300万元，实缴税款200万元，应补缴税款1 100万元。

（4）四期预缴。截至2017年12月31日，东方花园项目四期未实现销售收入，未发生增值税及附加、土地增值税、企业所得税的纳税义务。

（二）判断结果

一期、二期、三期存在补缴增值税及附加、土地增值税、企业所得税的纳税风险。

| 案例二 |

总包方停工赔偿土地增值税税前扣除的争议分析

（一）问题提出

由于黄河市A房地产公司对花园楼盘设计进行变更，造成总包方黄河

市B建筑公司停工180天左右。在甲方与总包方进行结算时，经过双方协商确定，甲方给总包方1 900万元的停工赔偿。

税务机关检查土地增值税扣除项目时，认为花园楼盘停工赔偿不允许计入建安费用。

后果：如果停工赔偿不允许计入建安费用，扣除项目构成要素中减少1 900万元，土地增值税期间费用扣除额因计算基数减少影响期间费用扣除额190万元，总计减少扣除额2 090万元。

（二）相关证据资料

总包合同：合同中约定，由于甲方设计变更等原因造成工程停工的，甲方应给予总包方赔偿。合同中对赔偿金额未做出具体约定。

工程结算单：根据工程造价部门提供的工程结算单，甲方在停工期间从人员工资和机械赔偿两个方面对总包方进行了赔偿，人员工资按计划工资标准的60%进行赔偿。

由于工程停工，造成工程延误的其他相关证据。

停工赔偿与工程总体结算一并向总承包方取得了发票。

（三）协商结果：税务机关变更税务处理意见

企业针对税务机关的检查意见提出了申辩，税务机关经研究变更了税务处理意见。说明情况如下。

1.施工方收到停工赔偿会计上做收入处理

（1）收到停工赔偿应做收入处理的依据。《企业会计准则第15号——建造合同》第八条规定，合同收入应当包括下列内容："（一）合同规定的初始收入；（二）因合同变更、索赔、奖励等形成的收入。"

（2）收到停工赔偿收入确认时间的依据。《企业会计准则第15号——建造合同》第十条规定，索赔款，是指因客户或第三方的原因造成的，向客户或第三方收取的、用以补偿不包括在合同造价中成本的款项。索赔款应当在同时满足下列条件时才能构成合同收入："（一）根据谈判情况，预计对方能够同意该项索赔；（二）对方同意接受的金额能够可靠计量。"

2.发包方或定做方支付停工赔偿款是合法行为

根据《合同法》的规定,支付停工赔偿款是完成商品房建造的法定成本项目。停工赔偿是定做人或发包方依据《合同法》支付的成本费用,是与执行合同相关的土地增值税扣除项目支出。停工赔偿对于承包方而言属于合同总金额的组成部分,《合同法》第二百五十八条规定,定做人中途变更承揽工作的要求,造成承揽人损失的,应当赔偿损失。第二百八十四条规定,因发包人的原因致使工程中途停建、缓建的,发包人应当采取措施弥补或者减少损失,赔偿承包人因此造成的停工、窝工、倒运、机械设备调迁、材料和构件积压等损失和实际费用。

3.发包方支付停工赔偿款确认成本有法可依

根据《企业会计准则第1号——存货》第八条规定,支付停工赔偿款,是应计入其他成本的"使存货达到目前场所和状态所发生的其他支出"。根据该准则第五条规定,其他成本是存货成本的组成部分。该准则第九条规定的不计入存货成本事项,不包括支付停工赔偿款。《企业会计准则第1号——存货》的有关规定如下。

第五条 存货应当按照成本计量。存货成本包括采购成本、加工成本和其他成本。

第六条 存货的采购成本,包括购买价款、进口关税和其他税费、运输费、装卸费、保险费以及其他可归属于存货采购成本的费用。

第七条 存货的加工成本,包括直接人工以及按照一定方法分配的制造费用。

制造费用,是指企业为生产产品和提供劳务而发生的各项间接费用。企业应当根据制造费用的性质,合理地选择制造费用分配方法。

在同一生产过程中,同时生产两种或两种以上的产品,并且每种产品的加工成本不能直接区分的,其加工成本应当按照合理的方法在各种产品之间进行分配。

第八条　存货的其他成本，是指除采购成本、加工成本以外的，使存货达到目前场所和状态所发生的其他支出。

第九条　下列费用应当在发生时确认为当期损益，不计入存货成本：

（1）非正常消耗的直接材料、直接人工和制造费用。

（2）仓储费用（不包括在生产过程中为达到下一个生产阶段所必需的费用）。

（3）不能归属于存货达到目前场所和状态的其他支出。

4.发包方或定做方支付停工赔偿款确认为成本项目，符合交易常规

施工方收取停工赔偿款确认施工收入，房地产开发企业作为发包方支付停工赔偿款就应确认为建安成本。

总包方的处理：停工赔偿收入属于总包合同中约定的可作为取费依据的项目，在与甲方进行结算时，将停工造成的损失向甲方提出赔偿，经协商确定后，将停工赔偿以结算的方式计入工程总价中。总包方收到的停工赔偿，属于价外收入的一部分，向甲方开具建安业发票，并计入主营业务收入交纳相关税费。

甲方的处理：由于甲方原因造成工程停工，支付给总包方的赔偿款项，属于甲方生产经营相关的支出项目，应允许在税前扣除。

《营业税暂行条例》及细则规定，纳税人的营业额为纳税人提供应税劳务、转让无形资产或者销售不动产收取的全部价款和价外费用。价外费用包括收取的手续费、补贴、基金、集资费、返还利润、奖励费、违约金、滞纳金、延期付款利息、赔偿金、代收款项、代垫款项、罚息及其他各种性质的价外收费。

| 案例三 |

拍卖取得烂尾项目建成后的纳税问题

黄河市有一个停建多年的烂尾楼项目，开发商A房地产开发公司为了躲债已多年不申报纳税、不办理工商年检手续，营业执照已被吊销，税务登记已经宣布作废。银行作为债权人提起诉讼，法院裁决以拍卖所得款项偿还债务。黄河市B房地产开发公司在拍卖市场取得了烂尾楼项目，收购价为1.2亿元，支付收购款时，只取得了法院出具的收据。

建成后销售总额为3亿元，项目清算时，税务局要求凭正式发票抵扣，没有发票的1.2亿元收购款不得税前列支。若由税务局代开发票，要求代扣代缴企业所得税、营业税、城建税和教育费附加在纳税环节遇到如下问题，应如何解决。

（一）发票由谁开具

有人认为应当由拍卖公司开具，拍卖公司解释说其只对拍卖劳务收入开具发票，拍卖公司不拥有标的物的所有权，对标的物拍卖收入不应开具发票。

有人认为应由法院开具，法院是国家审判机关，不是争议标的的当事人，不应开具销售发票。

有人认为应由开发商开具，开发商客观上已经难以找到，由其开具发票是不可能的。

有人认为应由债权人开具，就本案来看，这个结论是正确的。因为，法院裁决A房地产开发公司偿还债务，债务人可以用烂尾楼作为实物资产偿还，也可以用银行存款或现金偿还。法院裁决一经做出，烂尾楼的所有权实质上已经归债权人拥有，在拍卖环节烂尾楼的转让方是债权人。债权人有义务就拍卖所得收入开具发票。但是，在支付拍卖款时，B房地产开发公司并没有要求债权人开具发票，时过多年到清算环节，企业提出要求时债权人拒绝开具发票。

在这种情况下,只能由税务机关代开,这是无奈的选择。

(二)税务局代开发票该不该扣税,应如何计税

就本案来看,属于债务重组业务的有三个环节:一是实物资产抵债,二是拍卖,三是资产过户到B房地产开发企业。由于债权人是通过抵债方式购置的烂尾楼项目,缴纳营业税的计税依据为根据财税字〔2003〕16号文件规定应以拍卖收入扣减购置成本后的余额,即应税营业额。本案的收入1.2亿元是确定的,不确定的是购置成本。购置成本,可以根据管理值由B房地产开发企业和税务机关协商确定,也可以根据所抵偿的债务金额确认。可供选择的购置成本有三种情况:小于1.2亿元、等于1.2亿元、大于1.2亿元。成本等于或大于收入1.2亿元时,不缴营业税、土地增值税;成本小于1.2亿元时,应缴纳营业税、土地增值税。

如果在2016年5月1日以前发生的抵债方式购置的烂尾楼项目,应按老项目征收增值税。

第十一章

自主开发项目的完工销售阶段纳税风险管理

第一节　完工销售阶段的应知应会事项

一、完工产品销售阶段的主要业务事项和业务节点

完工产品销售阶段的业务事项，是发生在开发建设之后的完工产品销售有关的业务事项，包括预售商品房情况确认、预售款项结转销售收入、商品房现售收入确认、土地增值税清算条件确认。

完工销售阶段的起点是开发产品具备完工条件之日，终点是达到税法规定土地增值税清算条件之日。

二、海南取消商品房预售制度

商品房预售制度，俗称"卖楼花"，这一制度最早出现于香港，最初的宗旨是解决房地产开发企业资金不足的问题，以加快城市化进程。但由于相关立法不完善，一些开发商为了牟取暴利，故意弄虚作假，利用立法的漏洞损害购房人或其他第三人的利益，导致商品房预售纠纷不断，其中比较常见的是标的瑕疵问题和不能如期交付或交付不能问题。

海南省委办公厅、省政府办公厅于2020年3月7日印发了《关于建立房地产市场平稳健康发展城市主体责任制的通知》，通知提出改革商品住房预售制度，自文件印发之日起，新出让土地建设的商品住房，实行现房销售制度。房子是用来住的，不是用来炒的。这次海南省先行先试的商品房销售制度改革，将有利于遏制投机炒房，对于中国房地产市场的稳定发展具有极大现实意义。

三、湖北省十堰市整城区商品房预售形象进度

2019年7月19日，十堰市房地产服务中心向城区各房地产开发企业发布"关于调整城区商品房预售形象进度标准的通知"，2019年7月至12月，对城区商品房预售许可的工程形象进度标准作暂时性调整，具体标准为：地上规划层数7层（含）以下的，施工进度达到主体结构封顶；地上规划层数7层以上的，施工进度达到地上规划层数的二分之一且不低于7层。

四、商品房预售条件

商品房预售，是指房地产开发企业将正在建设中的商品房预先出售给买受人，并由买受人支付定金或者房价款的行为。房地产开发企业进行商品房预售，应当向房地产管理部门申请预售许可，取得商品房预售许可证。商品房预售应当符合下列条件：

（1）已交付全部土地使用权出让金，取得土地使用权证书。
（2）持有建设工程规划许可证和施工许可证。
（3）按提供预售的商品房计算，投入开发建设的资金达到工程建设总投资的25%以上，并已经确定施工进度和竣工交付日期。

五、商品房现售条件

商品房现售，是指房地产开发企业将竣工验收合格的商品房出售给买受

人，并由买受人支付房价款的行为。房地产开发企业应当在商品房现售前，将房地产开发项目手册及符合商品房现售条件的有关证明文件报送房地产开发主管部门备案。商品房现售应当符合以下条件：

（1）现售商品房的房地产开发企业应当具有企业法人营业执照和房地产开发企业资质证书。

（2）取得土地使用权证书或者使用土地的批准文件。

（3）持有建设工程规划许可证和施工许可证。

（4）已通过竣工验收。

（5）拆迁安置已经落实。

（6）供水、供电、供热、燃气、通信等配套基础设施具备交付使用条件，其他配套基础设施和公共设施具备交付使用条件或者已确定施工进度和交付日期。

（7）物业管理方案已经落实。

六、违反《商品房销售管理办法》规定的合同条款是否无效

如售后包租是房地产开发企业为了促销，预售在建商品房时与买受人约定，在出售后的一定期限内由该房地产开发企业以代理出租的方式进行包租，以包租期间的租金冲抵部分销售价款或偿付一定租金回报的行为。售后包租是商品房所有权与经营权相分离的一种房地产经营模式，完全脱离了买受人购买商品房用于居住的功能。目前我国房地产市场中，售后包租模式通常存在于买受人购买产权式商铺或者酒店的场合。

《商品房销售管理办法》第十一条第二款规定："房地产开发企业不得采取售后包租或者变相售后包租的方式销售未竣工商品房。"《商品房销售管理办法》第四十五条第二款规定："本办法所称售后包租，是指房地产开发企业以在一定期限内承租或者代为出租买受人所购该企业商品房的方式销售商品房的行为。"

售后包租明显地违反了《商品房销售管理办法》的规定,应当受到有关部分的行政处罚。那么,如果业主与开发商发生了争议,是否可以主张售后包租合同无效呢?

根据《合同法》第五十二条第五款的规定,只有违反法律、行政法规强制性规定的合同才无效。这里的"法律、行政法规",根据《最高人民法院关于适用〈中华人民共和国合同法〉若干问题的解释(一)》第四条的规定,必须是全国人大及其常委会制定的法律和国务院制定的行政法规,不是地方性法规,也不是行政规章。因此,纯粹的售后包租合同,只要具有商品房销售和租赁的真实内容,双方当事人的意思表示真实,且不具有《合同法》第五十二条规定的无效情形,合同有效。

房地产开发企业或者其委托的第三人与买受人订立纯粹的售后包租合同后,因买受人购买的产权式商铺或者酒店无法独立使用,使得其享有的商品房所有权行使受到限制,若买受人以其所有权排他性为由要求解除售后包租合同的,法院一般不予支持。

七、名为售后包租实为借贷融资的合同无效

名为售后包租实为借贷融资的合同无效。这种行为构成犯罪,应以非法吸收公众存款罪定罪处罚。《最高人民法院发布关于审理非法集资刑事案件具体应用法律若干问题的解释》第二条第一款规定,不具有房产销售的真实内容或者不以房产销售为主要目的,以返本销售、售后包租、约定回购、销售房产份额等方式非法吸收资金的,以非法吸收公众存款罪定罪处罚,即当事人订立的售后包租合同不具有房地产销售的真实内容或者不以房产销售为主要目的的,应认定为借贷融资关系,而非商品房买卖和租赁合同关系。此种情形下,房地产开发商的行为涉嫌非法吸收公众存款罪,所订立的售后包租合同应认定无效。

《最高人民法院发布关于审理非法集资刑事案件具体应用法律若干问题的解释》第二条规定:"实施下列行为之一,符合本解释第一条第一款规定

的条件的,应当依照刑法第一百七十六条的规定,以非法吸收公众存款罪定罪处罚:(一)不具有房产销售的真实内容或者不以房产销售为主要目的,以返本销售、售后包租、约定回购、销售房产份额等方式非法吸收资金的……"

八、租售并举鼓励商品房转出租房

《国务院办公厅关于加快培育和发展住房租赁市场的若干意见》(国办发〔2016〕39号)第二条(四)规定:"鼓励房地产开发企业开展住房租赁业务。支持房地产开发企业拓展业务范围,利用已建成住房或新建住房开展租赁业务;鼓励房地产开发企业出租库存商品住房;引导房地产开发企业与住房租赁企业合作,发展租赁地产。"

地方政府根据国务院的规定出现了很多地方性扶持政策,如莆田市政府下发《加快培育和发展住房租赁市场的实施意见》(以下简称《意见》),要求加快培育和发展莆田的住房租赁市场,推进住房供给侧结构性改革,建立购租并举住房制度,发挥住房租赁市场在改善莆田市居民住房条件、推进新型城镇化进程方面的积极作用。引导有条件的房地产开发企业,与专业化住房租赁企业合作,采取"订单式开发",建立"开发+租赁+销售"的多样化运营模式。鼓励各地开展房地产开发项目配建一定比例租赁住房,可将租赁住房作为土地出让条件,并列入土地出让合同,采取"限地价、竞配建"。房地产开发企业配建和经营租赁住房,享受国家、省、市有关培育发展住房租赁市场的优惠和奖励政策。

莆田市政府《意见》明确,鼓励自然人和各类机构投资者设立住房租赁企业,住房租赁企业享受国家有关加快发展生活性服务业在财税、金融等方面的相关支持政策。对住房租赁企业购买库存商品住房用于经营出租业务的,企业所在地的县区、管委会财政可按其所缴契税我市所得部分给予奖励;对住房租赁企业5年内房屋租金收入所缴的地方性税收收入,实施以奖代补政策,企业所在地的县区、管委会财政可按一定比例给予奖励。

九、销售收入按新准则确认

(一) 新准则 (2017版) 适用时间

《财政部关于修订印发〈企业会计准则第14号——收入〉的通知》（财会〔2017〕22号）规定："在境内外同时上市的企业以及在境外上市并采用国际财务报告准则或企业会计准则编制财务报表的企业，自2018年1月1日起施行；其他境内上市企业，自2020年1月1日起施行；执行企业会计准则的非上市企业，自2021年1月1日起施行。同时，允许企业提前执行。执行本准则的企业，不再执行我部于2006年2月15日印发的《财政部关于印发〈企业会计准则第1号——存货〉等38项具体准则的通知》（财会〔2006〕3号）中的《企业会计准则第14号——收入》和《企业会计准则第15号——建造合同》，以及我部于2006年10月30日印发的《财政部关于印发〈企业会计准则——应用指南〉的通知》（财会〔2006〕18号）中的《〈企业会计准则第14号——收入〉应用指南》。"还规定："企业以存货换取客户的固定资产、无形资产等的，按照本准则的规定进行会计处理；其他非货币性资产交换，按照《企业会计准则第7号——非货币性资产交换》的规定进行会计处理。"

(二) 将现行收入和建造合同两项准则纳入统一的收入确认模型

现行收入准则和建造合同准则在某些情形下边界不够清晰，可能导致类似的交易采用不同的收入确认方法，从而对企业财务状况和经营成果产生重大影响。新收入准则要求采用统一的收入确认模型来规范所有与客户相关的合同产生的收入，并且就"在某一时段内"还是"在某一时点"确认收入提供具体指引，有助于更好地解决目前收入确认时点的问题，提高会计信息可比性。

（三）以控制权转移替代风险报酬转移作为收入确认时点的判断标准

现行收入准则要求区分销售商品收入和提供劳务收入，并且强调在将商品所有权上的主要风险和报酬转移给购买方时确认销售商品收入，实务中有时难以判断。新收入准则打破商品和劳务的界限，要求企业在履行合同中的履约义务，即客户取得相关商品（或服务）控制权时确认收入，从而能够更加科学合理地反映企业的收入确认过程。

（四）为包含多重交易安排的合同的会计处理提供更明确的指引

现行收入准则为包含多重交易安排的合同仅提供了非常有限的指引，具体体现在收入准则第十五条以及企业会计准则讲解中有关奖励积分的会计处理规定。这些规定远远不能满足当前实务需要。新收入准则对包含多重交易安排的合同的会计处理提供了更明确的指引，要求企业在合同开始日对合同进行评估，识别合同所包含的各单项履约义务，按照各单项履约义务所承诺商品（或服务）的单独售价的相对比例将交易价格分摊至各单项履约义务，进而在履行各单项履约义务时确认相应的收入，有助于解决此类合同的收入确认问题。

（五）对于某些特定交易（或事项）的收入确认和计量给出了明确规定

新收入准则对于某些特定交易（或事项）的收入确认和计量给出了明确规定。例如，区分总额和净额确认收入、附有质量保证条款的销售、附有客户额外购买选择权的销售、向客户授予知识产权许可、售后回购、无须退还的初始费等，这些规定将有助于更好地指导实务操作，从而提高会计信息的可比性。

十、完工产品销售阶段纳税风险提示

（一）风险事项处理程序

对于开发项目在完工产品销售阶段的风险分析识别和处理，可以选择四步程序，第一步需要专家团队列出主要风险点清单，第二步根据具体项目确认可能存在的风险点，第三步按适用方法分类，第四步按多维分析法设计调查工具、确认工具、报告工具。下文列示部分主要风险供参考。

（二）适用多维分析法、调查取证法、模板分析比对法的风险事项

（1）开发产品完工条件信息确认。

（2）增值税新老项目确认。

（3）增值税销售额确认。

（4）完工产品销售收入成本结转时点信息确认。

（5）预收账款结转收入确认。

（6）土地使用税申报抽样信息确认。

（7）开发项目转让情况确认。

（三）适用是非判断法的风险事项

（1）收入范围、时间、金额的确认是否符合会计核算制度规定。

（2）会计处理与交易事项处理是否衔接一致，根据证据资料确认收入性质。

第二节 完工销售阶段纳税风险管理的评估方法

一、完工产品销售阶段纳税风险管理的主要事项

项目组根据专家团队列出主要风险清单,确认评估项目的风险点或称风险评估事项后,应编制项目风险事项清单。下文列示完工产品销售阶段部分主要风险事项供参考。

(1)开发产品完工条件信息确认。

(2)增值税新老项目确认。

(3)增值税销售额确认。

(4)完工产品销售收入成本结转时点信息确认。

(5)预收账款结转收入确认。

(6)土地使用税申报抽样信息确认。

(7)开发项目转让情况确认。

第十一章 自主开发项目的完工销售阶段纳税风险管理

二、开发产品完工时间信息确认

1.方法提示

开发产品完工时间信息确认,主要运用信息比对法。应关注判断事项、判断标准、判断结果。

判断事项:法定完工条件、开发产品、法定完工时间、企业确认完工时间。

判断标准:开发产品完工时间信息确认是否存纳税风险的判断标准是模板处理信息与实际处理信息比对是否一致。

判断结果:比对是否一致。

> 提示:(1)三个完工条件。开发产品竣工证明材料已报房地产管理部门备案时间,开发产品已开始投入使用时间,开发产品已取得了初始产权证明时间。(2)完工时间。完工条件是设计税法规定模板的三个情形或三种场景,实际执行的确认时间应取得证据证明。税法规定的完工产品确认时间(上述三项孰早)是模板处理信息,企业实际执行的完工产品确认时间是实际处理信息。

2.政策法规提示

土地增值税有关文件,对开发项目竣工条件和完工条件没有做出具体规定。

《国家税务总局关于印发〈房地产开发经营业务企业所得税处理办法〉的通知》(国税发〔2009〕31号)规定了关于完工产品的确认的三个条件:(1)开发产品竣工证明材料已报房地产管理部门备案。(2)开发产品已开始投入使用。(3)开发产品已取得了初始产权证明。

完工条件的确认是采用竣工、使用、产权孰早的原则,开发产品只要符合上述条件之一的,房地产开发企业应按规定及时结算开发产品计税成本并计算此前以预售方式销售开发产品所取得收入的实际毛利额，同时将开发产品实际毛利额与其对应的预计毛利额之间的差额，计入当年（完工年度）应纳税所得额。

2009年6月26日，国家税务总局下发了《关于房地产企业开发产品完工标准税务确认条件的批复》（国税函〔2009〕342号）一文，对《海南省国家税务局关于海南永生实业投资有限公司偷税案中如何认定开发产品已开始投入使用问题的请示》（琼国税发〔2009〕121号）进行批复，强调房地产开发企业建造、开发的开发产品无论工程质量是否通过验收合格，或是否办理完工（竣工）备案手续以及会计决算手续，当其开发产品开始投入使用时均应视为已经完工。并解释道："开发产品开始投入使用是指房地产开发企业开始办理开发产品交付手续（包括入住手续）或已开始实际投入使用。"

《关于房地产开发企业开发产品完工条件确认问题的通知》（国税函〔2010〕201号）规定，根据《国家税务总局关于房地产开发经营业务征收企业所得税问题的通知》（国税发〔2006〕31号）规定的精神，房地产开发企业建造、开发的开发产品无论工程质量是否通过验收合格，或是否办理完工（竣工）备案手续以及会计决算手续，当其开发产品开始投入使用时均应视为已经完工。房地产开发企业应按规定及时结算开发产品计税成本并计算此前以预售方式销售开发产品所取得收入的实际毛利额，同时将开发产品实际毛利额与其对应的预计毛利额之间的差额，计入当年（完工年度）应纳税所得额。

三、增值税新老项目确认

1.方法提示

增值税新老项目确认，主要运用信息比对法。应关注判断事项、判断标准、判断结果。

判断事项：开工日期。

判断标准：比对一致。

判断结果：比对是否一致。

证据：建筑工程施工许可证、建筑工程承包合同。

2.政策提示

国家税务总局公告2016年第18号第八条规定："一般纳税人销售自行开发的房地产老项目，可以选择适用简易计税方法按照5%的征收率计税。一经选择简易计税方法计税的，36个月内不得变更为一般计税方法计税。"

房地产老项目，是指：①建筑工程施工许可证注明的合同开工日期在2016年4月30日前的房地产项目；②建筑工程施工许可证未注明合同开工日期或者未取得建筑工程施工许可证但建筑工程承包合同注明的开工日期在2016年4月30日前的建筑工程项目。

四、增值税销售额确认

1.方法提示

增值税销售额确认，主要运用信息比对法。应关注判断事项、判断标准、判断结果。

判断事项：一般纳税人一般计税方法销售额、一般纳税人老项目简易计税方法销售额、小规模纳税人销售额、企业确认的增值税销售额、项目合同销售额、项目土地出让金、税法规定的增值税销售额。

判断标准：比对一致。

判断结果：比对是否一致。

2.政策提示

国家税务总局公告2016年第18号文件第四条规定："房地产开发企业中的一般纳税人（以下简称一般纳税人）销售自行开发的房地产项目，适用一般计税方法计税，按照取得的全部价款和价外费用，扣除当期销售房地产项目对应的土地价款后的余额计算销售额。销售额的计算公式如下：销售额＝（全部价款和价外费用－当期允许扣除的土地价款）÷（1＋11%）。"

国家税务总局公告2016年第18号第二十二条规定："小规模纳税人销售

自行开发的房地产项目，应按照《试点实施办法》第四十五条规定的纳税义务发生时间，以当期销售额和5%的征收率计算当期应纳税额，抵减已预缴税款后，向主管国税机关申报纳税。未抵减完的预缴税款可以结转下期继续抵减。"

五、完工产品销售成本结转信息确认

1.方法提示

完工产品销售成本结转信息确认，主要运用信息比对法。应关注判断事项、判断标准、判断结果。

判断事项：企业实际结转成本时间、税法规定结转成本时间。

判断标准：比对一致。

判断结果：比对是否一致。

2.政策提示

国税发〔2009〕31号文第六条规定："企业通过正式签订《房地产销售合同》或《房地产预售合同》所取得的收入，应确认为销售收入的实现，具体按以下规定确认：（一）采取一次性全额收款方式销售开发产品的，应于实际收讫价款或取得索取价款凭据（权利）之日，确认收入的实现。（二）采取分期收款方式销售开发产品的，应按销售合同或协议约定的价款和付款日确认收入的实现。付款方提前付款的，在实际付款日确认收入的实现。（三）采取银行按揭方式销售开发产品的，应按销售合同或协议约定的价款确定收入额，其首付款应于实际收到日确认收入的实现，余款在银行按揭贷款办理转账之日确认收入的实现。（四）采取委托方式销售开发产品的，应按以下原则确认收入的实现：（1）采取支付手续费方式委托销售开发产品的，应按销售合同或协议中约定的价款于收到受托方已销开发产品清单之日确认收入的实现。（2）采取视同买断方式委托销售开发产品的，属于企业与购买方签订销售合同或协议，或企业、受托方、购买方三方共同签订销售合同或协议的，如果销售合同或协议中约定的价

第十一章　自主开发项目的完工销售阶段纳税风险管理

格高于买断价格,则应按销售合同或协议中约定的价格计算的价款于收到受托方已销开发产品清单之日确认收入的实现;如果属于前两种情况中销售合同或协议中约定的价格低于买断价格,以及属于受托方与购买方签订销售合同或协议的,则应按买断价格计算的价款于收到受托方已销开发产品清单之日确认收入的实现。(3)采取基价(保底价)并实行超基价双方分成方式委托销售开发产品的,属于由企业与购买方签订销售合同或协议,或企业、受托方、购买方三方共同签订销售合同或协议的,如果销售合同或协议中约定的价格高于基价,则应按销售合同或协议中约定的价格计算的价款于收到受托方已销开发产品清单之日确认收入的实现,企业按规定支付受托方的分成额,不得直接从销售收入中减除;如果销售合同或协议约定的价格低于基价的,则应按基价计算的价款于收到受托方已销开发产品清单之日确认收入的实现。属于由受托方与购买方直接签订销售合同的,则应按基价加上按规定取得的分成额于收到受托方已销开发产品清单之日确认收入的实现。(4)采取包销方式委托销售开发产品的,包销期内可根据包销合同的有关约定,参照上述(1)至(3)项规定确认收入的实现;包销期满后尚未出售的开发产品,企业应根据包销合同或协议约定的价款和付款方式确认收入的实现。"

六、预收账款结转收入确认

1.方法提示

预收账款结转收入确认,主要运用信息比对法。应关注判断事项、判断标准、判断结果。

判断事项:完工时点日累计预收账款、完工时点日之后账面记录的预收账款结转收入、税法规定预收账款结转收入、企业实际预收账款结转收入。

判断标准:比对一致。

判断结果:比对是否一致。

2.政策法规

《国家税务总局关于房地产开发企业开发产品完工条件确认问题的通

知》(国税函〔2010〕201号)规定:"房地产开发企业建造、开发的开发产品,无论工程质量是否通过验收合格,或是否办理完工(竣工)备案手续以及会计决算手续,当企业开始办理开发产品交付手续(包括入住手续)、或已开始实际投入使用时,为开发产品开始投入使用,应视为开发产品已经完工。房地产开发企业应按规定及时结算开发产品计税成本,并计算企业当年度应纳税所得额。"

七、土地使用税申报抽样信息确认

1.方法提示

土地使用税申报抽样信息确认,主要运用信息比对法。应关注判断事项、判断标准、判断结果。

判断事项:申报期限、税款所属期、土地总面积合计、总可售面积、累计已销售面积、城镇土地使用税税源明细表中占地土地面积、城镇土地使用税税源明细表中减免税土地面积、按税法规定计算数据、纳税申报信息。

判断标准:比对一致。

判断结果:比对是否一致。

2.政策提示

《城镇土地使用税管理指引》第五十三条规定,通过开展以下分析与核查,实施城镇土地使用税的风险管理。

(1)不同纳税期申报缴纳税额差异分析。将纳税人本期申报缴纳的城镇土地使用税金额与上期缴纳金额进行比较,核查纳税人是否存在转出土地或少缴税款的情形。

(2)权属登记面积与申报面积差异分析。将第三方涉税信息中的纳税人土地权属登记面积与税源明细申报的土地面积进行比较,核查纳税人是否存在少申报土地面积的情况。

(3)土地面积增减变化趋势分析。将纳税人企业所得税年度纳税申报表的"资产折旧、摊销情况及纳税调整明细表"中无形资产——土地使

第十一章 自主开发项目的完工销售阶段纳税风险管理

权的同比增减情况，与税源明细申报中的土地总面积同比增减情况进行比较。两者变动趋势不一致的，核查纳税人是否存在未如实申报土地面积的情况。

（4）新增土地纳税情况分析。将税收征管信息系统中纳税人申报缴纳的契税信息，与税源明细申报信息进行比较，核查纳税人是否存在新增土地但未如实申报的情况；将第三方涉税信息中的纳税人受让土地信息，与税源明细申报信息中的土地面积比较，核查纳税人是否存在新增土地但未如实申报的情况。

（5）关联税种纳税信息分析。将税收征管信息系统中纳税人申报缴纳的房产税信息与城镇土地使用税信息进行比对，核查纳税人是否存在申报缴纳了房产税而未申报缴纳城镇土地使用税的情况。

（6）减免税资格和期限核查。核查纳税人是否符合减免税资格，是否存在隐瞒有关情况或者提供虚假资料等手段骗取减免税的情况；核查纳税人享受城镇土地使用税困难减免税的条件是否发生变化，发生变化的，根据变化情况重新核准；减免税有规定减免期限的，核查纳税人是否有到期继续享受减免税的情况。

（7）应税面积和免税面积核查。在划分城镇土地使用税应税和免税面积、应税单位和免税单位的实际使用面积时，核查纳税人是否存在多申报免税面积或少申报应税面积的情况。

（8）申报的初次取得土地时间与土地登记日期比对核查。将第三方涉税信息中的土地登记日期，与纳税人税源明细申报信息中的初次取得土地日期进行比较，核查纳税人是否存在申报初次取得土地日期晚于土地登记日期的情况。

（9）申报的初次取得土地时间与土地出让合同中的约定交付土地日期比对核查。将土地出让合同约定的土地使用权交付日期，与纳税人税源明细申报信息中的初次取得日期进行比较，核查纳税人是否存在申报初次取得土地日期晚于土地使用权交付日期的情况。土地出让合同未约定交付土地时间的，与合同签订日期进行比较，核查纳税人是否存在申报初次取得土地日期晚于合同签订日期的情况。

八、开发项目转让情况确认

1.方法提示

开发项目转让情况确认，主要运用信息比对法。应关注判断事项、判断标准、判断结果。

判断事项：合同转让价格、开票金额、收款金额。

判断标准：比对一致。

判断结果：比对是否一致。

证据：合同、发票、收款单。

2.政策提示

财税〔2016〕36号文附件2中第一条第（三）项规定，房地产开发企业中的一般纳税人销售其开发的房地产项目（选择简易计税方法的房地产老项目除外），以取得的全部价款和价外费用，扣除受让土地时向政府部门支付的土地价款后的余额为销售额。

财税〔2016〕140号文第七条第二款规定，房地产开发企业中的一般纳税人销售其开发的房地产项目（选择简易计税方法的房地产老项目除外），在取得土地时向其他单位或个人支付的拆迁补偿费用也允许在计算销售额时扣除。纳税人按上述规定扣除拆迁补偿费用时，应提供拆迁协议、拆迁双方支付和取得拆迁补偿费用凭证等能够证明拆迁补偿费用真实性的材料。

第三节 完工销售阶段纳税风险管理的范例

| 案例一 |

东方花园项目完工销售的纳税义务确认

一、东方花园项目开发情况介绍

（一）开发主体信息

开发主体：齐鲁A房地产开发有限公司，统一社会信用代码：AX3706117582723XX9。

证据：营业执照、房地产开发企业资质证书。

（二）项目预售许可信息

预售许可证批准文号：第一期齐房预许字2010第102号，第二期齐房预许字2010第112号、齐房预许字2012第111号，第三期齐房预许字2017第198号，第四期齐房预许字2018第098号。

（三）东方花园项目的开工时间

建设工程施工许可证批准文号：第一期和第二期齐福建施字2008第

102—103号,第三期齐福建施字2012第065号,第四期齐福建施字2012第054号。

东方花园项目的三个建设工程施工许可证,所注明的开工日期,均在2016年4月30日之前。

(四)增值税销售额的账面、申报情况

(1)一般纳税人认定。2016年6月齐鲁A房地产开发有限公司取得了税务机关确认增值税一般纳税人文件。

(2)账面销售额。东方花园项目第一期销售额47 478万元,第二期销售额44 989万元,第三期销售额10 519万元,第四期销售额55 468万元。

(3)已售商品房合同销售额。东方花园项目第一期销售额47 478万元,第二期销售额44 989万元,第三期销售额10 519万元,第四期销售额55 468万元。

(4)企业纳税申报增值税销售额。东方花园项目适用于一般纳税人老项目简易计税方法,不允许扣除土地出让金。东方花园项目第一期销售额47 478万元,第二期销售额44 989万元,第三期销售额10 519万元,第四期销售额55 468万元。

(五)开发产品完工时间信息

(1)按税法规定确认的完工时间。东方花园项目的第一期、第二期的投入使用时间为2015年12月,备案时间、取得初始产权证明时间均为2017年12月。第三期投入使用时间、备案时间、取得初始产权证明时间均为2017年12月。第四期的投入使用时间、备案时间均为2019年12月,取得初始产权证明时间为2020年12月。

(2)企业实际执行的完工产品时间。2017年12月东方花园项目第一期、第二期、第三期取得了初始产权证明。企业确认完工产品时间为2017年12月。第四期截至2020年12月取得初始产权证明,企业确认完工产品时间为2020年12月。

(六)预收账款结转收入情况

东方花园项目第一期截至2015年11月30日的销售商品房预收账款

17 000万元，2015年12月1日—2017年11月30日销售商品房预收账款5 000万元，均在2017年12月结转收入。

第二期截至2015年11月30日的销售商品房预收账款24 000万元，2015年12月1日—2017年11月30日销售商品房预收账款9 000万元，均在2017年12月结转收入。

第三期截至2017年11月30日的销售商品房预收账款5 000万元，均在2017年12月结转收入。

第四期截至2019年11月30日的销售商品房预收账款25 400万元，2019年12月1日—2020年11月30日销售商品房预收账款10 000万元，均在2020年12月结转收入。

（七）土地使用税申报情况

（1）各期占地面积。东方花园占地总面积27万平方米，其中2008年3月签订"土地出让合同"并交付使用，取得项目用地，一期占地面积5.94万平方米、二期占地面积5.94万平方米；2013年3月签订的"土地出让合同"并当月交付使用，第三期占地面积5.13万平方米，第四期占地面积9.99万平方米。

（2）减免税面积。东方花园项目用地不享受减免税优惠。

（3）已签订合同预售或销售的房屋分摊占地面积。2008年3月土地交付使用至2015年12月底的土地使用税账面情况与申报情况进行比对，账面情况与申报情况比对资料显示，东方花园项目用地已签订合同预售或销售的房屋分摊占地面积，企业申报情况与实际情况一致。

提示：根据当地税务局规定，城镇土地使用税是按年计算，分半年申报缴纳，其中上半年为4月15日，申报缴纳的税款不少于全年应纳税额的50%，下半年为10月15日。

二、增值税新老项目确认

东方花园项目的齐福建施字2008第102—103号、齐福建施字2010第065号、齐福建施字2012第054号三个"建设工程施工许可证",所注明的开工日期,均在2016年4月30日之前,应确认为老房地产开发项目。

三、增值税销售额确认

(1)一般纳税人认定。2016年6月齐鲁A房地产开发有限公司取得了税务机关确认增值税一般纳税人文件。

(2)账面销售额。东方花园项目第一期销售额47 478万元,第二期销售额44 989万元,第三期销售额10 519万元,第四期销售额55 468万元。

(3)已售商品房合同销售额。东方花园项目第一期销售额47 478万元,第二期销售额44 989万元,第三期销售额10 519万元,第四期销售额55 468万元。

(4)企业纳税申报增值税销售额。东方花园项目适用于一般纳税人老项目简易计税方法,不允许扣除土地出让金。东方花园项目第一期销售额47 478万元,第二期销售额44 989万元,第三期销售额10 519万元,第四期销售额55 468万元。

(5)比对结果。企业确认的增值税销售额与税法规定的增值税销售额比对一致,未发现增值税销售额纳税风险。

(6)证据:税务机关确认开发商一般纳税人的文件,销售额会计核算资料、纳税申报资料。

四、开发产品完工时间信息确认

(1)法定完工时间。东方花园项目的第一期、第二期、第三期,开发产品已开始投入使用时间均早于备案时间和取得初始产权证明时间。第一期、第二期的完工时间为2015年12月。第三期的完工时间为2017年12月。第四期的完工时间为2019年12月。

(2)企业确认完工产品时间。2017年12月东方花园项目第一期、第二期、第三期取得了初始产权证明。企业确认完工产品时间为2017年12月。第四期截至2020年12月取得初始产权证明,企业确认完工产品时间为2020年12月。

第十一章 自主开发项目的完工销售阶段纳税风险管理

（3）比对结果：第一期、第二期、第四期的企业确认完工时间晚于税法规定的时间，存在风险；第三期企业确认完工时间与税法规定的时间一致，未发现纳税风险。

五、预收账款结转收入确认表

（一）项目各期预收账款账面结转收入情况

东方花园项目第一期截至2015年11月30日的销售商品房预收账款17 000万元，2015年12月1日至2017年11月30日销售商品房预收账款5 000万元，均在2017年12月结转收入。

第二期截至2015年11月30日的销售商品房预收账款24 000万元，2015年12月1日至2017年11月30日销售商品房预收账款9 000万元，均在2017年12月结转收入。

第三期截至2017年11月30日的销售商品房预收账款5 000万元，均在2017年12月结转收入。

第四期截至2019年11月30日的销售商品房预收账款25 400万元，2019年12月1日至2020年11月30日销售商品房预收账款10 000万元，均在2020年12月结转收入。

（二）项目各期预收账款税法规定结转收入情况

东方花园项目第一期截至2015年11月30日的销售商品房预收账款17 000万元，应在2015年12月结转收入；2015年12月1日至2017年11月30日销售商品房预收账款5 000万元，应在取得收入当月确认收入。

第二期截至2015年11月30日的销售商品房预收账款24 000万元，应在2015年12月结转收入；2015年12月1日—2017年11月30日销售商品房预收账款9 000万元，应在取得收入当月确认收入。

第三期截至2017年11月30日的销售商品房预收账款5 000万元，在2017年12月结转收入。

第四期截至2019年11月30日的销售商品房预收账款25 400万元，应在2019年12月结转收入；2019年12月1日—2020年11月30日销售商品房预收账款10 000万元，应在取得收入当月确认收入。

（三）比对结果

第一期、第二期、第四期企业实际结转与税法规定结转时间不一

致,存在加收滞纳金的风险。

第三期企业实际结转与税法规定结转时间一致,未发现纳税风险。

六、土地使用税申报抽样信息确认

(1)各期占地面积。东方花园占地总面积27万平方米,其中2010年签订土地出让合同,取得项目用地,一期占地面积5.94万平方米、二期占地面积5.94万平方米、三期占地面积5.13万平方米,2013年签订土地出让合同,取得第四期项目用地,占地面积9.99万平方米。

(2)减免税面积。东方花园项目用地不享受减免税优惠。

(3)签订合同预售或销售的房屋分摊占地面积。企业提交的2008年3月土地交付使用至2015年12月底的土地使用税账面情况与申报情况,抽查2008年4月至6月、2010年上半年、2013年下半年、2015年下半年等四个期间的土地使用税账面资料,与四个期间土地使用税申报资料进行对比,东方花园项目用地已签订合同预售或销售的房屋分摊占地面积,企业申报情况与实际情况一致。

(4)比对结果。东方花园各期项目占地面积、减免税面积、已签订合同预售或销售的房屋分摊占地面积与企业实际申报面积一致,未发现纳税风险。

(5)证据。土地出让合同\转让合同、会计核算资料、城镇土地使用税税源明细表、纳税评估抽查比对资料。

| 案例二 |

售房预收款的增值税纳税义务发生时间

(一)问题描述

A房地产开发公司采取预收款方式销售自行开发的房地产项目,在收到预收款时按3%的预征率预缴增值税,在实际管理过程中,对房地产开发企业纳税义务发生时间有所争议,一种观点认为,按照国税发〔2009〕31号文件的规定,房地产开发企业按照签订的合同分期收到的房款不属于预收款性质,不能按3%的预征率征收,而应按适用税率进行申报;另一种观点认为,国税发〔2009〕31号文件规定是对所得税收入的确认,房地产开发企业在没有交房前,其所售房屋的所有权还没有转移,所收款项应是预收款性质,应在收到款项时按3%的预征率进行预缴,待房屋实际交付再确认收入进行税款结算。

(二)拟选文件

《财政部国家税务总局关于全面推开营业税改征增值税试点的通知》(财税〔2016〕36号)附件2第一条第(八)项第9点;国家税务总局关于印发《房地产开发经营业务企业所得税处理办法》的通知(国税发〔2009〕031号)第六条。

(三)讨论意见

鉴于A公司销售房屋的特殊性,对房地产企业在交付房屋之前收到的款项按预收款确认,在收到预收款时按照3%的预征率预缴增值税。

(四)结论

纳税义务发生时间,不同税种确认的税法依据不同,增值税的纳税义务发生时间应根据增值税的有关规定。依据所得税的有关规定,确定增值税的纳税义务发生时间,属于适用税法依据错误。

根据财税〔2016〕36号文附件1第四十五条规定,增值税纳税义务、扣缴义务发生时间为:

(1)纳税人发生应税行为并收讫销售款项或者取得索取销售款项凭据的当天;先开具发票的,为开具发票的当天。

收讫销售款项,是指纳税人销售服务、无形资产、不动产过程中或者完成后收到款项。

取得索取销售款项凭据的当天,是指书面合同确定的付款日期;未签订书面合同或者书面合同未确定付款日期的,为服务、无形资产转让完成的当天或者不动产权属变更的当天。

（2）纳税人提供建筑服务、租赁服务采取预收款方式的，其纳税义务发生时间为收到预收款的当天。

（3）纳税人从事金融商品转让的，为金融商品所有权转移的当天。

（4）纳税人发生本办法第十四条规定情形的，其纳税义务发生时间为服务、无形资产转让完成的当天或者不动产权属变更的当天。

（5）增值税扣缴义务发生时间为纳税人增值税纳税义务发生的当天。

案例三

房地产企业土地使用税计算

（一）交易情况

2017年8月，某开发企业取得黄河花园开发宗地，土地使用税标准是12元/平方米。小区占地面积是60亩，其中，50亩（33 333.50平方米）为普通住房建设用地，总可售面积是150 000平方米；10亩（6 666.67平方米）为回迁安置房用地。

2018年5月31日以前没有实现销售，2018年6月当月累计已销售89 000平方米，回迁安置房全部移交；2018年7月又销售600平方米，2018年8月销售900平方米。

（二）问题

从拿地至第一笔销售实现，2017年8月1日—2018年6月30日的各月税源明细表基础数据填报。

2018年7月、8月应缴纳土地使用税计算。

（三）计算公式

本月应纳税额＝本月剩余应税占地面积×月单位税额

本月剩余应税占地面积＝占地总面积－免税占地面积－已签订合同预售或销售房屋分摊占地面积（分摊面积以合同规定交付时间或合同签订时间为准进行统计）

月单位税额＝年应纳税额÷12

已签订合同预售或销售房屋分摊占地面积＝占地总面积×（已签订合同预售或销售房屋建筑面积÷可售建筑总面积）

（四）2017年8月1日—2018年6月30日10个月的各月税源明细表基础数据填报

（1）城镇土地使用税税源明细表填报"占用土地面积"＝33 333.50＋6 666.67＝40 000.17（平方米）。

（2）城镇土地使用税税源明细表"减免税土地面积"＝6 666.67平方米。

（五）2018年7月预提方法、税源明细表数据填写

（1）2018年7月应纳税额＝［（总可售面积－累计已售面积）÷总可售面积×占地面积×单位税额］÷12＝［（150 000－89 600）÷150 000×33 333.50×12］÷12＝13 422.29（元）。

（2）项目总占地面积＝50×666.67＝33 333.50（平方米）。

（3）2018年7月累计已售面积＝89 000＋600＝89 600（平方米）。

（4）2018年7月税源明细表的两个基础数据。

①城镇土地使用税税源明细表填报"占用土地面积"：13 422.29平方米。计算方法是：未售完工产品"占用土地面积"＝［（150 000－89 600）÷150 000×33 333.50］＋0＝13 422.29（平方米）。

②城镇土地使用税税源明细表"减免税土地面积"：0。

（六）2018年8月预提方法、税源明细表数据填写

（1）2018年8月应纳税额＝［（总可售面积－累计已售面积）÷总可售面积×占地面积×单位税额］÷12＝［（150 000－90 500）÷150 000×33 333.50×12］÷12＝13 222.29（元）。

（2）2018年8月累计已售面积＝89 600＋900＝90 500（平方米）。

（3）2018年7月税源明细表的两个基础数据。

"城镇土地使用税税源明细表"填报"占用土地面积"：13 222.29平方米。计算方法是：未售完工产品"占用土地面积"＝[（150 000－90 500）÷150 000×33 333.50]＋0＝13 222.29（平方米）。

城镇土地使用税税源明细表中"减免税土地面积"：0。

未售完工产品"占用土地面积"，在城镇土地使用税税源明细表中并没有设计对应单元格，被"占用土地面积"单元格涵盖。一个开发项目中，如果没有免征土地使用税的安置用房、经济适用住房，根据现行的土地使用税有关文件，则不存在减免税占用土地面积。由此可以得出结论，城镇土地使用税税源明细表中"占用土地面积"单元格，对于房地产开发项目而言，是指可售建筑面积的"占用土地面积"。换句话说，在征收土地使用税时，房地产开发项目占地总面积方法，与取得土地地价款的归集方法相同，全部汇总归集到可售建筑面积，不再可售面积与不可售面积之间进行分摊。

（七）会计处理

2018年7月计提土地使用税：

借：管理费用（或者税金及附加）　　　　　　　13 422.29

　　贷：应交税费——土地使用税　　　　　　　　13 422.29

2018年8月计提土地使用税：

借：管理费用（或者税金及附加）　　　　　　　13 222.29

　　贷：应交税费——土地使用税　　　　　　　　13 222.29

第十一章 自主开发项目的完工销售阶段纳税风险管理

| 案例四 |

商品房买卖合同无效后合同双方的法律责任

（一）争议情况

徐建与沈阳富临房地产开发有限公司（以下简称富临公司）于2006年8月5日签订"商业网店定向建设合同"，合同约定：徐建购买富临公司开发的位于沈阳市和平区光荣街22号，建筑面积为503.10平方米的商业网点。富临公司至今未向徐建交付涉案房屋，且未能取得涉案房屋的"商品房（预）销售许可证"，故徐建诉至法院，要求：（1）请求返还购房款本金453万元及利息3 546 514.35元。（2）赔偿租房损失268万元。（3）富临公司承担本案诉讼费用。

（二）判决要点

本案中，富临公司至今未能取得涉案房屋的商品房预售许可证明，因此徐建与富临公司签订的"商业网点定向建设合同"应认定为无效合同。

（三）法律分析

富临公司与徐建签订的"商业网店定向建设合同"虽不是正规的"商品房买卖合同"，但其符合《最高人民法院关于审理商品房买卖合同纠纷案件适用法律若干问题的解释》第五条的规定，商品房的认购、订购、预订等协议具备《商品房销售管理办法》第十六条规定的商品房买卖合同的主要内容，并且出卖人已经按照约定收受购房款的，该协议应当认定为商品房买卖合同，故双方签订合同的性质系商品房买卖合同。根据上述司法解释第二条规定，出卖人未取得商品房预售许可证明，与买受人订立的商品房预售合同，应当认定无效，但是在起诉前取得商品房预售许可证明的，可以认定有效。本案中，富临公司至今未能取得涉案房屋的商品房预售许可证明，因此徐建与富临公司签订的"商业网点定向建设合同"应认定为无效合同。

根据《合同法》第五十八条规定，合同无效或者被撤销后，因该合同取得的财产，应当予以返还；不能返还或者没有必要返还的，应当折价补偿。有过错的一方应当赔偿对方因此所受到的损失，双方都有过错的，应当各自承担相应的责任。本案中，富临公司作为房地产开发公司，在明知未取得涉案房屋销售许可证明的情况下，与徐建签订商业网点定向建设合同，对合同无效的后果存在过错。徐建在明知富临公司没有取得诉争房屋预售许可证的情况下仍与其签订合同，对合同无效的后果也存在过错，双方应当各自承担相应的责任。

第十二章

自主开发项目的项目清算阶段纳税风险管理

第一节 项目清算阶段的应知应会事项

一、项目清算阶段的主要业务事项和业务节点

项目清算阶段业务事项,是发生在完工产品销售之后的,结清项目开发经营期间的各税种申报纳税事项的活动,包括:①有关税费的发生情况确认;②有关税费缴纳情况确认,如应缴、已缴、欠缴、补缴、多缴、退缴;③违法责任承担情况确认,如滞纳金、罚款、限期缴纳等。项目清算所涉及的税种主要有:增值税、土地增值税、土地使用税、企业所得税。

项目清算期间是清算起点日至完成各税种清算申报日的期间。

项目清算阶段的起点是:达到税法规定土地增值税清算条件之日,终点是:税务机关告知的土地增值税清算申报终止日。

> 提示:本章讨论的是开发项目清算,企业所得税清算仅考虑项目所得额的计算,不需要考虑房地产开发企业的年度汇算清缴。因此,开发项目企业所得税清算终点是,土地增值税清算申报终止日的所在月份或季度。

二、清算起点与终点的确认

土地增值税清算的业务流程，可以划分为清算申报启动通知、受理申报资料、审核申报资料确认补退税三个业务环节。

对依申请或依权力启动土地增值税清算程序后，主管税务机关应向纳税人送达土地增值税清算通知书，告知纳税人已具备清算条件的开发项目，要求自收到本通知书之日起90日内准备好有关资料，到主管税务机关办理清算申报手续。

如某县税务局告知纳税人，2017年6月1日已符合清算条件，通知在6月5日送达。通知要求"在收到通知书之日起15日内到主管税务机关办理土地增值税清算申报"。应注意"在收到通知书之日起15日内"的含义，是要求纳税人在15日内（6月21日之前）办理补缴税款申报，纳税人清算补缴的土地增值税，在主管税务机关规定期限内补缴的，不加收滞纳金。

税务机关告知的具备清算条件的日期（2017年6月1日），即达到税法规定土地增值税清算条件之日，是项目清算阶段的起点。

开发项目各税种纳税义务的发生期间，是项目清算阶段的起点，至税务机关告知的土地增值税清算申报终止日（2017年6月20日）。

《土地增值税清算管理规程》（国税发〔2009〕91号）第十一条规定："对于符合本规程第九条规定，应进行土地增值税清算的项目，纳税人应当在满足条件之日起90日内到主管税务机关办理清算手续。对于符合本规程第十条规定税务机关可要求纳税人进行土地增值税清算的项目，由主管税务机关确定是否进行清算；对于确定需要进行清算的项目，由主管税务机关下达清算通知，纳税人应当在收到清算通知之日起90日内办理清算手续。应进行土地增值税清算的纳税人或经主管税务机关确定需要进行清算的纳税人，在上述规定的期限内拒不清算或不提供清算资料的，主管税务机关可依据《中华人民共和国税收征收管理法》有关规定处理。"

三、主要税种清算提示

房地产开发项目的增值税清算，仅限于开发项目完工产品销售有关的增值税纳税义务清算，不包括开发商商品房出租、借用等自用形式的增值税纳税义务。

土地增值税清算，按《土地增值税清算管理规程》（国税发〔2009〕91号）规定的程序执行。

土地使用税清算，按《财政部国家税务总局关于房产税城镇土地使用税有关问题的通知》（财税〔2008〕152号）、《城镇土地使用税管理指引》（税总发〔2016〕18号）规定执行。

房地产开发项目的企业所得税清算，仅计算开发项目的应纳税所得额，不需要计算应纳税额。

四、土地增值税清算中的"两分法"和"三分法"

简单来讲，"两分法"是指在土地增值税项目清算中将普通住宅和其他类型房地产列为清算对象分别计算土地增值税。在"两分法"情况下，非普通住宅与商业写字楼、车位、酒店等其他房产一起并入其他类型房地产进行清算。"三分法"指的是将普通住宅、非普通住宅和其他类型房地产分别列为清算对象。

（一）国家税务总局规定的"三分法"申报

国家税务总局发布了《国家税务总局关于修订财产行为税部分税种申报表的通知》（税总发〔2015〕114号）文件，对土地增值税纳税申报表做了修改，将"两分法"变更为"三分法"，即普通住宅、非普通住宅和其他类型商品房，但规定三类子目由各省自行设定，自行维护。《国家税务总局关于修订土地增值税纳税申报表的通知》（税总函〔2016〕309号）文件，仍采用"三分法"。

（二）省份税务局规定的两分法申报

由于土地增值税为地方税种，该文件出台后有些省份将"两分法"保留，有些省份由"两分法"变为"三分法"。北京市出台北京市地方税局2016年7号公告时，并未采用"三分法"，依旧保留了"两分法"，但为了保持与国家税务总局规定的申报表一致,在土地增值税申报表中增加了一栏"非普通住宅"(不用填数字)。

2016年5月31日,北京市地方税局发布了"北京市地方税务局2016年7号公告",即《北京市地方税务局关于发布〈北京市地方税务局土地增值税清算管理规程〉的公告》,该规程适用房地产开发项目土地增值税清算工作,公告自2016年7月1日起执行,同时《北京市地方税务局关于印发〈房地产开发企业土地增值税清算管理办法〉的通知》(京地税地〔2008〕92号)废止。

五、项目清算阶段纳税风险提示

(一)风险事项处理程序

对于开发项目在清算阶段的风险分析识别和处理,可以选择四步程序,第一步需要专家团队列出主要风险点清单,第二步根据具体项目确认可能存在的风险点,第三步按适用方法分类,第四步按多维分析法设计调查工具、确认工具、报告工具。下文列示部分主要风险供参考。

(二)适用多维分析法、调查取证法、信息比对法的风险事项

(1)项目清算条件信息确认。

(2)项目完工产品单位成本确认。

(3)完工项目清算土地使用税申报抽样信息确认。

(4)完工项目清算增值税信息确认。

(5)完工项目土地增值税清算信息确认。

(6)完工项目清算企业所得税信息确认。

(三)适用是非判断法的风险事项

(1)将土地使用权用于投资其他企业房地产开发项目的,在首次取得开发产品时,是否分解为转让土地使用权和购入开发产品两项经济业务进行所得税处理。

（2）预售收入是否按规定申报预计利润。

（3）是否存在将开发产品作为固定资产对外投资直接冲减开发成本，未确认应税收入。

（4）以开发产品抵偿债务，不作销售？如以房换地，以房抵工程款，以房抵银行贷款等。

（5）是否在达到完工条件后，推迟结转完工收入、成本，不计算毛利差。

（6）是否存在以畸低价格销售给关联单位或为谋取其他经济利益而低价销售或无偿提供他人使用。

（7）是否存在分解售房款，少记收入。如将停车位、车库、阁楼等款项收入不按规定计入经营收入，而计入往来款。

（8）精装修销售是否与预售许可审批一致，应关注预售申请时提交的商品房预（销）售方案中，是否销售精装修房屋。如果审批销售毛坯房实际销售精装修房，应注意装修收入和成本不计入商品房收入和成本。

（9）是否存在减少总可售面积，加大已售产品的计税成本。房地产公司利用可售面积的规定不明确，增大不可售面积，减少总可售面积，从而增大总可售面积的单位计税成本，加大已售产品的销售成本，减少应纳税所得额。

（10）是否存在列支不合理的成本。如当期未发生的预提车棚、小区道路等公共配套费用，自用房产成本等。

（11）提前列支当期应结转的成本费用，如将未完工开发产品成本混在完工开发产品成本结转。

（12）征税项目成本与不征税项目成本的确认是否符合税法规定。

（13）征税项目成本与免税项目成本的确认是否符合税法规定。

（14）会计处理与税务处理的成本费用差异是否按规定进行纳税调整。

（15）成本确认是否与收入配比，费用确认是否与期间配比。

（16）会计处理与交易事项处理是否衔接一致，根据证据资料确认成本费用性质。

第二节 项目清算阶段纳税风险管理的评估方法

一、项目清算阶段纳税风险管理的主要事项

项目组根据专家团队列出主要风险清单,确认评估项目的风险点(或称风险评估事项)后,应编制项目风险事项清单。下文列示项目清算阶段部分主要风险事项供参考。

(1)项目清算条件信息确认。
(2)项目完工产品单位成本确认。
(3)完工项目清算土地使用税申报抽样信息确认。
(4)完工项目清算增值税信息确认。
(5)完工项目土地增值税清算信息确认。
(6)完工项目清算企业所得税信息确认。

二、项目清算条件信息确认

(一)方法提示

项目清算条件信息确认,主要运用调查取证法。应关注判断事项、判断标准、判断结果。

判断事项：每期是否达到清算条件。

判断标准：分析确认的清算条件是否有证据证明，并得出唯一结论。

判断结果：是或否。

（二）政策法规提示

（1）《关于房地产开发企业土地增值税清算管理有关问题的通知》（国税发〔2006〕187号）第二条规定："（一）符合下列情形之一的，纳税人应进行土地增值税的清算：1.房地产开发项目全部竣工、完成销售的；2.整体转让未竣工决算房地产开发项目的；3.直接转让土地使用权的。（二）符合下列情形之一的，主管税务机关可要求纳税人进行土地增值税清算：1.已竣工验收的房地产开发项目，已转让的房地产建筑面积占整个项目可售建筑面积的比例在85%以上，或该比例虽未超过85%，但剩余的可售建筑面积已经出租或自用的；2.取得销售（预售）许可证满三年仍未销售完毕的；3.纳税人申请注销税务登记但未办理土地增值税清算手续的；4.省税务机关规定的其他情况。"

（2）《关于房地产开发企业土地增值税清算管理有关问题的通知》（国税发〔2006〕187号）第五条规定："符合本通知第二条第（一）项规定的纳税人，须在满足清算条件之日起90日内到主管税务机关办理清算手续；符合本通知第二条第（二）项规定的纳税人，须在主管税务机关限定的期限内办理清算手续。"

（3）《土地增值税清算管理规程》（国税发〔2009〕91号）第十一条规定："对于符合本规程第九条规定，应进行土地增值税清算的项目，纳税人应当在满足条件之日起90日内到主管税务机关办理清算手续。对于符合本规程第十条规定税务机关可要求纳税人进行土地增值税清算的项目，由主管税务机关确定是否进行清算；对于确定需要进行清算的项目，由主管税务机关下达清算通知，纳税人应当在收到清算通知之日起90日内办理清算手续。"

三、项目完工产品单位成本确认

（一）方法提示

项目完工产品单位成本确认，主要运用信息比对法。应关注判断事项、判断标准、判断结果。

判断事项：项目开发成本、可售总建筑面积、项目单位成本、账面成本/面积调查、税法成本/面积确认。

判断标准：比对一致。

判断结果：比对是否一致。

（二）政策法规提示

《房地产开发经营业务企业所得税处理办法》（国税发〔2009〕31号）第二十九条规定：

企业开发、建造的开发产品应按制造成本法进行计量与核算。其中，应计入开发产品成本中的费用属于直接成本和能够分清成本对象的间接成本，直接计入成本对象，共同成本和不能分清负担对象的间接成本，应按受益的原则和配比的原则分配至各成本对象，具体分配方法可按以下规定选择其一。

（1）占地面积法。占地面积法按已动工开发成本对象占地面积占开发用地总面积的比例进行分配。①一次性开发的，按某一成本对象占地面积占全部成本对象占地总面积的比例进行分配。②分期开发的，首先按本期全部成本对象占地面积占开发用地总面积的比例进行分配，然后再按某一成本对象占地面积占期内全部成本对象占地总面积的比例进行分配。

期内全部成本对象应负担的占地面积为期内开发用地占地面积减除应由各期成本对象共同负担的占地面积。

（2）建筑面积法。建筑面积法按已动工开发成本对象建筑面积占开发用地总建筑面积的比例进行分配。①一次性开发的，按某一成本对象建筑面积

占全部成本对象建筑面积的比例进行分配。②分期开发的，首先按期内成本对象建筑面积占开发用地计划建筑面积的比例进行分配，然后再按某一成本对象建筑面积占期内成本对象总建筑面积的比例进行分配。

（3）直接成本法。直接成本法按期内某一成本对象的直接开发成本占期内全部成本对象直接开发成本的比例进行分配。

（4）预算造价法。预算造价法按期内某一成本对象预算造价占期内全部成本对象预算造价的比例进行分配。

四、完工项目清算土地使用税申报抽样信息确认

（一）方法提示

土地使用税申报抽样信息确认，主要运用信息比对法。应关注判断事项、判断标准、判断结果。

判断事项：申报期限、税款所属期、土地总面积合计、总可售面积、累计已销售面积、城镇土地使用税税源明细表中占地土地面积、城镇土地使用税税源明细表中减免税土地面积、按税法规定计算数据、纳税申报信息。

判断标准：比对一致。

判断结果：比对是否一致。

（二）政策法规提示

《城镇土地使用税管理指引》（税总发〔2016〕18号）第六条规定，地方税务机关要加强对纳税申报的管理，做好纳税服务，引导纳税人及时、准确地进行城镇土地使用税纳税申报。

城镇土地使用税纳税申报表格由《城镇土地使用税纳税申报表》《城镇土地使用税减免税明细申报表》和《城镇土地使用税税源明细表》组成。纳税人填报税源明细表后，税收征管信息系统自动生成纳税申报表和减免税表，经纳税人确认并按规定进行电子签名或手写签字后完成申报。

第十二章 自主开发项目的项目清算阶段纳税风险管理

五、完工项目清算增值税信息确认

（一）方法提示

完工项目清算增值税信息确认，主要运用是非判断法，应关注待判断事项、判断标准、判断结果。

待判断事项：销售额从全部价款和价外费用中扣除土地价款、一般纳税人销售自行开发的房地产老项目适用简易计税方法计税的，以取得的全部价款和价外费用为销售额、一般纳税人采取预收款方式销售自行开发的房地产项目。

判断标准："是"表示正确的，"否"表示错误的。

判断结果：是或否。

（二）政策法规提示

（1）《国家税务总局关于发布〈房地产开发企业销售自行开发的房地产项目增值税征收管理暂行办法〉的公告》（国家税务总局公告2016年第18号）。

（2）《国家税务总局关于印发〈营业税问题解答（之一）的通知〉》（国税函发〔1995〕156号）："十八、问：对于转让土地使用权或销售不动产的预收定金，应如何确定其纳税义务发生时间？答：《营业税暂行条例实施细则》第二十八规定，纳税人转让土地使用权或销售不动产，采用预收款方式的，其纳税义务发生时间为收到预收款的当天。此项法规所称预收款，包括预收定金。因此，预收定金的营业税纳税义务发生时间为收到预收定金的当天。"

六、完工项目土地增值税清算信息确认

（一）方法提示

完工项目土地增值税清算信息确认，主要运用是非判断法，应关注待判断事项、判断标准、判断结果。

待判断事项：主管税务机关土地增值税清算通知书、报送清算申报资

料、土地增值税清算审核通知、土地增值税销售额。

判断标准:"是"表示正确的,"否"表示错误的。

判断结果:是或否。

提交资料:(1)对于应清算的情形,应根据《土地增值税清算管理规程》(国税发〔2009〕91号)及当地税务局清算文件规定提交资料。(2)对于税务机关要求清算的情形,应根据主管税务机关通知要求报送清算申报资料。

(二)政策法规提示

《土地增值税清算管理规程》(国税发〔2009〕91号)。

七、完工项目清算企业所得税信息确认

(一)方法提示

完工项目清算企业所得税信息确认,主要运用是非判断法,应关注待判断事项、判断标准、判断结果。

待判断事项:预售收入未按完工产品时间结转确认、销售收入未按不含税价确认、实物拆迁补偿视同销售未按国家规定的市场价格确认、完工产品销售手续费及佣金未按国家规定税前扣除、企业代有关部门、单位和企业收取的各种基金、费用和附加等。

判断标准:"是"表示正确的,"否"表示错误的。

判断结果:是或否。

(二)政策法规提示

《房地产开发经营业务企业所得税处理办法》(国税发〔2009〕31号)。

第三节 项目清算阶段纳税风险管理的范例

| 案例一 |

东方花园项目完工清算的纳税义务确认

一、东方花园项目开发情况介绍

（一）开发主体信息

开发主体：齐鲁A房地产开发有限公司。

证据：营业执照、房地产开发企业资质证书。

（二）项目清算启动情况

（1）启动事由。清算的事实根据，为第一期、第二期达到了《关于房地产开发企业土地增值税清算管理有关问题的通知》（国税发〔2006〕187号）第二条规定的税务机关要求清算条件。具体情形是"取得销售（预售）许可证满三年仍未销售完毕的"。根据《土地增值税清算管理规程》（国税发〔2009〕91号）第十一条规定，主管税

务机关通知第一期、第二期进行土地增值税清算。

（2）预售许可证批准文号。第一期齐房预许字2010第102号，第二期齐房预许字2010第112号、齐房预许字2012第111号，第三期齐房预许字2017第198号，第四期齐房预许字2018第098号。

（三）项目完工产品单位成本账面情况

第一期项目开发成本4.59亿元、可售总建筑面积11.7万平方米、普通住宅单位成本4 116.74元/平方米，非普通住宅单位成本4 772.36元/平方米，其他商品房3 040.24元/平方米。

第二期项目开发成本4.37亿元、可售总建筑面积11.6万平方米、普通住宅单位成本3 956.30元/平方米，非普通住宅单位成本4 039.67元/平方米，其他商品房2 768.31元/平方米。

（四）完工项目清算土地使用税申报抽样信息调查

已签订合同预售或销售的房屋分摊占地面积。2008年3月土地交付使用至2015年12月底的土地使用税账面情况与申报情况进行比对，账面情况与申报情况比对资料显示，东方花园项目用地已签订合同预售或销售的房屋分摊占地面积，企业申报情况与实际情况一致。

（五）完工项目清算增值税信息调查

（1）计税方法。东方花园项目第一期、第二期、第三期、第四期均属于老项目，增值税计算采用一般纳税人销售自行开发的房地产老项目适用简易计税方法计税。

（2）预缴营业税、增值税。东方花园项目第一期、第二期在2015年12月完工，预收款方式销售自行开发的房地产项目，已按《国家税务总局关于印发〈营业税问题解答（之一）的通知〉》（国税函发〔1995〕156号）规定预缴营业税。第三期、第四期均在营改增后取得预售许可，预收款方式销售自行开发的房地产项目，已按规定缴纳增值税。

（六）完工项目土地增值税清算信息调查

（1）达到清算条件。主管税务机关下达土地增值税清算通知书，按《关于房地产开发企业土地增值税清算管理有关问题的通知》（国税发〔2006〕187号）第二条规定，第一期、第二期达到了税务机关要求清算条件。具体情形是"取得销售（预售）许可证满三年仍未销售完毕的"。根据《土地增值税清算管理规程》（国税发〔2009〕91号）第十一条规定，主管税务机关通知第一期、第二期进行土地增值税清算。

（2）提交资料。本项目属于税务机关要求清算的情形，应根据主管税务机关通知要求报送清算申报资料。

（七）完工项目清算企业所得税信息调查

（1）企业确认的预售收入完工产品时间。2017年12月东方花园项目第一期、第二期、第三期取得了初始产权证明。企业确认完工产品时间为2017年12月。第四期截至2020年12月取得初始产权证明，企业确认完工产品时间为2020年12月。第一期、第二期、第四期的企业确认完工时间晚于税法规定的时间，第三期企业确认完工时间与税法规定的时间一致。

（2）预收款结转收入情况。经纳税风险评估发现第一期、第二期、第四期预收账款结转收入时间，企业实际结转与税法规定结转时间不一致，存在加收滞纳金的风险。

（3）销售收入。东方花园项目第一期销售额47 478万元，第二期销售额44 989万元，第三期销售额10 519万元，第四期销售额55 468万元。均为不含税价收入。

二、项目清算条件确认

（1）各期是否达到清算条件的判断。第一期、第二期已经达到了清算条件，并接到税务机关清算通知。第三期、第四期未达到清算条件。

（2）判断结果。有证据证明第一期、第二期已经达到了清算条件。

（3）判断证据。①预售许可证批准文号：第一期齐房预许字2010第102号，第二期齐房预许字2010第112号、齐房预许字2012第111号，第三期齐房预许字2017第198号，第四期齐房预许字2018第098号。②税务机关清算通知文书。

三、项目完工产品单位成本确认

（一）第一期项目完工产品单位成本确认情况

（1）第一期完工产品单位成本的账面资料。项目开发成本4.59亿元、可售总建筑面积11.7万平方米、普通住宅单位成本4 116.74元/平方米，非普通住宅单位成本4 772.36元/平方米，其他商品房单位成本3 040.24元/平方米。

（2）第一期完工产品单位成本的税法资料。普通住宅、非普通住宅、其他商品房的税法成本/面积与账面资料相同。

（3）比对结果。比对结果一致，未发现第一期单位成本纳税风险。

（二）第二期项目完工产品单位成本确认情况

（1）第二期完工产品单位成本的账面资料。第二期项目开发成本4.37亿元、可售总建筑面积11.6万平方米、普通住宅单位成本3 956.30元/平方米，非普通住宅单位成本4 039.67元/平方米，其他商品房单位成本2 768.31元/平方米。

（2）第二期完工产品单位成本的税法资料。普通住宅、非普通住宅、其他商品房的税法成本/面积与账面资料相同。

（3）比对结果。比对结果一致，未发现第二期单位成本纳税风险。

（三）提示

第三期、第四期未达到清算条件，可以不做项目完工产品单位成本确认。

四、完工项目清算土地使用税申报抽样信息确认

（一）各期占地面积

东方花园占地总面积27万平方米，其中2010年签订"土地出让合同"，取得项目用地，一期占地面积5.94万平方米、二期占地面积5.94万平方米、三期占地面积5.13万平方米，2013年签订的"土地出让合同"，取得第四期项目用地，占地面积9.99万平方米。

（二）减免税面积

东方花园项目用地不享受减免税优惠。

（三）签订合同预售或销售的房屋分摊占地面积

企业提交的2008年3月土地交付使用至2019年12月底的土地使用税账面情况与申报情况，经抽查2008年4月—2008年6月、2010年上半年、2013年下半年、2015年下半年、2016年下半年、2019年上半年等时间的

土地使用税账面资料，与各期间土地使用税申报资料进行对比，东方花园项目用地已签订合同预售或销售的房屋分摊占地面积，企业申报情况与实际情况一致。

（四）比对结果

东方花园各期项目占地面积、减免税面积、已签订合同预售或销售的房屋分摊占地面积与企业实际申报面积一致，未发现纳税风险。

（五）证据

土地出让合同\转让合同、会计核算资料、城镇土地使用税税源明细表、纳税评估抽查比对资料。

五、完工项目清算增值税信息确认

（1）是否对销售额从全部价款和价外费用中扣除土地价款？否。

（2）是否属于一般纳税人销售自行开发的房地产老项目适用简易计税方法计税，并以取得的全部价款和价外费用为销售额？是。

（3）是否属于一般纳税人采取预收款方式销售自行开发的房地产项目？是。

（4）证据：预售许可信息。第三期齐房预许字2017第198号，第四期齐房预许字2018第098号。

六、完工项目土地增值税清算信息确认

（1）是否取得主管税务机关土地增值税清算通知书？是。

（2）是否按规定报送清算申报资料？是。

（3）是否取得土地增值税清算审核通知？否。

（4）土地增值税销售额是否按规定计算？是。

七、完工项目清算企业所得税信息确认

（1）预售收入是否未按完工产品时间结转？是。

（2）销售收入是否未按不含税价确认？否。

（3）实物拆迁补偿视同销售是否未按国家规定的市场价格确认？否。

（4）完工产品销售手续费及佣金是否未按国家规定税前扣除？否。

（5）企业是否按规定代有关部门、单位和企业收取各种基金、费用和附加？是。

| 案例二 |

黄海A公司、长江B公司偷税案评估

一、交易事实及税款确认征收情况

（一）A公司土地入股B公司

2007年8月6日至2008年1月16日，黄海A实业开发公司（以下简称"A公司"）以248 554.58平方米土地作价1 118.49万元出资入股到长江B房地产开发有限公司（以下简称"B公司"）。

长江市地方税务局确认土地转让收入1 118.49万元，计算营业税、印花税、土地增值税、企业所得税等各项税费173.5万元。税务局认定A公司偷税173.5万元。

企业缴清税费后，长江市地方税务局2008年1月16日开具"土地、房产转让完税证明"（长江地税〔2008〕第15号）。

（二）B公司土地入股C公司

2010年11月4日至2012年4月30日，B公司以199 400.99平方米土地作价6 000万元出资入股到长江C房地产开发有限公司（以下简称"C公司"），长江市地方税务局确认土地转让收入9 910.97万元。

长江市地方税务局2012年4月19日认定B公司应缴纳印花税4.95万元、土地增值税1076.22万元；C公司应缴纳印花税4.95万元、契税297.32万元。税务局认定B公司偷税1 076.22万元。

两公司缴清税款后，长江市地方税务局出具了税收专用证明。

二、A公司的偷税事实认定错误

税务机关核定土地增值税额是税法规定的法定职责，是法定的行政许可行为；对A公司、B公司因税务机关税务处理的差异，需要补缴的税款应根据征管法规定的因税务机关责任少缴税款税务处理方法进行处理。

A公司、B公司依据税务机关依法定职责和行政许可程序确认的土地增值税税额，进行申报并缴纳税款，是遵从税法的纳税行为。征管部门

第十二章 自主开发项目的项目清算阶段纳税风险管理

核定税额与稽查部门检查确认税额存在的税务处理差异，有关违法责任应由税务部门承担，按内部程序确认A公司、B公司应执行的税务处理决定。对A公司、B公司因税务机关税务处理的差异，需要补缴的税款应根据征管法规定的因税务机关责任少缴税款税务处理方法进行处理。

《土地增值税暂行条例实施细则》第十五条规定："根据条例第十条的法规，纳税人应按照下列程序办理纳税手续：（一）纳税人在转让房地产合同签订后的7日内，到房地产所在地主管税务机关办理纳税申报、并向税务机关提交房屋及建筑物产权、土地使用权证书，土地转让、房产买卖合同，房地产评估报告及其他与转让房地产有关的资料。纳税人因经常发生房地产转让而难以在每次转让后申报的，经税各机关审核同意后，可以定期进行纳税申报，具体期限由税务机关根据情况确定。（二）纳税人依照税务机关核定的税额及法规的期限缴纳土地增值税。"《国家税务总局关于印发〈土地增值税宣传提纲〉的通知》（国税函发〔1995〕110号）文件第十二条第（一）项规定："转让房地产并取得收入的纳税人，应当按下列程序办理纳税手续：1.纳税人在转让房地产合同签订后7日内，到房地产所在地税务机关办理纳税申报，并向税务机关提交房屋及建筑物产权、土地使用权证书、土地转让、房产买卖合同、房地产评估报告及其他与转让房地产有关的资料。对因经常发生房地产转让而难以在每次转让后申报的纳税人，经税务机关审核同意后，可以定期进行纳税申报，具体期限由税务机关根据情况确定。对预售商品房的纳税人，在签订预售合同7日内，也须到税务机关备案，并提供有关资料。2.税务机关根据纳税人的申报，核定应纳税额并规定纳税期限。对有些需要进行评估的，要求纳税人先进行评估，然后再根据评估结果确认评估价格。3.纳税人按照税务机关核定的税额及规定的期限缴纳土地增值税。" 根据上述规定，税务机关核定土地增值税额是税法规定的法定职责。

三、长江市地方税务局追征税款超过了法律规定的追征期限，属于适用法律错误

税务机关核定转让收入并认定了应纳税款，纳税人依据税务机关的

认定结果缴纳税款，发生的少缴纳后果，有关责任应由税务机关承担。长江市地方税务局追征2008年土地转让收入税款的处理决定，超过了税法所规定的追征期限。自2008年1月收入实际取得之日至长江市地方税务局做出追征税款的处理决定之日长达7年多，根据征管法规定，因税务机关责任追征税款的期限为三年。征管法第五十二条第一款规定："因税务机关的责任，致使纳税人、扣缴义务人未缴或者少缴税款的，税务机关在三年内可以要求纳税人、扣缴义务人补缴税款，但是不得加收滞纳金。"。

四、B公司以土地入股转让收入追征税款的稽查立案，尚不具备条件

长江市地方税务局追征B公司2012年4月转让土地使用权的少缴税款，应首先撤销长江市地方税务局2012年4月的确认转让收入和税款的行政行为，进行重新认定后才能进行追征。如不撤销2012年的行政行为，直接启动追征程序，税务局将面临程序违法的行政诉讼风险。

撤销2012年4月确认转让收入和税款的行政行为，是税务机关执法监督部门的职权。在税务机关未做出执法监督决定之前，稽查部门不应启动追征税款程序。因此，B公司以土地入股转让收入追征税款的稽查立案，尚不具备条件，建议考虑启动纳税评估程序。

| 案例三 |

销售税金的税前扣除问题

（一）企业的税务处理

A企业从事房地产开发业务，2010年取得1亿预售收入，预计毛利率为10%。A企业2011—2012年陆续对2010年1亿预售收入在地税缴纳了850万元营业税、土地增值税（5.5%营业税及附加、3%预缴土地增值税）。

（二）争议的事项和理由

对2010年预售收入形成的预计利润，应纳税所得额调增1 000万没有争议。

争议点：A企业2011—2012年所缴纳的850万元的抵扣年度确认，是确认在2010年，还是确认在实际申报缴纳的年度2011年或2012年。两种观点的理由如下：

观点一。根据所得税法实施条例第三十一条，850万元税金未在2010年度地税营业税申报表中进行申报，也未在2010年实际缴纳该笔税款，2011—2012年所缴850万元营业税、土地增值税从税票上看所属期也不是2010年度，不得在2010年度列支，可以在实际发生年度列支。2010年所得税处理结果：（1 000－500）×25%＝125（万元），补缴该笔税款及滞纳金。

观点二。根据权责发生制，既然确认了相应的收入就应该确认相应的税金，应该允许列支相应的法定营业税、土地增值税，至于滞后申报营业税、土地增值税应由地税部门进行处理。2010年所得税处理结果：1 000－850－500＝－350（万元），当年无所得税。

（三）争议点分析

新的企业所得税法强调实际发生的税金可以扣除，旧的企业所得税条例强调实际缴纳的税金可以扣除。

本次争议中有两个相同点、一个不同点。相同点：一是事实依据相同，二是判断的原则相同。事实依据只有一个，A企业2010年度预售收入形成的预计利润应调整增加当年应纳税所得额。坚持同一个判断原则，在实际发生年度按照权责发生制原则确认税金的扣除年度。一个不同点：税金扣除年度应在2010年，还是在2011年或2012年。

通过上述分析不难看出，本次争议的难点是如何判断实际发生。

（四）争议的实质

本次争议的实质，是如何运用知识判断税金的实际发生。通过上述争议理由的介绍可以看出，争议双方就税金税前扣除有关的会计知识和税收知识都可以说是精通。争议是在如何运用知识的技术问题上，这需要进一步研究。

（五）第一种观点在运用知识方面存在的错误

第一种观点主张，在2011年或2012年扣除税金，其主要事实依据是相关税金企业在2010年没有申报缴纳，主要证据是营业税和土地增值税的完税凭证。应该说第一种观点的结论是正确的，但是理由存在错误。错误在于以实际缴纳税金年度作为实际发生年度，这样做违反了新税法的精神，错用了旧税法的实际发生确认原则。

（六）第二种观点在运用知识方面存在的错误

主张第二种观点的人，因为不了解企业所得税纳税调整处理的基本方法，误将计算预计利润行为判断为收入确认行为，所以主张"根据权责发生制，既然确认了相应的收入就应该确认相应的税金"。大家知道，企业所得税对于预售收入确认应纳税所得额时，并没有采取视同销售的处理方法，在确认收入的同时确认扣除项目，而是直接计算预计利润。因此不存在预售收入确认应纳税所得额时，相应扣除项目的配比扣除问题。收入的配比扣除问题，在设计预计毛利率时已经考虑的因素。

企业发生的税金及附加，是与流转税或土地增值税的应税收入相关，并不与企业所得税的收入总额相关，生产经营收入的纳税义务时间确认，流转税、土地增值税、企业所得税在各税种都有不同的规定，每个税种都应按本税种的规定确认纳税义务发生时间，即使所得税将某项收入确认为本年度的收入事项，该项收入也不必然需要确认为流转税或土地增值税的应税收入。相对于企业所得税而言，税金及附加属于期间费用，应在实际发生年度当期扣除，与企业所得税收入总额不存在相关性的联系。

因此，第二种观点提出的"根据权责发生制，既然确认了相应的收入就应该确认相应的税金"主张是错误的。

（七）正确的税务处理方法

A企业对2010年收入未在当年确认预计利润，应按企业所得税纳税申报的规定，通过企业所得税年度纳税申报表的附表三"纳税调整项目明细表"第52行"五、房地产企业预售收入计算的预计利润"做纳税调整增加处理，并按规定重新办理2010年度的企业所得税纳税申报。

（八）判断各项税金及其附加是否实际发生的方法

"企业发生的各项税金及其附加"，关键是如何证实"企业发生"。

"企业发生"，包括会计核算和纳税申报两个环节，对于仅会计预提而未申报的税金不允许税前扣除，因为应税债务关系尚未产生。

企业作为应税债务的债务人，是基于纳税人的申报行为而发生的，未按规定程序进行申报告知作为应税债权的债权人（国家），相应的税收债务关系在法律上并未产生。根据现行的民法和会计准则，未产生的债务不能确认为企业的资产负债事项。

| 案例四 |

商品房售转租未出租的应缴房产税

（一）争议情况

2009年地产公司将开发成本36 712.67万元转入投资性房产，遂就出租部分按租金收入缴纳了相关税费，未出租部分未申报缴纳房产税，被稽查追缴未出租部分少缴的房产税886.04万元。随后纳税人申请行政复议、行政诉讼。

2009年建成位于江北区××天街的富力海洋广场项目，将商业房地产相继出租部分。重庆富力房地产公司根据立信羊城会计师事务所有限公司出具的"重庆富力房地产开发有限公司2009年度审计报告"，于2010年6月30日将其开发建设的富力海洋广场商业房地产由"库存商品——开发产品""生产成本——开发成本"科目转入"投资性房地产——成本""投资性房地产——公允价值变动"科目，开发成本为367 126 653.36元，公允价值变动为180 805 946.64元。2011年6月27日，重庆市国土资源和房屋管理局就上述项目的商业房地产向重庆富力房地产公司颁发103房地证2011字第022208号房地产权证，载明房屋用途为非住宅，楼层物理层为3~7层，房屋建筑面积为71 856.28平方米。2014年8月，市地税二稽查局根据工作指派，决定对重庆富力房地产公司的纳税情况进行立案查处。

本案争议焦点是涉案房产是否应征收房产税。

（二）判决要点

法院判定，开发商根据会计准则对其拥有的涉案房产转做投资性房地产管理和核算，该房产价值亦随市场发生损益变化，这一行为已构成对涉案房产的实际使用，故涉案房产不属于国税发〔2003〕89号第一条规定免征房产税的产品，稽查局追缴房产税适用法律法规正确。

（三）案件来源

《重庆市第一中级人民法院行政判决书》（2017）渝01行终398号。

（四）判决意见

关于涉案房产应否征收房产税的问题。根据《房产税暂行条例》第一条和《重庆市房产税实施细则》第二条的规定，房产税实行普遍征收原则，本案涉案房产位于江北区，属于应税房产的范围。同时，根据《关于房产税、城镇土地使用税有关政策规定的通知》（国税发〔2003〕89号）第一条关于"房地产开发企业开发的商品房在出售前，对房地产开发企业而言是一种产品，因此，对房地产开发企业建造的商品房，在售出前，不征收房产税；但对售出前房地产开发企业已使用或出租、出借的商品房应按规定征收房产税"的规定，对房产税的缴纳只作个别减免。本案中，根据被上诉人市地税二稽查局举示的"重庆富力房地产开发有限公司2009年审计报告"、投资性房地产房屋评估明细表、结转房地产记账凭证、2011—2013年年度资产负债表及利润表、承诺书、询问

第十二章 自主开发项目的项目清算阶段纳税风险管理

笔录、房地产权证和商铺租赁合同等证据,能够证明上诉人将其开发建设的富力海洋广场项目中包括涉案房产在内的商业房地产于2010年6月30日从"库存商品——开发产品""生产成本——开发成本"科目转入"投资性房地产——成本""投资性房地产——公允价值变动"科目,载明开发成本为367 126 653.36元,公允价值变动为180 805 946.64元,且上诉人已持有上述商业房地产,并已相继出租部分房产获取租金等事实。结合《企业会计准则第3号——投资性房地产》(财会〔2006〕3号)第二条第一款关于"投资性房地产,是指为赚取租金或资本增值,或两者兼有而持有的房地产"的规定,上诉人对其拥有的涉案房产作为投资性房地产进行管理和核算,该部分房地产的价值亦随市场发生损益变化,其性质为投资性房地产,上诉人的这一行为已构成对涉案房产的实际使用。故涉案房产不属于《关于房产税、城镇土地使用税有关政策规定的通知》(国税发〔2003〕89号)第一条规定免征房产税的产品。被上诉人市地税二稽查局认定上诉人涉案房产应当缴纳房产税的事实清楚,证据充分,适用法律、法规正确。上诉人认为将涉案房产转为投资性房地产系会计账目处理错误,该房产实际不是投资性房地产,不应缴纳房产税的上诉理由缺乏证据支撑,本院依法不予支持。

(五)未出租商品房的多维分析与纳税义务确认

本案中,未出租的房地产,已经在会计上由存货账户转入投资性房地产核算。这个会计处理行为,是房地产开发企业商品房转为自用的会计核算事实。有关的原始凭证,可以证明在商务处理上房地产开发企业商品房已转为自用。企业商务处理与会计处理是一致的,都认定了商品房已转为自用。那么,根据《国家税务总局关于房产税、城镇土地使用税有关政策规定的通知》(国税发〔2003〕89号)规定,可以确认未出租商品房的房产税纳税义务已经发生。

《国家税务总局关于房产税、城镇土地使用税有关政策规定的通知》(国税发〔2003〕89号)"一、关于房地产开发企业开发的商品房征免房产税问题"规定:"鉴于房地产开发企业开发的商品房在出售前，对房地产开发企业而言是一种产品，因此，对房地产开发企业建造的商品房，在售出前，不征收房产税；但对售出前房地产开发企业已使用或出租、出借的商品房应按规定征收房产税。"根据该条规定，房地产开发企业开发的商品房，征收房产税的适用条件是："对售出前房地产开发企业已使用或出租、出借的"。适用条件中有三种具体情形：已使用、出租、出借。只要有证据证明发生了这三种情形的交易事实，商品房就发生了房产税的纳税义务。

| 案例五 |

老公司拿地，新公司用地开发的扣除项目确认

（一）咨询问题

A开发公司（母公司或参股公司、联合体实际控制公司）拿地，投资新设B项目开发公司进行开发建设。在项目清算时，A开发公司支付的土地价款，是否可以作为B项目开发公司土地增值税、企业所得税的扣除项目。

结论：可以作为B项目开发公司的土地增值税、企业所得税扣除项目。

（二）土地出让变更交易处理的文件依据

根据国土资源部（现为自然资源部）2006年5月31日发布的《招标拍卖挂牌出让国有土地使用权规范（试行）》（国土资发〔2006〕114号）第十条第（二）款第6项规定："申请人竞得土地后，拟成立新公司进行开发建设的，应在申请书中明确新公司的出资构成、成立时间等内容。出让人可以根据招标挂牌出让结果，先与竞得人签订《国有土地使用权出让合同》，在竞得人按约定办完新公司注册登记手续后，再与新公

第十二章 自主开发项目的项目清算阶段纳税风险管理

司签订《国有土地使用权出让合同变更协议》；也可按约定直接与新公司签订《国有土地使用权出让合同》。"

（三）土地出让变更税务处理的文件依据

《关于明确金融、房地产开发、教育辅助服务等增值税政策的通知》（财税〔2016〕140）第八条规定："房地产开发企业（包括多个房地产开发企业组成的联合体）受让土地向政府部门支付土地价款后，设立项目公司对该受让土地进行开发，同时符合下列条件的，可由项目公司按规定扣除房地产开发企业向政府部门支付的土地价款。（一）房地产开发企业、项目公司、政府部门三方签订变更协议或补充合同，将土地受让人变更为项目公司；（二）政府部门出让土地的用途、规划等条件不变的情况下，签署变更协议或补充合同时，土地价款总额不变；（三）项目公司的全部股权由受让土地的房地产开发企业持有。"

| 案例六 |

开发用地外配建基础设施费的土地增值税清算税前扣除

一、项目情况介绍

2014年，南沙城投、中交集团等公司中标承建灵山岛尖土地一级开发项目，这一项目采用了创新的开发模式：由政府牵头进行市场化运作。具体的做法，就是由政府成立指挥部，南沙城投和中交集团合资成立项目公司负责开发，所需资金全部由中交集团筹集，完成灵山岛尖3平方公里土地的一级开发工作，然后由当地土地开发中心收储，进行招拍挂，取得收入后再对项目公司进行成本返还和收益返还。

A企业以BOT模式竞标某项目，政府要求中标企业必须在竞拍地块外配建其他基础设施，并负责该设施的运营。

二、裁定请求：竞拍地块外配建基础设施费用土地增值税扣除

A企业遇到涉税难题——竞拍地块外配建基础设施的费用，能否在土地增值税清算中税前扣除，当时的法律法规并没有明确规定。

三、裁定意见及生效

当时的法律法规并没有明确规定。A企业提出事先裁定申请后，南沙区税务局详细研究了土地增值税暂行条例及实施细则等上位法的相关原则性规定，最终作出了允许税前扣除的裁定。

南沙区税务局还明确规定了事先裁定生效的前提和失效的情形，并以知情书的方式发放给纳税人。税务机关下达的裁定文件，设定的生效前提有三项：一是纳税人提交的申请资料全面、真实，不存在隐瞒事实、提供虚假资料等情况；二是纳税人实际发生的涉税事项与事先裁定申请资料所表述的一致；三是税务机关作出裁定所依据的法律法规未发生变化。

根据《国家税务总局广州市南沙区税务局复杂涉税事项税收事先裁定暂行办法（试行）》，倘若纳税人申请事先裁定时提供的资料与实际发生的情况不符，事先裁定办公室将撤销或部分撤销事先裁定意见；倘若纳税人存在隐瞒事实、提供虚假资料情况，事先裁定办公室将撤销裁定意见，并按征管法相关规定进行处理。而如果事先裁定所依据的税收法律法规发生变化，导致事先裁定不可执行，那么裁定将自相关新税法生效实施之日起失效。